RENOVAÇÃO E CONSERVADORISMO NO SERVIÇO SOCIAL

ensaios críticos

EDITORA AFILIADA

*Conselho Editorial da
área de Serviço Social*

Ademir Alves da Silva
Dilséa Adeodata Bonetti
Elaine Rossetti Behring
Ivete Simionatto
Maria Lúcia Carvalho da Silva
Maria Lucia Silva Barroco

Dados Internacionais de Catalogação na Publicação (CIP)
(Câmara Brasileira do Livro, SP, Brasil)

Iamamoto, Marilda Villela
   Renovação e conservadorismo no Serviço Social. Ensaios críticos / Marilda Villela Iamamoto. – 12. ed. – São Paulo : Cortez, 2013.

   Bibliografia.
   ISBN 978-85-249-1983-1

   1. Conservantismo 2. Política social 3. Serviço social 4. Serviço social – Brasil 5. Serviço social como profissão I. Título.

12-11454   CM-361.3

Índices para catálogo sistemático:
   1. Serviço social   361.3

Marilda Villela Iamamoto

RENOVAÇÃO E CONSERVADORISMO NO SERVIÇO SOCIAL

ensaios críticos

13ª edição
1ª reimpressão

Renovação e conservadorismo no Serviço Social. Ensaios críticos
Marilda Villela Iamamoto

Capa: de Sign Arte Visual
Revisão: Agnaldo Alves
Composição: Linea Editora Ltda.
Assessoria editorial: Elisabete Borgianni
Secretaria editorial: Priscila F. Augusto
Coordenação editorial: Danilo A. Q. Morales

Nenhuma parte desta obra pode ser reproduzida ou duplicada sem autorização expressa da autora e do editor.

© 1992 by Marilda Villela Iamamoto

Direitos para esta edição
CORTEZ EDITORA
Rua Monte Alegre, 1074 – Perdizes
05014-001 – São Paulo – SP
Tel.: (11) 3864-0111 Fax: (11) 3864-4290
e-mail: cortez@cortezeditora.com.br
www.cortezeditora.com.br

Impresso no Brasil – março de 2018

A memória de *Moysés* e *Hilda*, meus pais, sabedoria e mineiridade.

Sumário

Nota à 12ª edição 9

Apresentação 11

Nota prévia 15

I. CONSERVADORISMO E SERVIÇO SOCIAL

A herança conservadora do Serviço Social:
   atualização e busca de ruptura 19
Assistente Social: profissional da coerção e
   do consenso? 45

II. DIVISÃO DO TRABALHO E SERVIÇO SOCIAL

A divisão do trabalho em Marx 63
A "questão social" no capitalismo monopolista
   e o significado da assistência 88
O Serviço Social na divisão do trabalho 101

III. DILEMAS E FALSOS DILEMAS NO SERVIÇO SOCIAL

Prática social: a ultrapassagem do fatalismo e
do messianismo na prática profissional 133

A dimensão política da prática profissional 140

"Serviço Social Alternativo": elementos para
a sua problematização 155

IV. FORMAÇÃO PROFISSIONAL

A formação profissional do Assistente Social:
problematização e perspectivas 187

A questão da metodologia no Serviço Social:
indicações para o debate 202

Competência e formação profissional 214

Repensando o ensino da prática 227

Bibliografia 245

Nota à 12ª edição

A 12ª edição do livro *Renovação e conservadorismo no Serviço Social. Ensaios críticos* faz a sua adequação à reforma ortográfica brasileira. A opção foi manter a versão original, historicamente datada, sem atualizações de dados ou complementações de conteúdo, tendo em vista a ampla difusão já obtida por esta obra.

Ao Prof. Dr. José Paulo Netto, que elaborou a apresentação deste livro, agradeço as quatro décadas de convívio intelectual e amizade.

Esta 12ª edição ocorre quase um ano após o falecimento do Prof. Dr. Carlos Nelson Coutinho, a quem presto minha homenagem e registro meus especiais agradecimentos.

A publicação deste livro muito deve a este amigo fraterno e colega da Escola de Serviço Social da Universidade Federal do Rio de Janeiro (UFRJ). No início dos anos 1990, Carlos Nelson brindou-me com decisivos incentivos à publicação dos materiais preliminares constantes deste livro. Ofertou-me uma criteriosa revisão dos originais — de que só são merecedores amigos privilegiados — e elaborou o generoso texto da orelha do livro e o de sua quarta capa. Assim, sem a sua colaboração este livro seria apenas mais um projeto, como consta dos agradecimentos originais.

Carlos Nelson Coutinho nos deixou no dia 20 de setembro de 2012. Professor emérito da UFRJ, filósofo marxista, foi tradutor, crítico literário e pesquisador. Com ativa presença na vida política brasileira, ele dedicou-se aos estudos da teoria política, da cultura e da formação histórica do Brasil. Internacionalmente reconhecido como um dos grandes especialistas na obra de Antonio Gramsci é também seu mais importante tradutor para a língua portuguesa. Foi um dos responsáveis pela difusão da produção do pensador húngaro György Lukács no país.

Democrata e socialista, Carlos Nelson sempre se manteve nas trincheiras da luta política por um Brasil mais justo e igualitário, sob a hegemonia da economia política do trabalho. O exemplo de sua vida e o legado sua obra estão vivos entre nós e animam a luta por tempos mais humanos, mais generosos e felizes para todos.

Marilda Villela Iamamoto.
Minas Gerais, julho de 2013.

Apresentação

A ampla e profunda renovação que o Serviço Social vinha experimentando no Brasil, do ponto de vista da sua autorrepresentação, nos últimos vinte anos, ganhou um ritmo e um significado inéditos a partir de finais da década de 1970.

Na base desta inflexão está, em última análise, o processo de erosão do regime instaurado nos desdobramentos do golpe de 1º de abril de 1964. Foi no marco do seu declínio que emergiram os vetores que propiciaram um novo alento às forças que, no interior da profissão e vinculadas ao que se passava fora das suas fronteiras, operavam no sentido de promover uma rotação radical no Serviço Social.

É verdade que desde antes, quando o regime burguês da segurança nacional arrotava o seu reino de mil anos, subterraneamente moviam-se influências que tendiam a criar na reflexão profissional o acúmulo necessário à inflexão referida. Pense-se no esforço do grupo de docentes que, em Minas Gerais, elaborou o chamado "Método B. H."; no discreto rebatimento de algumas ideias próprias a certas correntes da denominada Reconceptualização; na importância dos ensaios que Vicente Faleiros, de longe, nos enviava. Entretanto, é somente quando o regime de Abril já não consegue mais se reproduzir — graças ao adensamento da resistência democrática, dinamizada, na segunda metade dos anos 1970, pela reinserção da classe operária na cena política —, é somente então que a renovação do Serviço Social entre nós gira.

Trata-se de um giro notável, cuja evidência mais perceptível é a interlocução com a tradição marxista. Sem prejuízo das modificações que já estavam em andamento, apelando a matrizes teóricas outras, é a interlocução com o pensamento marxista que confere ao Serviço Social no Brasil a sua carta de cidadania intelectual.

Não foram poucos os atores profissionais — muito especialmente, no âmbito da atividade acadêmica, mas não só — que protagonizaram papéis relevantes neste giro, em grande parte responsável pelo início da superação da histórica subalternidade do Serviço Social. Entre eles, porém, Marilda Villela Iamamoto ocupa um lugar central.

Com efeito, é a partir da publicação, em 1982, do seu ensaio mais conhecido[1] que se pode identificar a aproximação do Serviço Social, no Brasil, às fontes clássicas do pensamento socialista revolucionário. Sem qualquer dúvida, entre nós foi Marilda quem fundou a análise do Serviço Social não em tal ou qual vertente marxista, mas na matriz teórico-metodológica original de Marx. É possível dizer, sem o risco do exagero, que Marilda inaugurou, no Brasil, a interlocução entre os assistentes sociais e a obra seminal de Marx.

Há que observar que aquele trabalho de Marilda, rigorosamente acadêmico, não tem nada a ver com certa produção intelectual que se nutriu dos modismos em voga. Sabemos como, na crise do Regime de Abril, uma epidemia "dialética" varreu os quintais do Serviço Social, e o vírus da "transformação" infectou profissionais que até então tinham se esmerado no bater de calcanhares. Aquele ensaio é, antes, o coroamento de uma longa maturação ídeo-política que tem seu ponto de arranque ainda no movimento estudantil dos anos 1960, com as sólidas opções que, na década de 1970, levaram Marilda a experimentar a tortura nos porões da ditadura, a prisão e o ostracismo.

---

1. Refiro-me ao texto que constitui a primeira parte do volume *Serviço Social e Relações Sociais no Brasil*, que contém, ainda, a pioneira pesquisa histórica de Raul de Carvalho. Este volume, editado pela Cortez (São Paulo) em 1982, já se encontra hoje na sétima edição e foi traduzido ao castelhano.

A centralidade daquele trabalho de Marilda, na renovação "pela esquerda" do Serviço Social, é inconteste[2] No entanto, a autora — que, então, só dera a público uma parcela da sua elaboração[3] —, a partir dele veio resistindo olimpicamente a divulgar, de modo mais amplo, as ideias que desenvolvia sobre a sua base. Dedicando-se à docência (na PUC-SP e na UFRJ), ela limitou sua intervenção no debate profissional a discussões em seminários, congressos e colóquios. Somente agora, decorrida quase uma década desde aquela publicação, ela confere a forma de livro a materiais que expôs a auditórios restritos durante os anos 1980.

O exame cuidadoso dos textos aqui reunidos revela, indubitavelmente, o avanço e o aprofundamento da reflexão de Marilda — sempre sobre a base do seu trabalho de 1982. O que nos é permitido verificar é a dialética de continuidade e mudança que alimenta o seu pensamento. A continuidade é documentada pelos extratos da sua elaboração de 1982, agora oferecidos aos leitores: os textos que constituem substantivamente as partes 1 e 2 deste livro apresentam o eixo das suas concepções teórico-críticas — são de 1981, e a data é de anotar: tematizam pioneiramente questões que só depois entrariam na agenda do debate profissional. A mudança é visível nos outros ensaios — mudança de ênfase, de tema, de estilo expositivo, mudança toda ela comandada pelas alterações na própria conjuntura do Serviço Social. Nestes outros materiais, são os dilemas mais quentes e mais contemporâneos do Serviço Social no Brasil que se veem iluminados por uma razão crítica que nada concede ao conservadorismo e que corrói o voluntarismo infantilista.

Escritos em tempos diferentes, para atender a demandas também diferentes, estes textos constroem-se numa *unidade* esencial: sua diver-

---

2. O que não quer dizer, absolutamente, que se trata de um trabalho perfeito. Eu mesmo tentei apontar alguns de seus problemas em meu livro *Ditadura e serviço social* (São Paulo: Cortez, 1991).

3. De fato, o texto publicado em *Serviço social e relações sociais no Brasil* retoma extratos da tese de mestrado *Legitimidade e crise do serviço social*, que Marilda defendeu, na Esalq/USP, em 1982. Este traz outros capítulos daquela tese.

sidade não elide uma tessitura totalizadora — o que temos aqui é *um livro*, em que as partes se organizam mediante um fio que as configura numa totalidade que as explica, implica e transcende. O fio que as conecta numa tensionalidade dialética é o da perspectiva teórico-metodológica, assentada num rigor que exclui os ecletismos e num trato da história em curso que não tem similares no nosso Serviço Social.

No momento em que Marilda volta a intervir no nosso debate profissional através deste instrumento que é o livro, estou certo de que se reafirmará o que foi posto de manifesto quando da publicação do seu ensaio de 1982: como naquele, este livro se tornará um componente central da reflexão profissional. Este regresso de Marilda ao livro, estou convencido, também marcará um tempo novo no nosso debate.

No fim desta rápida nótula, não quero dissimular dos leitores a minha emoção em face de Marilda — e do seu trabalho. Conheço-a há mais de vinte anos. Nossos percursos foram muito diversos e, com frequência, colidentes. Mas diferença não é separação. Na nossa luta, divergência e convergência andaram de mãos dadas. Por isso é que posso ver, na minha amiga e no seu trabalho, como é que a amizade supõe o respeito e a crítica e como o afeto, sem suprimir as distâncias, torna-as apenas laterais.

José Paulo Netto
São Paulo, verão de 1992

Nota prévia

Esta coletânea é parte de *um movimento crítico* que vem se desenvolvendo, desde meados dos anos 1960, no panorama profissional latino-americano. Movimento crítico que hoje adquire novo patamar e expressa um processo coletivo de maturação intelectual e sociopolítica dos atores profissionais, espelhado em diversos níveis: na organização da categoria, nas experiências práticas renovadoras e na produção acadêmica já acumulada. Novos rumos vêm se descortinando ao Serviço Social no país, como resultado do enfrentamento dos dilemas postos à sociedade e à profissão, pela crise da ditadura e seus desdobramentos. A passagem da escuridão do regime militar à reconquista dos direitos políticos deu novo alento a nossas vidas e a nossas esperanças no horizonte da construção da democracia e do socialismo. Certamente a essa força maior pode-se creditar a fertilização do debate profissional, que forjou avanços e resistências e estabeleceu a convivência pluralista na arena profissional. O Serviço Social vem se movendo, assim, a partir da recusa a deixar-se cegar pelo conservantismo, perseguindo os caminhos da renovação, em parceria com o tempo e a história.

A oportunidade de interferir nesse movimento impulsionou a publicação desta coletânea, que analisa os impasses e perspectivas no embate entre renovação e conservadorismo no Serviço Social.

Os ensaios que ora vêm a público são a expressão parcial de um processo de produção intelectual que teve lugar na última década, em diferentes etapas e níveis de elaboração. Decisivamente marcado por minha dissertação de mestrado no início dos anos 1980,[1] alicerçou-se, ainda, na prévia participação em um projeto de pesquisa documental patrocinado pelo Centro Latinoamericano de Trabajo Social (Celats),[2] sobre a história do Serviço Social na América Latina (Brasil e Peru).[3]

As inquietações provocadas pela pesquisa, aliadas à vivência de duas décadas na profissão — através de atividades de campo e de docência —, motivaram a continuidade da busca das determinações históricas e teóricas que presidiram a emergência e expansão da profissão no país. Inúmeras possibilidades se apresentaram à análise, algumas das quais foram privilegiadas nesta coletânea. Em especial, as problemáticas que se põem ou repõem no debate, delineando impasses e/ou abrindo perspectivas ao Serviço Social enraizado na vida econômico-política do País.

Muitos dos textos que se seguem surgiram da participação em eventos promovidos por entidades representativas da categoria, que

---

1. M. V. Iamamoto. *Legitimidade e crise do serviço social. Um ensaio de interpretação sociológica da profissão.* Piracicaba: Esalq/USP, 1982 (mimeo.), parcialmente reproduzida em M. V. Iamamoto e R. Carvalho. *Relações sociais e serviço social no Brasil* (esboço de uma interpretação histórico-metodológica). São Paulo: Celats/Cortez, 1982.

2. Centro Latinoamericano de Trabajo Social (Celats), organismo de cooperação técnica internacional vinculado à Asociación Latinoamericana de Escuelas de Trabajo Social (Alaets), com sede em Lima, Peru.

3. O projeto dessa pesquisa encontra-se publicado em M. V. Iamamoto e M. Manrique Castro. Hacia el Estudio de la Historia del Trabajo Social en América Latina, *Acción Crítica*, Lima, Celats/Alaets, n. 5, p. 55-73, abr. 1979. A pesquisa sobre a história do Serviço Social no Brasil, coordenada pela autora, contou com a decisiva participação do economista e historiador Raul de Carvalho. Ver M. V. Iamamoto e R. de Carvalho. *Relações sociais e serviço social no Brasil*, op. cit. Traduzido para o espanhol com o título *Relaciones Sociales y Trabajo Social*. Lima, Celats, 1983. Outros resultados parciais daquele projeto mais amplo de pesquisa são os livros de A. Maguilla Larco. *Desarrollo capitalista y trabajo social* (Peru, 1896-1976). Lima, Celats, 1979; e o de M. Manrique Castro. *De apostoles a agentes de cambio* (El Trabajo Social en la Historia Latinoamericana). Lima, Celats, 1982. Foi traduzido para o português com o título: *História do serviço social na América Latina*. São Paulo, Cortez/Celats, 1984. Ressalta-se, ainda, o artigo de Raul de Carvalho: Modernos agentes da justiça e da caridade. *Serviço Social & Sociedade*, São Paulo, Cortez, n. 2, p. 43-51, mar. 1980.

sugeriram temas e suscitaram indagações. Dentre essas entidades, destacam-se a Associação Brasileira de Ensino em Serviço Social (ABESS), e seu organismo acadêmico, o Centro de Documentação e Pesquisa em Política Social e Serviço Social (CEDEPSS), a Associação Nacional de Assistentes Sociais (ANAS) e o Conselho Federal de Assistentes Sociais (CFAS) e, no âmbito discente, a Secretaria de Serviço Social da UNE (Sessune).

Produto de vários momentos desse processo, o teor dos textos aqui apresentados é diversificado: de extratos de dissertação de mestrado a pronunciamentos curtos, publicados e inéditos, eles foram elaborados em conjunturas diversas e articulados em torno da problematização de algumas dimensões da realidade profissional.

A publicação de um conjunto de ensaios desse tipo não pode deixar de revelar entrecruzamentos de análises e reflexões que, de um ensaio para outro, ora reafirmam ideias, ora indicam novas relações. O ônus é claro: o caráter certamente repetitivo de certos trechos, à medida que se procurou preservar a unidade interna de cada trabalho.

Importa notar que os parâmetros críticos que utilizo — responsáveis, a meu ver, pela unidade substancial de toda a minha reflexão — são inspirados em Marx e na tradição marxista. A crise do "socialismo real" e seus desdobramentos práticos e teóricos, reconhecidamente profundos, não me parecem vulnerabilizar o núcleo heurístico da tradição intelectual a que me vinculo.

O propósito desta publicação é modesto: socializar algumas indicações que, suscitando o debate, possam abrir um leque de possibilidades a serem enriquecidas pela produção coletiva. O objetivo é, pois, adensar a polêmica que aposta na construção de caminhos renovadores para a profissão no embate com o conservadorismo ainda hoje presente. Esses novos rumos passam necessariamente pela decifração do passado que, submetido à crítica teórica e política rigorosa, possa resgatar os elementos históricos substanciais que se reatualizam no presente ou aí são fontes de rupturas. Parece-me ser esta uma condição indispensável à formulação de estratégias inovadoras pelos atores profissionais — e publico estes ensaios na esperança de contribuir neste processo.

As reflexões que ora apresento para debate são também frutos de diálogos que, por anos, venho mantendo com muitos interlocutores. Não há como mencioná-los a todos, mas registro minha dívida intelectual para com Oriowaldo Queda (meu orientador ainda nos tempos da Esalq/USP) e para com Octavio Ianni (professor e amigo da PUC-SP), meus débitos para com Raul de Carvalho (parceiro na pesquisa sobre a nossa história profissional), minha gratidão ao companheiro Carlos Nelson Coutinho (sem o qual este livro seria apenas um projeto) e meus agradecimentos a José Paulo Netto (com quem venho partilhando, no tempo da vida, a construção dessas ideias).

Laranjeiras (RJ), janeiro de 1992
Marilda Villela Iamamoto

I

Conservadorismo e Serviço Social

A herança conservadora do Serviço Social: atualização e busca de ruptura*

1. Os fundamentos da herança conservadora

A compreensão das respostas dadas pelos Assistentes Sociais às novas determinações da "questão social" no capitalismo monopolista implica a retomada de algumas marcas de origem da profissão, marcas que subsistem hoje, redefinidas, e que conferem certos traços peculiares ao exercício desses profissionais. É preciso, em primeiro lugar, situar essas marcas de origem no bojo do *reformismo conservador*; e, em segundo lugar, acentuar como essa prática e sua justificação teórico-ideológica mudam de forma, preservando, no entanto, seus

---

* Texto redigido em 1981, extraído da dissertação de mestrado Legitimidade e crise do serviço social: um ensaio de interpretação sociológica da profissão, sob a orientação do prof. dr. Oriowaldo Queda. Piracicaba, Esalq/USP, 1982.

compromissos sociopolíticos com o conservadorismo, no decorrer da evolução do Serviço Social.[1]

Como profissão inscrita na divisão do trabalho, o Serviço Social surge como parte de *um movimento* social mais amplo, de bases confessionais, articulado à necessidade de formação doutrinária e social do laicato, para uma presença mais ativa da Igreja Católica no "mundo temporal", nos inícios da década de 30. Na tentativa de recuperar áreas de influência e privilégios perdidos, em face da crescente secularização da sociedade e das tensões presentes nas relações entre Igreja e Estado, a Igreja procura superar a postura contemplativa. Fortalece-se defensivamente, e, diretamente orientada pela hierarquia, procura organizar e qualificar seus quadros intelectuais laicos para uma ação missionária e evangelizadora na sociedade. Contrapõe-se aos princípios do liberalismo e ao comunismo, que aparecem como um perigo ameaçador à sua posição na sociedade. O movimento de "reação católica" é respaldado em uma vasta rede de organizações difusoras de um projeto de recristianização da ordem burguesa, sob o imperativo ético do comunitarismo cristão, exorcizando essa ordem de seu conteúdo liberal. A Igreja luta, ainda, pela legitimação jurídica de suas áreas de influência dentro do aparato de Estado.[2]

A partir das grandes mobilizações da classe operária nas duas primeiras décadas do século, o debate sobre a "questão social" atravessa toda a sociedade e obriga o Estado, as frações dominantes e a Igreja a se posicionarem diante dela. A Igreja a encara segundo os preceitos estabelecidos nas encíclicas papais (especialmente a *Rerum*

---

1. Não se trata de efetuar uma reconstrução histórica do Serviço Social no Brasil, mas apenas de resgatar certos traços de origem para os propósitos acima referidos. A retomada sintética de características da profissão no passado e de sua inserção na sociedade da época está baseada em: M. V. Iamamoto e R. de Carvalho. *Relações sociais e serviço social no Brasil*. São Paulo, Cortez/Celats, 1982. Consultar também, R. de Carvalho. Modernos agentes da justiça e da caridade. *Serviço Social & Sociedade*. São Paulo, Cortez, n. 2, ano I, p. 43-71, mar. 1980.

2. Dentre a vasta rede de entidades católicas que dão suporte ao processo de mobilização do laicato pode-se citar: o Centro D. Vital, o Instituto de Estudos Superiores, a Ação Universitária Católica, a Liga Eleitoral Católica, os Círculos Operários criados a partir de 1932. Em 1935 é criada, segundo moldes europeus, a Ação Católica Brasileira, com ramificações no meio estudantil, operário etc.

Novarum e *Quadragesimo Anno*), fonte inspiradora das posições e programas assumidos diante dos "problemas sociais". Para a Igreja, "questão social", antes de ser econômico-política, é uma *questão moral e religiosa*. A sociedade é tida como um todo unificado, através de conexões orgânicas existentes entre seus elementos, que se sedimentam pelas tradições, dogmas e princípios morais de que a Igreja é depositária. Deus é a fonte de toda a justiça, e apenas uma sociedade baseada nos princípios cristãos pode realizar a justiça social. A intervenção do Estado na "questão social" é legítima, já que este deve servir ao bem comum. O Estado deve assim preservar e regular a propriedade privada, impor limites legais aos excessos da exploração da força de trabalho e, ainda, tutelar os direitos de cada um, especialmente dos que necessitam de amparo. Mas o Estado não pode negar a independência da sociedade civil. Entre ele e os indivíduos existem os grupos sociais "naturais" (a família, a corporação, a nação etc.), organismos autônomos, mais que mera soma de indivíduos, que limitam a ação dominadora do Estado. A Igreja deve compartilhar com este a atuação diante da "questão social", na tarefa de recristianização da sociedade através de grupos sociais básicos, especialmente a família. Impõe-se uma ação doutrinária e organizativa com o objetivo de livrar o proletariado das influências da vanguarda socialista do movimento operário e harmonizar as classes em conflito a partir do comunitarismo cristão.[3]

A partir desse suporte analítico e dessa estratégia de ação, a Igreja deixa de se contrapor ao capitalismo, e passa a concebê-lo através da "terceira via", que combate veementemente o socialismo e substitui o liberalismo pelo comunitarismo cristão.

---

3. Ver: R. Della Cava. Igreja e Estado no Brasil no século XX. *Estudos Cebrap*, São Paulo, Cebrap, n. 12, 1975; A. C. Villaça. *O pensamento católico no Brasil*. Rio de Janeiro: Zahar, 1975; T. Bruneau. *O catolicismo brasileiro em época de transição*. São Paulo: Loyola, 1974; L. W. Vianna. *Liberalismo e sindicato no Brasil*. Rio de Janeiro: Zahar, 1975; J. A. R. Rodrigues. *Sindicato e desenvolvimento no Brasil*. São Paulo: Difel, 1968; A. A. Lima. *A fundação das duas primeiras escolas de serviço social no Brasil*. Dissertação (Mestrado) — Escola de Serviço Social da PUC, Rio de Janeiro, 1977 (mimeo.); M. C. Yasbeck. *Estudo da evolução histórica da escola de serviço social de São Paulo no período de 1936-1945*. Dissertação (Mestrado) — PUC, São Paulo, 1977.

Incorporando esses princípios, o Serviço Social surge da iniciativa de grupos e frações de classes dominantes, que se expressam através da Igreja, como um dos desdobramentos do movimento do apostolado leigo.[4] Aparece como uma das frentes mobilizadas para a formação doutrinária e para um aprofundamento sobre os "problemas sociais" de militantes, especialmente femininas, do movimento católico, a partir de um contato direto com o ambiente operário. Está voltado para uma ação de *soerguimento moral* da família operária, atuando preferencialmente com mulheres e crianças. Através de uma ação individualizadora entre as "massas atomizadas social e moralmente", busca estabelecer um contraponto às influências anarcossindicalistas no proletariado urbano.

O Serviço Social aparece aos militantes desses movimentos como uma *alternativa profissionalizante às suas atividades de apostolado social*, num momento de profundas transformações sociais e políticas. A Ação Social e a Ação Católica[5] logo se tornam uma das fontes preferenciais de recrutamento desses profissionais.

---

4. Associações Assistenciais e do militantismo católico constituem as bases organizacionais e humanas mais importantes para a emergência da profissão no Brasil. Entre elas, pode-se citar a Associação das Senhoras Brasileiras, fundada em 1922 no Rio de Janeiro, e a Liga das Senhoras Católicas, criada em 1923, em São Paulo. Em 1932 é fundado o Centro de Estudos e Ação Social, entidade feminina, que toma a iniciativa de criar a primeira Escola de Serviço Social em São Paulo, no ano de 1936, hoje Faculdade de Serviço Social da PUC-SP.

5. "A Ação Católica assinala o início de uma época nova na história da religião: quando ela, de concepção totalitária (no duplo sentido: de que era uma concepção total do mundo, de uma sociedade no seu total), torna-se parcial (também no duplo sentido) e deve possuir um *partido próprio* (...). A Ação Católica representa a *reação contra a apostasia de amplas massas*, impotente, isto é, *contra a superação de massa da concepção religiosa do mundo*. Não é mais a Igreja que determina o terreno e os meios de luta; ao contrário, ela deve aceitar o terreno que lhe impõem os adversários ou a indiferença e servir-se de armas tomadas de empréstimo de seus adversários (a organização política de massa). A Igreja, portanto, está na defensiva, perdeu a autonomia de movimentos e de iniciativas, não é mais uma força ideológica mundial, mas uma *força subalterna*. (...) Cristopolti reconhece que a Ação Católica é uma *inovação*, e não, como dizem as encíclicas papais, uma atividade que sempre existiu desde o tempo dos apóstolos. Ela é *uma atividade estreitamente ligada, como reação*, ao Iluminismo francês, ao liberalismo etc. e à atividade dos Estados modernos pela separação da Igreja, isto é, à reforma intelectual e moral leiga bem mais radical (para as classes dirigentes) que a Reforma protestante; a ativida-

A profissão não se caracteriza apenas como nova forma de exercer a caridade, mas como forma de intervenção ideológica na vida da classe trabalhadora, com base na atividade assistencial; seus efeitos são essencialmente políticos: o enquadramento dos trabalhadores nas relações sociais vigentes, reforçando a mútua colaboração entre capital e trabalho.

Diferenciado da caridade tradicional, vista como mera reprodutora da pobreza, o Serviço Social propõe uma ação educativa entre a família trabalhadora, numa linha não apenas curativa, mas preventiva dos problemas sociais. Distingue-se também da assistência pública, que, desconhecendo a singularidade e particularidade dos indivíduos, produz respostas não diferenciadas aos "problemas sociais". Atuando através de entidades filantrópicas privadas e através do Estado, o Serviço Social orienta-se para uma *individualização da proteção legal*, entendida como assistência educativa adaptada aos problemas individuais. Desconhecendo o caráter de classe dos antagonismos sociais, os efeitos desses antagonismos são considerados motivos relevantes para um tratamento socioeducativo da "clientela", tratamento esse de cunho doutrinário e moralizador, amplamente haurido no senso comum da classe de origem desses profissionais. O Serviço Social se propõe, ainda, a uma ação organizativa entre a população trabalhadora, dentro do programa de militância católica, contrapondo-se às iniciativas provenientes de lideranças operárias que não aderem ao associativismo católico.

Esses elementos, sinteticamente expostos, permitem subsidiar a afirmativa de que o *Serviço Social emerge como uma atividade com bases mais doutrinárias que científicas, no bojo de um movimento de cunho reformista-conservador*. O processo de secularização e de ampliação do suporte técnico-científico da profissão — que se dá com o desenvolvimento das escolas (depois faculdades) especializadas no ensino de

---

de católica que começa a se configurar especialmente depois de 1848, do fim da Restauração e da Santa Aliança". A. Gramsci. *Maquiavel, a política e o Estado moderno*. 3. ed. Rio de Janeiro: Civilização Brasileira, 1979. p. 280, 281, 283. (Grifos nossos.)

Serviço Social — ocorre sob a influência dos progressos alcançados pelas Ciências Sociais nos marcos do pensamento conservador, especialmente de sua vertente empiricista norte-americana. Este universo intelectual, ao invés de produzir rupturas profundas com as tendências pragmatistas da profissão, as reforçam e atualizam. *O Serviço Social mantém seu caráter técnico-instrumental voltado para uma ação educativa e organizativa entre o proletariado urbano, articulando — na justificativa dessa ação — o discurso humanista, calcado na filosofia aristotélico-tomista, aos princípios da teoria da modernização presente nas Ciências Sociais.* Esse arranjo teórico-doutrinário oferece ao profissional um suporte técnico-científico, ao mesmo tempo em que preserva o caráter de uma profissão "especial", voltada para os elevados ideais de "serviço ao Homem".

Para fundamentar essas afirmativas é preciso retomar algumas características do pensamento conservador e sua influência na análise sociológica.

O conservadorismo moderno,[6] que supõe uma forma peculiar de pensamento e experiência prática, é fruto de uma situação histórico-social específica: a sociedade de classes em que a burguesia emerge como protagonista do mundo capitalista. É este, segundo Mannheim, o ambiente sociológico do conservadorismo moderno, isto é, do tradicionalismo tornado consciente como um *contramovimento*, oponente histórico das tendências da ilustração.[7] Reage ao racionalismo, ao

---

6. As considerações sobre o pensamento conservador e sua presença nas Ciências Sociais têm por base as análises de: R. Nisbet. *La formación del pensamiento sociológico*. Buenos Aires: Amorrortu, 1969. v. I; R. Nisbet. Conservadorismo e sociologia". In: J. S. Martins. *Introdução crítica à sociologia rural*. São Paulo: Hucitec, 1980. p. 62-67; K. Mannheim. *Ensayos de sociologia y psicologia social*. México: Fondo de Cultura Económica, 1963. cap. II; El pensamiento conservador, p. 84-183; K. Mannheim. *Ideologia e utopia*. 3. ed. Rio de Janeiro: Zahar, 1976; H. Lefebvre. *De lo rural a lo urbano*. Barcelona: Peninsula, 1974. cap. I; Problemas de sociologia rural, p. 19-38; e J. S. Martins. As coisas no lugar (Da ambiguidade à dualidade na reflexão sociológica sobre a cidade-campo). In: *Sobre o Modo Capitalista de Pensar*. São Paulo: Hucitec, 1978. p. 43-82.

7. Utilizando a técnica de análise de significações, Mannheim compreende o conservadorismo como um *estilo de pensamento*, um modo de conhecer e experimentar o mundo, que tem por base o destino dos grupos de classes sociais que são os seus portadores. O estilo de pensamento expressa, portanto, uma intenção básica, decorrente de um modo de vida. Enquanto ao

pensamento com base no cálculo, necessário à universalização das relações de troca que se impõe quando a mercadoria passa a ser a mediadora por excelência das relações sociais e o lucro, o centro motor da sociedade capitalista.

A fonte de inspiração do pensamento conservador provém de um modo de vida do passado, que é resgatado e proposto como uma maneira de interpretar o presente e como conteúdo de um programa viável para a sociedade capitalista.

> A comunidade se levanta contra a sociedade (para empregar a terminologia de Tönnies), a família contra o contrato, a certeza intuitiva contra a razão, a experiência espiritual contra a experiência material. Todos esses fatores, parcialmente ocultos na base mesma da vida cotidiana, são descobertos subitamente pela reflexão e se luta a favor deles.[8]

Os conservadores são assim "profetas do passado".[9] Recorrendo a categorias típicas do racionalismo capitalista, elabora-se a exaltação deliberada de formas de vida que já foram historicamente dominantes, e que passam a ser consideradas válidas para a organização da sociedade atual.[10] Instaura-se, assim, uma tensão entre a concepção e programas que veicula e o procedimento analítico que lhes dá base.

---

modo de vida capitalista corresponderia o estilo de pensamento racionalista, o conservadorismo expressaria um modo de vida pré-capitalista, subsistindo como contracorrente entre camadas sociais que permaneceram "fora" do processo capitalista de racionalização: estratos camponeses, grupos pequeno-burgueses descendentes do artesanato e, ainda, nas tradições aristocráticas da nobreza. As relações irracionais entre os homens são levadas para a periferia da vida dos indivíduos, em suas esferas íntimas e privadas e para os grupos que vivem na periferia da nova sociedade. Cf. K. Mannheim. *Ensayos de Sociologia y Psicología Social*, op. cit.; J. S. Martins, na obra supracitada, elabora uma crítica desse esquema analítico que é incorporada no presente texto. Cf. J. S. Martins, As coisas no lugar..., op. cit.

    8. K. Mannheim. *Ensayos...*, op. cit., p. 100-101.

    9. R. Nisbet. *La formación del pensamiento sociológico*, op. cit., p. 26.

    10. "O romantismo tratou de resgatar as forças irracionais reprimidas, lutou por elas, porém não advertiu que o mero fato de prestar-lhes uma atenção deliberada significa uma racionalização inevitável. O romantismo realizou uma racionalização que a ilustração burguesa nunca havia feito... Quando o clima geral é racionalista até os elementos irracionais têm que ser submetidos à reflexão racional para serem entendidos. Assim o romantismo pode ser interpretado como uma recompilação ou um resgate de todas as atitudes e modos de vida definitivamente

O que se constata é um "rapto ideológico"[11] de noções reinterpretadas no seu significado original e propostas como "válidas" para compreender e agir em um contexto histórico diferenciado daquele no qual emergiram. Essas noções são válidas, porém, para os que têm interesse em obscurecer as contradições próprias da sociedade capitalista, enfatizando, no nível analítico, apenas o que favorece sua própria coesão e reprodução e encobrindo as desigualdades fundamentais nela produzidas.

Através desse mecanismo, o pensamento conservador deixa de se contrapor ao capitalismo. Aquela tensão referida — entre noções e ideias oriundas do passado, mas intencional e racionalmente ressuscitadas como ideologicamente válidas para responder às necessidades de explicação da própria sociedade capitalista — permite que ele seja articulado às intenções básicas da burguesia, isto é, seja uma forma de agir e de pensar a sociedade a partir da perspectiva dessa classe. Martins,[12] analisando a ambiguidade presente no pensamento conservador, sustenta que racionalismo e conservadorismo são duas maneiras de viver e de ver a sociedade, portanto dois pensamentos, integrados a um *único estilo de pensamento,* que exprime um modo de vida: o da sociedade capitalista.

O conservadorismo não é assim apenas a continuidade e persistência no tempo de um conjunto de ideias constitutivas da herança intelectual europeia do século XIX, mas de ideias que, reinterpretadas, transmutam-se em uma ótica de explicação e em projetos de ação favoráveis à manutenção da ordem capitalista. Isso aproxima os pensamentos conservador e racional, apesar de suas diferenças, como portadores de um mesmo projeto de classe para a sociedade.

Essa análise não deve esquecer algumas peculiaridades do pensamento conservador e de sua presença nas Ciências Sociais contemporâneas para a compreensão do Serviço Social, que nasce e se desenvol-

---

religiosos, reprimidos pela marcha do racionalismo capitalista, porém uma recompilação e uma conservação no *plano da reflexão."* K. Mannheim, op. cit., p. 101.

11. H. Lefebvre. *De lo rural a lo urbano,* op. cit.
12. J. S. Martins. As coisas no lugar..., op. cit.

ve embebido em ideias conservadoras, incorporando as ambiguidades do reformismo conservador.

Dentre as características do pensamento conservador,[13] destaca-se sua vocação para o passado, terreno, germinativo da inspiração para a interpretação do presente. O passado é experimentado como virtualmente presente. A sociedade tende a ser apreendida como constitutiva de entidades orgânicas, funcionalmente articuladas, cujo modelo é a família e a corporação. Os pequenos grupos são tidos como fonte das relações interpessoais, da sociabilidade e da moralidade. Os elementos sagrados, irracionais, não utilitários da existência, são valorizados, em contraposição ao primado da razão. Tradição e costumes legitimam a autoridade. O conservador pensa à base do "nós"; o indivíduo não é uma partícula isolada e atomizada na sociedade, mas é parte de unidades mais amplas, dos grupos sociais básicos. Reage a toda igualdade externa, que desconheça as particularidades individuais. Radicaliza-se a individualidade)[14]: os homens são seres essencialmente desiguais, porquanto particulares. A liberdade é subjetivada: consiste na habilidade de cada indivíduo em desenvolver-se de acordo com as possibilidades e limitações de sua personalidade, com o núcleo de seu ser. O ser mais profundo do homem é sua individualidade e sua essência moral. Assim, a liberdade é levada, restritivamente, à esfera privada e subjetiva da vida, enquanto as relações "externas" e sociais devem ser subordinadas aos princípios da ordem, da hierarquia e da disciplina.

O conservador reage aos princípios universalizantes e abstratos do pensamento dedutivo: seu pensamento tende a aderir aos contornos imediatos da situação com que se defronta, valorizando os detalhes, os dados qualitativos, os casos particulares, em detrimento da apreen-

---

13. Cf. R. Nisbet. Conservadorismo e sociologia, op. cit.; e K. Mannheim. *Ensayos de sociologia...*, op. cit.

14. "O reformismo conservador consiste na substituição de fatores individuais por outros fatores individuais (melhoras); o reformismo progressista tende a suprimir um fato indesejável, reformando todo o mundo circundante que torna possível sua existência. Assim, pois, o reformismo progressista tende a atacar o sistema no seu conjunto, enquanto o reformismo conservador ataca detalhes particulares." K. Mannheim. *Ensayos de Sociologia...*, op. cit., p. 116.

são da estrutura da sociedade. A mentalidade conservadora não possui predisposição para teorizar. Sendo a organização da sociedade vista como fruto de uma ordenação natural do mundo, o conhecimento visa a um controle prático das situações presentes. O conservador elabora seu pensamento como reação a circunstâncias históricas e ideias que se afiguram ameaçadoras à sua influência na sociedade. O conservadorismo torna-se consciente, no plano da reflexão, como defesa, decorrente da necessidade de armar-se ideologicamente para enfrentar o embate das forças oponentes.

Sem qualquer pretensão exaustiva, estes são alguns traços que conferem um perfil ao conservadorismo, que adquire matizes específicos nas diversas correntes internas do próprio pensamento conservador e ante situações históricas particulares nas quais se expressa.

Considerando o conservadorismo moderno como fruto da Revolução Francesa e da Revolução Industrial, Nisbet analisa sua influência no pensamento sociológico a partir do que denomina *ideias elementos* da sociologia,[15] a de maior chance e a mais fundamental é a noção de comunidade:

---

15. Nisbet elabora o estudo do pensamento sociológico a partir das *ideias elementos*, que formam, no seu entender, os elementos constitutivos da sociologia, a "medula" dessa disciplina científica, e persistem desde a época clássica da sociologia moderna até o momento presente. São elas: comunidade, autoridade, *status*, sagrado e alienação. Cada uma das ideias está associada a uma antítese, da qual deriva grande parte de sua significação: comunidade-sociedade, autoridade-poder, *status*-classe, sagrado-secular, alienação-progresso. O autor desenvolve sua análise a partir da hipótese de que o *ethos* do individualismo (indivíduo natural) e a visão da ordem baseada em interesses racionais não esgota o pensamento do século XIX. Verifica-se, aí, a reação do tradicionalismo contra a razão analítica, do comunalismo contra o individualismo, do não racional contra o puramente racional, como resposta intelectual à situação da crise da época. É nesse processo que emerge o conservadorismo, caracterizado pela defesa da tradição social, de origem medieval, dela derivando a insistência nos valores supramencionados, incorporados pela sociologia moderna, embora esta se afirme como uma forma secularizada de conhecimento. O conservadorismo reage contra o igualitarismo, e o poder centralizado no povo, contra a substituição de valores sociais não racionais por normas impessoais e efêmeras de contrato-utilidade, contra a decadência da autoridade política, social e religiosa; reage, ainda, à perda da liberdade medieval e à decadência da cultura pela sua difusão entre as massas. Ver R. Nisbet, *La formación del pensamiento sociológico*, op. cit.; ver também, a análise crítica dessa perspectiva em J. S. Martins, As coisas no lugar..., op. cit.

"Quando digo comunidade, quero significar algo que ultrapassa a mera comunidade local. A palavra, tal como a encontramos em grande parte dos pensadores dos últimos séculos, abarca todas as formas de relações caracterizadas pelo alto grau de intimidade pessoal, profundidade emocional, compromisso moral, coesão social e continuidade no tempo".[16]

A força da comunidade provém de motivações mais profundas que o mero interesse racional; nela o homem é concebido como totalidade, e não a partir dos papéis que desempenha na ordem social. Seu modelo, do ponto de vista histórico, é a família. Os laços de comunidade passam a compor a ideia da "boa sociedade", estando na base do conceito do social, tal como é predominantemente utilizado pelos sociólogos.[17] O simbolismo da comunidade torna-se um meio de legitimação das relações sociais, um novo esquema de utopia.

A noção de comunidade permeia a produção dos autores clássicos da teoria sociológica; embora se apresente como uma forma secularizada de conhecimento, a sociologia incorpora o compromisso com o conservadorismo.[18] Nisbet assume a hipótese de que as preocupações da sociologia norte-americana de hoje com a ordem

---

16. R. Nisbet. *La formación del pensamiento sociológico*, op. cit., p. 71-72.

17. "A sociologia, mais do que qualquer outra disciplina deste século, deu primazia ao conceito do social. O ponto que queremos insistir é, sem dúvida, que o referente ao social foi quase que invariavelmente o comunal. 'Communitas' e não 'societas' (com suas conotações impessoais) é a verdadeira fonte etimológica da palavra 'social', tal como a emprega o sociólogo em seus estudos sobre o parentesco, a economia, o sistema público." R. Nisbet. *La formación del pensamiento sociológico*, op. cit., p. 82.

18. Nisbet demonstra como a noção de comunidade está presente na teoria sociológica: em Comte, a sociedade é considerada a comunidade *in extenso*, ser supremo do culto positivista; a comunidade como utopia está expressa no seu conceito de comunidade moral (comunidade perdida é comunidade que tem de ser ganha, é o tema que orienta tanto sua Estática como sua Dinâmica Social). Le Play introduz o estudo empírico substantivo da comunidade, através do estudo da família da classe trabalhadora (*Os Trabalhadores Europeus*, de 1855). Em Tönnies a comunidade aparece como tipologia, no *gemeischfat* e *gesellschaft*: à noção de comunidade (no sentido definido por Nisbet) ele opõe a sociedade como um tipo de relação humana caracterizada por alto grau de individualismo, impessoalidade, contratualismo, procedente da volição e do puro interesse. A comunidade aparece também, como metodologia, em Durkheim, Simmel e Weber, tornando-se instrumento de análise da conduta reflexiva do ser humano. Ver: *La Formación...*, op. cit., especialmente cap. III.

social, ajustamento/desajustamento social, integração/desintegração grupal, com a natureza da personalidade etc. estão enraizadas na tradição conservadora do pensamento europeu do século XIX, mais do que no sistema liberal, geralmente tomado como o fundamento da sociologia moderna.[19]

O Serviço Social nasce e se desenvolve na órbita desse universo teórico. Passa da influência do pensamento conservador europeu, franco-belga, nos seus primórdios, para a sociologia conservadora norte-americana, a partir dos anos 1940. Incorpora a noção de comunidade como matriz analítica da sociedade capitalista e como projeto norteador da ação profissional. Mas a comunidade é erigida como ótica de interpretação da sociedade capitalista quando já deixou de ter contrapartida histórica, isto é, quando a sociedade encontra-se estruturada não mais segundo os princípios das relações comunitárias, mas conforme os parâmetros da racionalidade burguesa, da reprodução do capital.

Incorpora-se o princípio da solidariedade[20] como diretriz ordenadora das relações sociais, em tensão com seus fundamentos históricos concretos. As relações sociais passam a ser vistas invertidamente: a coisificação alienadora das relações que se estabelece no universo da mercadoria é obscurecida, fazendo reaparecer, na base mesma da sociedade, relações pessoais, solidárias, personalizadas.

É importante destacar que, na base desse conservadorismo, há um *componente utópico* assimilado pelo Serviço Social, fruto desse universo teórico, balizado pela filosofia humanista cristã. A comunidade ressurge aí como utopia,[21] nos quadros de um reformismo conservador, e orienta a ação profissional.

---

19. R. Nisbet. *Conservadorismo e sociologia*, op. cit.

20. Ver as análises de J. S. Martins, incorporadas no desenvolvimento dessa reflexão: J. S. Martins. *A imigração e crise do Brasil agrário*, op. cit. especialmente O camponês e a comunidade utópica, p. 13-28; As relações de classe e a produção ideológica da noção de trabalho. In: *Contexto*, São Paulo, Hucitec, n. 5, p. 37-53, maio 1978.

21. Martins, analisando o camponês e a comunidade utópica, sustenta a respeito da utopia comunitária: "Enquanto visão de mundo que norteia o relacionamento numa formação social

A comunidade como utopia contém um componente de resistência à organização social da sociedade capitalista, componente anticapitalista porque antissocietário: sua viabilidade histórica é dada pela superação do capitalismo, pela supressão da mediação classificadora da mercadoria nas relações entre os homens.[22] Segundo Martins, contém um projeto de vida alternativo que busca efetivar, mas que é desprovido de base histórica, ao desconsiderar a estruturação da própria sociedade capitalista. Em consequência, o que pode ter subjetivamente um caráter de recusa é vivido objetivamente como confirmação da ordem vigente.

Enquanto os fundamentos do modo de vida veiculados pela utopia comunitária são redefinidos pelo capitalismo, essas redefinições não são apreendidas pela consciência dos agentes sociais, que permanece vinculada a um modo de vida estranho ao capitalismo. O que se apreende são os *efeitos* daquela redefinição, os quais se busca neutralizar.

Analisando a sociedade a partir do suporte teórico da noção de comunidade, do princípio da solidariedade como base ordenadora das relações sociais, o Serviço Social alia a este universo teórico um outro elemento: a filosofia social humanista cristã. Ao mesmo tempo, aprimora os procedimentos de intervenção incorporando os progressos do Serviço Social norte-americano no que se refere aos métodos de trabalho com indivíduos, grupos e comunidades. Ou seja: enquanto os procedimentos de intervenção são progressivamente racionalizados,

---

concreta, ela explica integralmente a vida camponesa, estabelecendo os nexos entre os elementos da situação como se não fossem referidos a outros componentes da formação capitalista". J. S. Martins. *A imigração e crise do Brasil agrário*, op. cit., p. 29.

22. "(...) intersubjetivamente, a comunidade utópica constitui uma forma de resistência, passiva ou não, às rupturas estruturais da sociedade; objetivamente, porém, a utopia comunitária se insere dinamicamente nas relações sociais como resistência aos *efeitos* sociais dessas rupturas. Isto é, inverte o seu sentido. Alienadamente o camponês formula e desencadeia sua oposição à sociedade capitalista. Essa oposição fundada na utopia comunitária é anticapitalista, na medida em que é antissocietária, isto é, na medida em que antagoniza a ideia constitutiva e dominante do sistema que é a de *sociedade*, enquanto contrato, vínculo racional, fruto da razão abstrata, que se traduz num querer objetivamente dado." J. S. Martins. *A imigração e crise do Brasil agrário*, op. cit., p. 27-28.

o conteúdo do projeto de ação profissional permanece fundado no reformismo conservador e na base filosófica aristotélico-tomista.

Este arranjo teórico-doutrinário-operativo permite que a profissão mantenha o seu caráter missionário, atualizando as marcas de origem e atendendo, concomitantemente, às exigências de tecnificação que lhe impõe a modernização da sociedade e do Estado. Se isto permite que a proposta profissional se adapte às exigências da ordem burguesa, instaura-se na consciência dos agentes profissionais uma profunda ambiguidade: a ação — que é desencadeada, subjetivamente, como recusa aos "excessos de diferenciação social", como forma de atenuar ou até mesmo de eliminar as injustiças sociais ou como missão a serviço do "homem" — transubstancia-se objetivamente numa prática que reforça os fundamentos da ordem alienadora, que produz e reproduz as desigualdades sociais. Em outros termos: os efeitos da ação profissional aparecem como uma negação dos propósitos humanistas que a orientam. Torna-se palpável a defasagem entre propósitos e resultados da ação, entre teoria e prática.

O pensamento humanitário incorporado pelo Serviço Social faz com que a humanização das condições de vida e de trabalho dos segmentos sociais que constituem a "clientela" atendida pelo profissional seja proposta como objetivo dentro das condições de trabalho alienado, que não são questionadas. Ele veicula a "ideologia do trabalho"[23] e confirma a condição do trabalho assalariado como elemento constitutivo da ordem social "natural", ao mesmo tempo em que propõe como objetivo fazer da prática profissional um instrumento de reconhecimento da pessoa do trabalhador, enquanto indivíduo particular, enquanto "sujeito". Os efeitos da exploração capitalista do trabalho são reconhecidos e transformados em "problemas sociais", justificadores da ação profissional; mas não se colocam em questão as razões históricas dessa exploração. Este esquema de percepção permite conciliar a concepção humanista-cristã de vida e a exploração burguesa do trabalho. Aí a exploração das classes é suposta e os esforços

---

23. J. S. Martins. As relações de classe e a produção ideológica da noção de trabalho, op. cit.

passam a se orientar no sentido de fazer com que burguês e operário sejam solidários, visto que sua condição comum, a de pertencerem a uma mesma "comunidade produtiva" e também de "seres humanos", supera qualquer diferença social. Como as bases da organização social são tidas como dadas e não são questionadas em suas raízes, a solução entrevista limita-se à *reforma do homem dentro da sociedade*, para o que deve contribuir o Serviço Social.

Assim, as representações que orientam o conteúdo de um programa para a sociedade, embora preservem seu conteúdo utópico, não se contrapõem à ordem capitalista, e passam a ser mobilizadas e incentivadas pela própria burguesia e pelo Estado.

As características ressaltadas do pensamento conservador encontram-se profundamente enraizadas no discurso e na prática profissional, tornando-se parte integrante da configuração da profissão. Além da noção de comunidade já salientada, merece destaque a ênfase na *formação social, moral e intelectual da família*, considerada como célula básica da sociedade. Trata-se de um trabalho *"educativo"* entre a família operária, especialmente entre os mais carentes que têm acesso aos equipamentos socioassistenciais, com o objetivo de reforçar o núcleo familiar e integrar seus membros à sociedade. Buscam-se na história familiar os elementos explicativos de comportamentos individuais "anômalos" ou "desviantes" de um padrão tido como "normal". A família, como grupo social básico, é erigída como núcleo do trabalho profissional e como referência para a apreensão da vida em sociedade, em contrapartida às classes sociais.

A individualização dos "casos sociais", em detrimento do reconhecimento da situação social comum vivida pelos segmentos sociais que constituem a "clientela" do Serviço Social, é outra característica marcante dessa atividade profissional. Os indivíduos são encarados como seres únicos e particulares, com potencialidades a serem desenvolvidas, desde que estimuladas, cuja dignidade de seres humanos e cuja liberdade merecem o respeito do profissional. Porém, tais características tendem a ser apreendidas sem vinculação com suas bases materiais, isto é, subjetivamente e apartadas da situação social de vida dos "clientes", transformando-se em princípios e postulados universalizantes orientadores da ação profissional.[24]

Outro fator a considerar é a *tendência empiricista e pragmatista* que vem marcando essa prática profissional. Ganham relevo as atividades de pesquisa e classificação da população cliente, que sempre constaram como uma das atribuições básicas do Assistente Social, como pressuposto para a concessão de auxílios e benefícios sociais. Apenas o conhecimento empírico, mesmo que circunscrito à área sob intervenção, viabilizaria aquela interação. Essa atividade de pesquisa, realizada muitas vezes através da visita domiciliar, busca na realidade identificar os elementos que compõem o modo de vida e de existência do proletariado, o que possibilita uma hierarquização dos *riscos sociais* a que estão sujeitos os indivíduos, famílias e grupos sociais, e a consequente delimitação de uma população, alvo preferencial a ser atingido pelos programas assistenciais e pelo próprio Serviço Social. A hierarquização dos riscos obedece a uma classificação baseada numa escala de "tipos de desajustamentos biopsicossociais" que estigmatiza e rotula a população, e informa aos organismos institucionais a atitude a assumir perante cada grupo, atitude que pode oscilar de medidas paliativas rotineiras à multiplicidade de iniciativas de intervenção e controle.

Se o Serviço Social surge no seio do movimento católico, o processo de profissionalização e legitimação da profissão encontra-se estreitamente articulado à expansão das grandes instituições socioassistenciais estatais, paraestatais e autárquicas, que surgem especialmente na década

---

24. Dentre os *postulados éticos e metafísicos* para a ação do Serviço Social destacam-se: "a) postulado da *dignidade da pessoa humana:* que se entende como uma concepção do ser humano numa posição de eminência ontológica na ordem universal e ao qual todas as coisas devem estar referidas; b) postulado da *sociabilidade essencial da pessoa humana:* que é o reconhecimento da dimensão intrínseca à natureza humana, e, em decorrência do que se afirma o direito de a pessoa humana encontrar, na sociedade, as condições para sua autorrealização; c) postulado da *perfectibilidade humana:* compreende-se como o reconhecimento de que o homem é, na ordem ontológica, um ser que se autorrealiza no plano da historicidade humana, em decorrência do que se admite a capacidade e potencialidades naturais dos indivíduos, grupos e comunidades e populações para progredirem e se autopromoverem". "Documento de Araxá". *Debates Sociais*, ano III, n. 4, p. 9, maio 1967.

de 1940.[25] A criação dessas grandes instituições tem como pano de fundo um período marcado pelo aprofundamento do modelo corporativista de Estado e por uma política econômica favorecedora da industrialização. A expansão do proletariado urbano, reforçada pela migração interna, cria a necessidade política de controlar e absorver esse setor. Nesse processo, o Estado tem de incorporar, necessariamente, parte das reivindicações populares, ampliando a base de reconhecimento legal da cidadania, do proletariado e dos direitos sociais daí decorrentes, através de uma legislação social e sindical abundante no período.

As grandes instituições assistenciais e previdenciárias emergem assim como parte dos esforços reformadores do Estado para responder às pressões das novas forças sociais urbanas. O Estado passa não só a intervir na regulamentação da força de trabalho, mas também no estabelecimento e controle de uma política assistencial intimamente vinculada às organizações representativas das "classes produtoras". Estas, progressivamente, confirmam sua adesão à política de controle social da ditadura varguista, ao perceberem que a "paz social" imposta através de uma legislação simultaneamente paternalista e repressiva reverte em rentabilidade econômica da empresa.

O surgimento dessas instituições representa uma enorme ampliação do mercado de trabalho para a profissão, tornando o Serviço Social uma atividade institucionalizada e legitimada pelo Estado e pelo conjunto dominante. Se o caráter de missão de apostolado social e a origem de classe dos "pioneiros" conferiam legitimidade à intervenção do profissional, agora essa legitimidade será derivada do mandato institucional, confiado ao Assistente Social, direta ou indiretamente, pelo Estado. A vinculação institucional altera, ao mesmo tempo, a "clientela" do Serviço Social: de pequenos segmentos da população pobre em geral, atingida ocasionalmente pelas obras sociais confessionais, seu público se concentrará em amplos setores do proletariado, alvo principal das políticas assistenciais implementadas pelas instituições. Este

---

25. Surgem nesse período o Conselho Nacional de Serviço Social (1938), a Legião Brasileira de Assistência (1942), o Serviço Nacional de Aprendizagem Industrial (1942) e o Serviço Social da Indústria (1946).

processo consolida a profissionalização do Assistente Social, que se torna categoria assalariada, e recruta seus membros entre os setores médios. Em suma, o Serviço Social deixa de ser um instrumento de distribuição da caridade privada das classes dominantes, para se transformar, prioritariamente, em uma das engrenagens de execução da política social do Estado e de setores empresariais.

Nesse processo de institucionalização, a profissão passa a ser crescentemente incorporada aos programas que concretizam as políticas sociais do desenvolvimentismo populista,[26] ideologia dominante após a Segunda Guerra. Esse processo permitirá também ao Serviço Social — da mesma forma como permitiu sua cooptação pelo Estado — manter, com algumas adequações, as características básicas da prática e do pensamento conservador, que o marcam desde a sua origem.

2. A atualização da herança conservadora

A atualização da herança conservadora aparece de forma mais destacada no "pós-64", e informa as respostas dadas por parcela majoritária da categoria profissional às novas demandas que lhe são apresentadas no capitalismo monopolista. Essa atualização se manifesta em mudanças no discurso, nos métodos de ação e no projeto de prática profissional diante das novas estratégias de controle e repressão da classe trabalhadora, efetivadas pelo Estado e pelo grande capital, para atender às exigências da política de desenvolvimento com segurança. Traduz-se numa *modernização da instituição Serviço Social*. De um lado, é preciso aperfeiçoar o instrumental operativo, com as metodologias de ação, com a busca de padrões de eficiência, a sofisticação de modelos de análise, diagnóstico e planejamento; enfim, é preciso dar suporte técnico à ação profissional.[27] Uma crescente burocratização das

---

26. Ver, entre outros: *Anais do II Congresso Brasileiro de Serviço Social*. Rio de Janeiro, CBCISS, 1961, e S. B. Ammann. *Ideologia e desenvolvimento de comunidade no Brasil*. São Paulo: Cortez, 1980.

27. Um dos exemplos mais expressivos desta modernização são os dois seminários de "Teorização do Serviço Social", promovidos pela CBCISS com o apoio de órgãos governamentais

atividades institucionais, resultante das reformas administrativas que atingem o aparelho de Estado, as grandes instituições assistenciais e as empresas, acompanha essas mudanças.

De outro lado, o discurso profissional se aproxima dos fundamentos da teoria da modernização presente nas Ciências Sociais.[28]

Expressa-se na prática profissional, numa perspectiva voltada para mudanças de hábitos, atitudes e comportamentos do trabalhador, tendo em vista sua adequação aos novos ritmos de desenvolvimento. Este tipo de suporte científico mantém-se, porém, articulado à metafísica aristotélico-tomista que informa a base filosófica da visão de homem e da sociedade,[29] o que permite à profissão atualizar seu caráter missionário, preservando o seu componente utópico.

Diante do clima repressivo e autoritário, fruto das mudanças políticas da década de 1960, os Assistentes Sociais refugiam-se, cada vez mais, em uma discussão dos elementos que supostamente conferem um perfil peculiar à profissão: objeto, objetivos, métodos e procedimentos de intervenção, enfatizando a metodologia profissional.[30]

---

e patronais, em Araxá (1967) e Teresópolis (1970), que tiveram ampla repercussão nacional e internacional entre os Assistentes Sociais. Os resultados desses eventos estão no "Documento de Araxá". *Revista Debates Sociais*, Rio de Janeiro, CBCISS, n. 4, ano III, maio 1967; e no "Documento de Teresópolis — Metodologia do Serviço Social". *Revista Debates Sociais*, suplemento n. 4, 5. ed. Rio de Janeiro, CBCISS, set. 1978.

28. Sobre a teoria da modernização, ver, entre outros: G. Germani. *Política y sociedad en una época de transición*. Buenos Aires: Ed. Paidós, 1962; E. E. Hagen. *On the theory of social change*. Homewood: Dorsey Press, 1962; D. Lerner. *The passing of traditional society*: modernizing the Middle East. Nova York: The Free Press, 1958; L. Pinheiro Machado. Alcances e Limites da Teoria da Modernização. *Revista de Administração de Empresas*, Rio de Janeiro, Fundação Getúlio Vargas, v. 10, n. 2, p. 169-192, jul./set. 1970. F. H. Cardoso e E. Faletto. *Dependência e desenvolvimento na América Latina*. Rio de Janeiro: Zahar, 1973. O. Ianni. *Sociologia da sociologia latino-americana*. Rio de Janeiro: Civilização Brasileira, 1971.

29. Ana Augusta de Almeida, comentando o Documento de Araxá, considera que a linguagem filosófico-científica empregada no documento revela a vinculação do chamado "modelo brasileiro no Serviço Social" a dois mundos culturais: "o do pensamento metafísico, aristotélico-tomista, que informa os conceitos, a lógica das categorias; o da intervenção, construída em termos técnico-científicos, numa abordagem estrutural (*sic*) inserida num contexto político-econômico com instrumental emprestado das Ciências Sociais". A. A. Almeida. "O Movimento de Reconceituação no Brasil. Perspectiva e Consciência". *Debates Sociais*. Rio de Janeiro, CBCISS, n. 21, p. 43-53, 1975.

30. "Na medida em que se fechava o caminho para uma crítica efetiva da vida social, o Serviço Social Brasileiro iniciou a crítica de suas próprias modalidades de intervenção. Em outras

A tecnificação eufemiza o paternalismo autoritário presente na ação profissional e desenvolve métodos de imposição mais sutis que preconizam a "participação" do "cliente" nas decisões que lhe dizem respeito. Esta "participação" não prescinde do respeito à hierarquia[31] e à delimitação precisa de campos entre o técnico e o "paciente".[32]

Instaura-se, ao mesmo tempo, uma forte tendência, presente em segmentos específicos do meio profissional, à *psicologização das relações sociais*,[33] que privilegia problemas de desintegração e desadaptação social e funcional, isto é, problemas relacionais que devem ser tratados através do diálogo. Esta ênfase leva a dar prioridade às necessidades que transcendem as carências objetivas e materiais do cliente, isto é, os problemas existenciais que devem ser tratados profissionalmente. As exigências de sobrevivência são tidas como demandas secundárias para uma profissão que procura ultrapassar o estigma assistencialista. Os problemas materiais tendem a ser espiritualizados, transformados em dificuldades subjetivas, de adaptação social: dificuldades do *indivíduo* para se beneficiar dos recursos e oportunidades que a sociedade lhe oferece. O cliente não deve ser visto como um "pobre", mas como uma "pessoa": todos os cidadãos são clientes potenciais do Serviço Social, visto que todos podem apresentar problemas relacionais e afetivos que precisam de orientação psicossocial. Instaura-se, assim, uma tendência transclassista na consideração da clientela do Serviço

---

palavras: impossibilitado de questionar-se *socialmente*, o Serviço Social brasileiro se questionou *metodologicamente*. As preocupações sobre a função social do Serviço Social, a análise de seus valores ideológicos, o tratamento de suas implicações sociopolíticas, tudo isso foi substituído pelo excessivo cuidado com o instrumental que deveria ser utilizado no exercício profissional... O fetiche da *teoria metodológica* invade os círculos institucionalizados, transfere-se aos seminários profissionais e estende-se às atividades docentes... As construções teóricas se desenvolvem em instâncias de abstração tomadas diretamente do pensamento estrutural-funcional ou do discurso lógico do neopositivismo." J. P. Netto. "La Crisis del Proceso de Reconceptualización del Servicio Social". In: N. Alayón et al. *Desafio al Servicio Social*. Buenos Aires, Humanitas, 1975.

31. Cf. D. Pignon e J. Querzola. Ditadura e democracia na produção, e A. Gorz. Técnica, técnicos e luta de classe. In: A. Gorz. *Crítica da divisão do trabalho*, op. cit., respectivamente, p. 91-140 e 211-248.

32. J. A. Guilhon de Albuquerque. *A metáfora da desordem*. Rio de Janeiro: Paz e Terra, 1977.

33. J. Verdès-Leroux. *Le travail social*. Paris: Les Editions de Minuit, 1978. Ver especialmente o cap. 2. Técnica e espiritualidade no confronto de classe, p. 82-101.

Social, em choque com sua realidade efetiva, constituída dos segmentos mais pauperizados da classe trabalhadora. A psicologização das relações sociais permite preservar o julgamento moral da clientela, agora encoberto por uma aparência científica que tem por base rudimentos da psicanálise.

Subjacentes a esse processo de atualização da herança conservadora do Serviço Social, estão dois elementos que marcam, profundamente, o sentido da prática profissional e as percepções que os agentes têm dela. De um lado, questões de economia política transformam-se em problemas assistenciais,[34] e direitos da utilização de conquistas sociais do proletariado viram concessão de benefícios, os quais nunca foram vistos como direitos, mas como expressão de carências, "faltas", "desvios de personalidade" etc. Por outro lado, reforçam-se mecanismos que dificultam a apreensão dos reais efeitos da ação profissional. A reificação dos métodos e técnicas da intervenção, a burocratização das atividades, a psicologização das relações sociais, a absorção de uma terminologia mais adequada à estratégia de crescimento econômico acelerado são fatores, entre outros, que contribuem para encobrir na consciência do profissional as reais implicações de sua prática. Aprofunda-se a distância entre as pretensões teóricas dos profissionais e os efeitos de sua intervenção, enquanto agentes das políticas sociais do Estado. Nesta perspectiva, a resolução da "crise da profissão" reduz-se, constantemente, a um maior aperfeiçoamento técnico-instrumental; vincula-se ao reconhecimento, pelas instâncias responsáveis pela elaboração e implementação das políticas sociais, das potencialidades daquele instrumental, para atuar sobre a "questão social". Essa perspectiva implica a reafirmação e aprofundamento da subordinação do Serviço Social às necessidades da política estatal de dominação e controle das classes subordinadas e, portanto, a negação de qualquer veleidade crítica que ultrapasse os limites do sistema. Resume-se, na prática, à tentativa sempre renovada de se apresentar como alternativa confiável de enfrentamento da "questão social", ampliando o cam-

---

34. O. Ianni. Pronunciamento, como membro da Banca Examinadora da Tese de Mestrado de Maria Luiza de Souza, PUC-SP, 18 de agosto de 1978.

po de ação profissional e a legitimidade dessa intervenção entre as instâncias mandatárias, aparecendo, ainda, secundariamente, a preocupação em tornar essa ação mais aceitável pela população "cliente".

3. A busca de ruptura com a herança conservadora

A análise da trajetória histórica do Serviço Social no Brasil aponta, como sugerido anteriormente, para a prevalência de um comportamento essencialmente conservador. Nota-se, a partir dos registros disponíveis, que é apenas no final dos anos 1950 e início da década seguinte que se fazem ouvir as primeiras manifestações, no meio profissional, de posições que questionam o *status quo* e contestam a prática institucional vigente. Esses questionamentos emergem numa conjuntura marcada por uma situação de crise e de intensa efervescência política no Continente, no quadro do colapso dos populismos e de uma reorientação tática do imperialismo em relação às sociedades dependentes. Por outro lado, é nesse mesmo quadro conjuntural que o meio profissional começa a se ampliar e a se modernizar com rapidez, em consequência da multiplicação das escolas especializadas e da demanda objetiva do Estado e das empresas.

No plano político interno, essas manifestações coincidem com a intensificação da radicalização política que marca o período final do pacto populista e que tem por desfecho uma expressiva mudança na correlação de forças com o golpe de 1964.

O crescimento da organização dos trabalhadores urbanos e rurais se faz acompanhar de um processo de politização dos setores médios. Assume expressão uma "esquerda cristã", que passa a influenciar contingentes maiores de Assistentes Sociais, seja através das escolas, do movimento estudantil, seja pela convivência no interior do "bloco católico". A ideologia nacional-desenvolvimentista, especialmente aquela produzida e difundida pelo Instituto Superior de Estudos Brasileiros (ISEB), é crescentemente absorvida por parcelas do meio profissional. Assim, a própria realidade apresenta questionamentos políticos que sensibilizam segmentos de Assistentes Sociais e se traduzem num início de revisão da prática da instituição "Serviço Social".

Com o movimento político-militar de 1964, essas manifestações são isoladas e obrigadas a refluir, reaparecendo apenas nas décadas seguintes. Apesar de a presença dessas tendências expressar um dado novo de significativa importância para o desenvolvimento posterior da profissão na busca de novas bases de legitimidade, a dimensão que assumem é restrita, e elas aparecem apenas como marginais e pouco definidas. Cabe considerar também que a crítica que essas correntes passam a explicitar e o contradiscurso que produzem não podem ser caracterizados ainda como uma ruptura com a herança conservadora do Serviço Social. Situam-se nos marcos do humanismo e do desenvolvimentismo, não atingindo as bases da organização da sociedade.

O aprofundamento desses dados recuperará o início dos debates dos anos 1960, incorporando, ao mesmo tempo, os temas presentes na literatura profissional latino-americana representativa do "Movimento de Reconceituação" do Serviço Social,[35] que questionam a perspectiva meramente modernizadora da profissão.

Se a modernização levada a efeito pela instituição se mantém dentro dos marcos do pensamento conservador, representando não mais que sua atualização, torna-se necessário qualificar o que se en-

---

35. A literatura profissional produzida em países como Uruguai, Chile, Argentina e Peru é absorvida nas elaborações iniciais dessa nova perspectiva. Ver: D. Palma. *La reconceptualización*: una búsqueda en América Latina. Buenos Aires, Ecro, Série Celats, n. 2, 1975; N. Alayón et al. *Desafio al servicio social*. Buenos Aires: Humanitas, 1975; V. P. Faleiros. *Trabajo social*: ideologia y método. Buenos Aires: Ecro, 1973; H. Kruse. *Introducción a la teoria científica del servicio social*. Buenos Aires, Ecro, Série ISI/1, 1972; N. Kisnerman. *Sete estudos sobre o serviço social*. São Paulo: Cortez e Moraes, 1978; E. Ander-Egg. *El servicio social en la encrucijada*. México: Umets, 1971; L. Lima e R. Rodrigues. Metodologismo: estallido de una época. In: *Acción Crítica*, Lima, Celats/Alaets, n. 2, jul. 1977; L. Lima. Marchas y contra-marchas del trabajo social: repasando la reconceptualización. In: *Acción Crítica*, Lima, Celats/Alaets, n. 6, dez. 1979; B. Lima. *Contribuição à metodologia do serviço social*. Belo Horizonte: Interlivros, 1976; J. P. Netto. A crítica conservadora à reconceptualização. *Serviço Social & Sociedade*, São Paulo, Cortez, ano II, n. 5, mar. 1981; H. I. Junqueira. Quase duas décadas de reconceituação do serviço social: uma abordagem crítica. *Serviço Social & Sociedade*, São Paulo, Cortez, n. 4, dez. 1980.

tende por *ruptura com aquela herança, evitando uma perspectiva maniqueísta e ou particularista na análise da profissão.*

A ruptura com a herança conservadora expressa-se como uma *procura,* uma *luta por alcançar novas bases de legitimidade da ação profissional do Assistente Social, que, reconhecendo as contradições sociais presentes nas condições do exercício profissional, busca colocar-se, objetivamente, a serviço dos interesses dos usuários,* isto é, dos setores dominados da sociedade. Não se reduz a um movimento "interno" da profissão. Faz parte de um *movimento social mais geral,* determinado pelo confronto e a correlação de forças entre as classes fundamentais da sociedade, o que não exclui a responsabilidade da categoria pelo *rumo dado às suas atividades e pela forma de conduzi-las.*

Entendida numa dimensão processual, essa ruptura tem como pré-requisito que o Assistente Social aprofunde *a compreensão das implicações políticas de sua prática profissional,* reconhecendo-a como *polarizada pela luta de classes.* Em outros termos, o profissional é mobilizado na implementação de políticas sociais que trazem no seu bojo interesses divergentes e antagônicos que o exercício profissional, contraditoriamente, reproduz, já que tende a ser cooptado por uma das forças em confronto. Essa compreensão é básica para tornar possível que o Assistente Social faça uma opção teórico-prática por um projeto coletivo de sociedade e supere as ilusões de um fazer profissional que paira "acima" da história. Isso implica, por sua vez, o *enriquecimento do instrumental científico de análise da realidade social e o acompanhamento atento da dinâmica conjuntural.*

A interação entre o aprofundamento teórico rigoroso e a prática renovada, politicamente definida, constitui elemento decisivo para superar as artimanhas ideológicas incorporadas pela profissão em sua evolução histórica: o voluntarismo, a prática rotineira e burocratizada, as tendências empiricistas, o alheamento central do modo de vida do povo e o desconhecimento do saber popular etc.

O posicionamento critico — que passa a ser assumido nos últimos anos por uma parcela minoritária, embora crescente, de Assistentes Sociais — emerge não apenas de iniciativas individuais, mas como resposta às exigências apresentadas pelo momento histórico. Torna-se possível à medida que o contingente profissional se expande e sofre as consequências de uma política econômica amplamente desfavorável aos setores populares. Nessa conjuntura político-econômica em que já não se podem ignorar as manifestações populares, em que os movimentos sociais e o processo organizativo de diversas categorias profissionais se revigoram, a prática do Assistente Social passa a ser analisada a partir das implicações políticas do papel desse intelectual vinculado a um projeto de classe. Verificam-se tentativas de ruptura de parte do meio profissional com o papel tradicionalmente assumido, na procura de somar-se às forças propulsoras de um novo projeto de sociedade. A isso se alia a busca de fundamentos científicos mais sólidos que orientem a atuação, ultrapassando a mera atividade técnica. Questiona-se, inclusive, que tipo de orientação teórico-metodológica deve informar a prática e como esta pode ser repensada a serviço da produção de conhecimentos voltados para os interesses dos "setores populares" e de sua organização autônoma. Essa nova qualidade de preocupação com a prática profissional visa ainda resgatar, sistematizar e fortalecer o potencial inovador contido na vivência cotidiana dos trabalhadores, na criação de alternativas concretas de resistência ao processo de dominação.

É importante frisar que essa perspectiva se traduz, presentemente, em experiências levadas a efeito por grupos profissionais, num trabalho de organização popular, de assessoria a movimentos sociais urbanos, através de Universidades, de organismos públicos, da Igreja etc. Isso se reflete na estruturação dos cursos, que orientam os currículos para uma maior incorporação das Ciências Sociais, ampliando a bagagem teórica dos profissionais.[36] Amplia-se, ao mesmo tempo, o proces-

---

36. Uma das experiências pioneiras, no âmbito da formação profissional, na tentativa de romper com a herança conservadora do Serviço Social, ocorreu, ainda nos inícios da década de 70, na Escola de Serviço Social da Universidade Católica de Minas Gerais, e está documentada através dos seguintes trabalhos: L. S. Lima et al. A prática como fonte de teoria. Escola de Serviço Social da UCMG, jun. 1971 (mimeo.); L. S. Lima et al. A relação teoria-prática no serviço social. In: *Compendio sobre metodología para el trabajo social*. Buenos Aires, Ecro, Série ISI/4, 2. ed. 1976. p. 76-178; L. S. Lima et al. Proyecto de reestruturación de la escuela de trabajo social de la

so de organização da categoria profissional, através da criação e dinamização de suas entidades representativas que vêm marcando presença nos movimentos e no processo de organização dos trabalhadores. O balanço crítico rigoroso dessas experiências permitirá empreender reavaliações necessárias a essa prática alternativa.[37]

A discussão do papel profissional dentro da linha de ruptura com a herança conservadora do Serviço Social deve passar por duas ordens de consideração relativamente ao meio profissional dos Assistentes Sociais. Embora alguns de seus segmentos tenham o propósito de se transformar em intelectuais orgânicos do proletariado, essa postura não é regra para o todo da categoria dos Assistentes Sociais. É preciso também considerar as relações da categoria — enquanto expressão dos estratos médios — com o conjunto da classe trabalhadora, no processo de construção de uma nova hegemonia que, tendo por centro o proletariado, seja capaz de incluir em seu projeto para a sociedade as aspirações específicas dos setores médios que lhe são mais próximos. O debate sobre o significado e a direção social da prática profissional deve ser incentivado no meio dos Assistentes Sociais, para que se ampliem as bases de um exercício profissional que respeite e contribua para a defesa do espaço democrático, da participação popular no momento histórico presente.

Universidad Católica de Minas Gerais (Belo Horizonte). In: *Compendio sobre reestruturación de la carrera de trabajo social*. Buenos Aires, Ecro, Série ISI/5, p. 25-67, 1973; Análise histórica da orientação metodológica da escola de serviço social da UCMG-BH, 1974 (mimeo.).

37. Nesse sentido, é importante destacar a percepção que a população "cliente" forma da prática geral dos Assistentes Sociais e, especialmente, das recentes iniciativas. Segundo pesquisa realizada em 1980, pode-se verificar que a população/"cliente" distingue as diferentes posturas e posições de classe que informam a prática profissional, percebendo, inclusive, as implicações institucionais de seu trabalho. Assume, ao mesmo tempo, uma posição vigilante perante o profissional que lhe é apresentado, recusando os que assumem uma posição controladora e tutelar ante o movimento popular. Ver a respeito: D. Pierre et al. O trabalho social de organização popular em instituições públicas. *Serviço Social & Sociedade*, São Paulo, Cortez, ano III, n. 6, p. 67-98, 1981.

Assistente Social: profissional da coerção e do consenso?*

Identificar as funções intelectuais exercidas pelo Assistente Social implica resgatar algumas peculiaridades da prática do Serviço Social. Esta prática é uma das dimensões em que o Assistente Social exerce seu papel intelectual, embora este transcenda o âmbito estritamente profissional.

Atuando em organizações públicas e privadas dos quadros dominantes da sociedade, cujo campo é a prestação de serviços sociais, o Assistente Social exerce uma ação eminentemente "educativa", "organizativa", nas classes trabalhadoras. Seu objetivo é transformar a maneira de ver, de agir, de se comportar e de sentir dos indivíduos em sua inserção na sociedade. Essa ação incide, portanto, sobre o modo de viver e de pensar dos trabalhadores, a partir de situações vivenciadas no seu cotidiano, embora se realize através da prestação dos serviços sociais, previstos e efetivados pelas entidades a que o profissional se vincula contratualmente. Este tipo de prática faz do Assistente Social um "profissional da Assistência", já que ele opera com recursos institucionais para a prestação de serviços, racionalizando e administrando sua distribuição, controlando o acesso e o uso desses

---

* Texto redigido em 1981, como parte da dissertação de mestrado: *Legitimidade e crise do serviço social*: um ensaio de interpretação sociológica da profissão, cit.

serviços pela "clientela". Ele intermedeia as relações entre instituição e "clientela", *articula a população aos órgãos em que trabalha*. A prestação de serviços imediatos em que interfere o Assistente Social contribui para que sejam atendidas as necessidades básicas e urgentes de sobrevivência das classes trabalhadoras, especialmente de seus segmentos mais pauperizados, contribuindo com sua reprodução material. É acoplado a esses serviços buscados pela população que o profissional desempenha suas funções tipicamente intelectuais.

Este tipo de intervenção profissional viabiliza a atuação de seus agentes qualificados em organizações de diferentes tipos, cuja ação se manifesta nos mais diferentes campos (saúde, habitação, lazer, trabalho etc.), fazendo face a uma gama heterogênea de necessidades sociais. A categoria profissional pode assim ter acesso à quase globalidade das esferas da vida cotidiana dos trabalhadores. O que delimita a solicitação desse profissional não é, prioritariamente, o tipo de especialização das instituições e dos serviços por elas mantidos: a estes deve *adaptar-se* o profissional[1], geralmente na condição de um técnico inferior diante das atividades principais do setor, exercidas por um profissional com especialização técnica específica no campo (médico na área de saúde, pedagogo na de educação etc.). Este quadro se altera nos organismos cujos programas principais se enquadram no campo "social" ou mais precisamente de "assistência", "promoção social" ou "bem-estar social". Aí o Assistente Social tende a ocupar postos principais na hierarquia institucional, quando esses não são preenchidos por "políticos de carreira" ou por profissionais de outras áreas, no caso de cargos de confiança da administração pública e privada.

O profissional vivencia e representa de maneira confusa essa prática diversificada, resultado das áreas diferenciadas de trabalho a

---

1. Essa adaptação ao perfil da demanda do mercado de trabalho vem se traduzindo no interior da instituição Serviço Social pela tendência a se formar especializações: Serviço Social Médico-Hospitalar, Serviço Social do Trabalho ou de Empresas, Serviço Social Previdenciário etc. A instituição procura assim aprimorar a qualificação técnica em resposta à maleabilidade do exercício profissional nos mais diversos "campos" profissionais, que se multiplicam com o aprofundamento da divisão social e técnica do trabalho.

que se dedica: almeja ter um campo "próprio" de trabalho, enquanto área "específica" que lhe atribua *status* e facilite o seu reconhecimento profissional. Como tende a recusar a atividade assistencial, pelos estigmas que esta, muitas vezes erroneamente identificada com a simples caridade, traz consigo, ele se vê "perdido" diante da definição de suas atribuições diante de outras profissões correlatas cujas frentes de trabalho são mais precisas, seja pelo caráter técnico mais marcado, seja pela herança científica mais solidificada. Incorporando, frequentemente, a ótica da compartimentalização das disciplinas como um dado não questionável, o Assistente Social tem a sensação de estar presente em segmentos da realidade particulares e particularizados, "apropriados" pelas várias disciplinas, sem ter reconhecido o "seu" lugar. Sente a profissão diluída, difícil de ser definida e qualificada.

Apesar do caráter aparentemente difuso e heterogêneo das tarefas exercidas pelo Assistente Social, este continua a ser necessário na organização social, como o demonstra o crescimento do mercado de trabalho nos últimos anos e a expansão quantitativa da categoria profissional.

Na tentativa de explicar o que unifica a demanda do Assistente Social em programas multifacetados, pode-se levantar a seguinte hipótese, que direciona as reflexões que se seguem: o Assistente Social é solicitado não tanto pelo caráter propriamente "técnico-especializado" de suas ações, mas, antes e basicamente, pelas funções de cunho "educativo", "moralizador" e "disciplinador" que, mediante um suporte administrativo-burocrático, exerce sobre as classes trabalhadoras, ou, mais precisamente, sobre os segmentos destas que formam a "clientela" das instituições que desenvolvem "programas socioassistenciais". Radicalizando uma característica de todas as demais profissões, o Assistente Social aparece como o *profissional da coerção e do consenso*, cuja ação recai no campo político. Esta é, pois, uma característica que, não lhe sendo exclusiva, aparece nele com maior intensidade, tanto pelo significado da atividade assistencial, como pelas características mais peculiares da profissão, derivadas de sua trajetória histórica e constantemente atualizadas. Sua demanda pelos canais "oficiais" está relacionada, desde os seus primórdios, às tensões e mudanças significativas nas oposições de classes configuradas na "questão social". Está estreitamente vinculada, como atividade secundária, mas nem por isso dispensável, à necessidade de preservação da ordem, da estabilidade da sociedade civil, como suporte da ampliação da produtividade do trabalho requerida pelo processo de acumulação. Esse quadro explica, inclusive, o sentido prioritário das atividades de Assistência Social, sem menosprezar suas derivações na produção da força de trabalho, através da prestação de serviços sociais. Programas e agentes são mobilizados para detectar, preventivamente, as tensões sociais, e, localizadamente, atenuá-las diante das sequelas derivadas da intensificação do processo de exploração da força de trabalho e de sua contrapartida: a presença crescente dos trabalhadores no cenário político da sociedade, organizados na luta por seus interesses corporativos e políticos. As atividades assistenciais recrudescem, especialmente nos períodos de crise, como contraponto a esse processo de organização coletiva dos trabalhadores, como "soluções" enfeixadas nas mãos do Estado e dos segmentos de classes a ele incorporados. Tais soluções se materializam em programas sociais, que individualizam e pulverizam, mantendo sob controle, respostas às necessidades de caráter coletivo. É principalmente nesse processo de individualização de atendimentos que entra em cena o Assistente Social.

Sendo este o significado prioritário das atividades que conformam o "campo" de trabalho do profissional, elas não exaurem aí sua explicação. Quando toda a sociedade encontra-se regida pela lógica da acumulação, os serviços sociais também passam a ser estruturados como campo de investimentos, como *locus* de aplicação do capital. A organização e distribuição dos serviços subordina-se aos requisitos do crescimento ampliado do capital.

Em síntese, a natureza da atuação profissional, sob aparência tecnificada, é de cunho mais político-ideológico do que propriamente econômico, e é eficaz entre a "clientela", principalmente nessa esfera.

Com base nesses elementos é possível direcionar a análise para a compreensão do *papel intelectual desempenhado pela categoria profissional*. O foco analítico não deve limitar-se à própria categoria profissional, mas antes deve incorporá-la, ultrapassando-a para esboçar as peculiaridades do exercício das funções intelectuais desse profissional. Enfim, é preciso apreender algumas particularidades do intelectual Assistente Social.

A análise sociológica da profissão e de seus agentes não pode limitar-se a considerar o Serviço Social e o Assistente Social desvinculados dos organismos institucionais, cujo caráter e função condicionam o significado dessa prática profissional no processo de reprodução das relações sociais. Tal premissa remete a um aprofundamento da concepção do intelectual, apoiada em Gramsci[2], visto que possibilita superar a consideração dos aspectos puramente profissionalizantes, atrelando-os à sua significação política, dando prioridade à função e ao lugar ocupados por essa camada nas relações sociais.

Gramsci apresenta uma noção ampla de intelectual, e lhe confere significação histórico-sociológica, definindo-a a partir do *lugar da função que este ocupa na estrutura social e no processo histórico*. Refutando a mera divisão entre trabalho manual e trabalho intelectual, Gramsci considera que todos os homens são intelectuais, já que, em graus diferenciados, sempre utilizam sua capacidade cerebral. Sustenta, no entanto, que nem todos exercem, no conjunto das relações sociais, a função de intelectual. É esta função que cumpre ressaltar.

Como os intelectuais representam interesses econômico-corporativos e políticos de uma classe, e não apenas interesses individuais, suas funções estão estreitamente articuladas à posição e à função que as classes fundamentais (proletariado e burguesia) ocupam na sociedade.[3]

---

2. A. Gramsci. Problemas da vida cultural. In: *Obras escolhidas*, op. cit.; A. Gramsci. *Os intelectuais e a organização da cultura*. 3. ed. Rio de Janeiro: Civilização Brasileira, 1969; H. Portelli. *Gramsci e o bloco histórico*, op. cit.; M. A. Macciocchi. *A Favor de Gramsci*. 2. ed. Rio de Janeiro: Paz e Terra, 1980; J. M. Piotte. *El pensamiento político de Gramsci*. Barcelona: A. Redondo, 1972. A análise do intelectual incorpora a interpretação apresentada por Piotte. Não se pretende efetuar uma discussão teórica da noção, mas retomar alguns elementos básicos da concepção do intelectual, para subsidiar a compreensão de certas particularidades do Assistente Social como intelectual.

3. Conforme Piotte, as funções dos intelectuais podem ser assim resumidas: — são organizadores da função econômica da classe a que se articulam, exercendo tarefas no mundo da

O intelectual exerce funções de direção econômica, social e cultural que se expressam tanto nos níveis de elaboração como de difusão do saber da classe que representa. O papel do intelectual é o de investigar, educar, organizar a hegemonia e a coerção e, ainda, homogeneizar a consciência da classe.

Se há um vínculo entre o intelectual e a classe por ele representada, essa camada social dispõe, no entanto, de uma relativa autonomia no exercício de suas funções. É fundamental compreender esse duplo movimento de organicidade e autonomia para se ter clareza do papel do intelectual.

Ainda segundo Piotte, a análise gramsciana do intelectual orienta-se para a *organização de classe*, implicando sua preocupação com o partido, visto como o "intelectual coletivo". Em outros termos, os laços que unem os intelectuais às classes sociais procedem das organizações da sociedade civil e da sociedade política nas quais atuam e a cujos propósitos confirmam sua adesão. Assim, o caráter orgânico do intelectual está na estreita dependência dos vínculos que essas organizações mantêm com as classes fundamentais, e a organicidade é tanto maior quanto mais estreitas são as relações entre ambas. O grau de organicidade do intelectual está ainda condicionado pelo lugar que ocupa na hierarquia das organizações hegemônicas e corporativas da sociedade civil e nos organismos do Estado: quanto mais elevada a posição, mais íntima a organicidade.

---

produção que são especializações de atividades em sua origem exercidas pelos membros ativos dessa classe;

— são organizadores da coerção de classe exercida no nível do Estado, através de seus quadros administrativos, políticos, jurídicos e militares;

— são portadores da função de hegemonia que a classe dominante exerce sobre o conjunto da sociedade civil através das organizações culturais (escolas, meios de comunicação e de difusão) e dos partidos, buscando assegurar o consentimento, senão ativo, pelos menos passivo, das classes dominadas à direção imprimida à sociedade;

— têm, ainda, o papel de favorecer a tomada de consciência da comunidade de interesses da própria classe que representam, homogeneizando sua concepção de mundo. Isto é, devem buscar a correspondência entre esta concepção e a função objetiva dessa classe, numa dada situação histórica. Ver l. M. Piotte, op. cit.

Esta vertente analítica supõe, portanto, compreensão — numa dada situação histórica específica — das classes e de suas relações, bem como dos organismos através dos quais se expressa e consolida sua influência numa sociedade determinada. Ela é básica para a análise do tema em debate: o papel do Assistente Social. Não sendo este um profissional liberal, já que sua atuação realiza-se através dos organismos da sociedade civil e, especialmente do Estado, estes organismos constituem as "pontes" das relações entre o profissional e as classes sociais. Apreender, portanto, o caráter de classe das organizações nas quais trabalha o profissional, predominantemente na condição de um intelectual subalterno em face da estrutura de poder dessas organizações, é condição para se desvendar o significado dessa instituição e os efeitos sociais da prática de seus agentes.

Importa ressaltar que, para Gramsci, a natureza de classe da ação do intelectual não depende imediatamente de sua origem de classe, pois o que predomina é sua função social. Sua origem social é ultrapassada pelo espaço problemático a partir do qual orienta e implementa sua atividade, isto é, sua posição de classe, e a natureza das organizações através das quais exerce suas funções organizativas, educativas e de elaboração do saber. Historicamente, a "pequena burguesia rural e a urbana" se apresentam como as camadas, por excelência, produtoras de intelectuais, que tendem a ser incorporados pelos "grupos sociais" fundamentais em sua luta pela hegemonia no conjunto da sociedade.

Os intelectuais não são, porém, meros reflexos das classes sociais e nem simples membros destas: seu vínculo orgânico supõe que representem a *autoconsciência crítica* dessas classes. O exercício de seu papel intelectual supõe uma postura crítica, e isso muitas vezes o indispõe com a classe representada, embora o poder econômico, político e cultural dessa classe não seja questionado. A relativa autonomia de que usufrui a camada dos intelectuais deriva da particularidade de suas funções, bem como do vínculo com as organizações, o que produz uma certa "distância" entre o intelectual e a classe. Configurados como uma categoria específica, os intelectuais criam sua própria rede de organizações representativas, com certa independência das classes dominantes, para a defesa de seus interesses corporativos específicos.

Esta relativa autonomia, indissociável da organicidade, favorece a construção de representações, por esses agentes, em que se apresentam como camadas efetivamente independentes, o que aparece de forma mais marcante, mas não exclusiva, nos intelectuais tradicionais, vinculados a classes que perderam ou vêm perdendo peso político e econômico na sociedade, em decorrência da expansão capitalista.

Depois dessa rápida digressão teórica, cujo objetivo é compreender as características da atividade profissional do Assistente Social como uma das instâncias em que efetiva seu papel intelectual, importa retomar alguns elementos já apontados, articulando-os na análise.

A posição do Assistente Social na organização e divisão de trabalho no nível do processo produtivo, dentro das unidades industriais, pode ser pensada como o desdobramento de uma das funções originais do capitalista no âmbito da produção, delegada, posteriormente, a seus quadros técnicos administrativos: *a de controle e disciplinamento dos operários, tendo em vista sua subordinação aos requisitos do processo de valorização.*

Porém, as atividades controladoras e educativas executadas pelo Assistente Social não se restringem ao âmbito fabril. Trabalhando a partir da *unidade familiar do trabalhador,* abrange também a esfera de sua *vida privada,* extrafábrica. Isso se dá seja através do acesso à vida particular do operário e a seu ambiente doméstico, seja através da interferência na sua capacidade e decisões de consumo, mediante o poder que lhe é delegado na administração dos "benefícios sociais", enquadrados na concepção do salário indireto, ou, mais precisamente, de "salário social".

Enquanto as tarefas de organização das relações industriais são partilhadas por uma equipe de profissionais de que faz parte o Assistente Social, as áreas dos "benefícios" e das "relações empresa-comunidade" lhe têm sido atribuídas com certa exclusividade.

Sua posição funcional nas indústrias encontra-se predominantemente ligada à administração de pessoal, participando da implementação e, em menor escala, do planejamento de programas voltados para a "humanização" das relações de trabalho. Essas medidas, balizadas pela necessidade de garantir níveis ótimos de produtividade do trabalho, estão voltadas não só para atenuar as manifestações de insubordinação dos operários ante a rígida disciplina imposta ao trabalho e ao trabalhador alienado, como para detectar a eclosão de insatisfações potenciais e propor medidas atreladas à hierarquia da empresa, que esvaziem o potencial organizativo e reivindicatório.[4]

A empresa tem no Assistente Social um dos técnicos privilegiados para exercer o papel de mediador entre a indústria e a vida privada do operário. Este se efetiva através da discussão de suas relações e dificuldades cotidianas e do conhecimento das condições de sua vida doméstica, verificadas *in loco* por meio de "visitas domiciliares". O profissional não só invade o cotidiano do trabalhador, mas propõe e realiza programas que procuram "cooptar" algumas de suas esferas, trazendo-as para "dentro da fábrica", através da realização de atividades de lazer, esportivas, culturais, de confraternização da família operária, concursos etc. Através de programas voltados para a integração empresa-comunidade, concretiza-se o estabelecimento de fios articuladores no controle do uso do tempo livre do trabalhador, resgatado historicamente do capital, propondo alternativas de seu preenchimento dentro da órbita da empresa.

A mediação exercida pelo Assistente Social nas relações entre a indústria e a vida privada do trabalhador se efetiva, ainda, pelo controle do acesso e uso dos chamados "benefícios", previstos pela política de pessoal da empresa (empréstimos financeiros, adiantamentos salariais para necessidades urgentes, cooperativas de consumo etc.) e pela política previdenciária. Esta área se revela como uma instância privilegiada de interferência em decisões que, no capitalismo, têm sido

---

4. Encontram-se, aí, atividades como: verificação e controle do absenteísmo; orientação e interferência nos conflitos entre operários e entre estes e as chefias imediatas; verificação, na história de vida individual, de fatores geradores de "displicência" no trabalho ou de queda da produtividade, de operários particulares; interpretação e orientação de normas de segurança do trabalho; treinamentos de lideranças; incentivo à criação de canais de participação e organização dos operários na vida da empresa, através de grupos e comissões supervisionadas por agentes da administração etc.

atribuídas ao próprio trabalhador, sem ingerência direta do capital. Trata-se de um empreendimento de tutela e programação do cotidiano do operário, incutindo nesse uma racionalidade de comportamento adequada à ordem capitalista.

Este trabalho de persuasão e coerção, aqui ressaltado sobre o Serviço Social na indústria, repete-se, com algumas particularidades, nos demais campos de trabalho do Assistente Social, em organizações da sociedade civil ou do Estado, sendo este sua principal instância mandatária. O profissional encontra-se presente em suas esferas administrativas, políticas, jurídicas e, mais recentemente, nas forças armadas. Por outro lado, é significativa sua ausência em organizações e associações próprias da classe trabalhadora, por ela criadas e geridas, assim como a falta de vínculos sólidos com seus movimentos sociais autônomos. Mesmo as entidades sindicais, estruturadas dentro da política corporativista do Estado, pouco têm solicitado os serviços desses profissionais, até nas atividades que se vêm, muitas vezes, constrangidos a realizar no campo da assistência social. Importa registrar, no entanto, que atualmente segmentos profissionais minoritários, identificados com as lutas populares, vêm realizando experiências de trabalho pioneiras, embora ainda restritas, na assessoria a movimentos sociais de trabalhadores, independente da mediação de instituições do Estado.

Se as organizações através das quais atua o Assistente Social apresentam um nítido caráter de classe, o vínculo com os propósitos destas passa pela *adesão* desse intelectual aos interesses sociais objetivos que aquelas organizações buscam sedimentar no conjunto da sociedade. Essa adesão é um pressuposto para o exercício de seu papel intelectual. Assim, o significado social que a instituição Serviço Social vem desempenhando na sociedade capitalista, na intimidade do poder dominante, não é independente da convivência ativa ou passiva de seus agentes, incorporando um *projeto social* que se expressa nos rumos assumidos por sua prática. Isto remete à necessidade de compreender quem é o profissional de Serviço Social e as mediações peculiares existentes em suas relações com as classes sociais.

Se, nos seus primórdios, os pioneiros tinham uma origem de classe definida, os setores abastados da sociedade, com o evoluir da instituição as fontes de recrutamento se ampliam e, ao mesmo tempo, ocorre um processo de secularização relativa,[5] e de "purificação profissional", ou profissionalização. Os Assistentes Sociais passam a ser provenientes, em grande medida, dos setores médios urbanos, que, através de profissão universitária, almejam ascender socialmente e obter meios de sobrevivência por meio de uma atividade remunerada. Mas esse fator não é suficiente para explicar a procura do curso de Serviço Social, principalmente se se considera o precário *status* da profissão e o baixo nível salarial em relação a outras alternativas vigentes no mercado de trabalho, que propiciam melhores possibilidades aos que têm em vista obter postos mais rentáveis na sociedade. Intervém, aí, outro fator importante: busca-se também uma profissão que veicule vantagens simbólicas, no campo da "solidariedade humana", da "realização pessoal", da oportunidade de realizar uma "vocação", inspirada em motivações religiosas ou claramente políticas. Trata-se de uma profissão que incorpora a mística do "servir", da ajuda, guiada por valores "nobres" e altruístas, de caráter não utilitário.[6] Portanto, busca-se no Serviço Social, além de uma remuneração econômica,

---

5. Coube historicamente à Igreja o quase monopólio da formação profissional desses agentes. A maioria das Faculdades é de origem católica, ampliando o seu processo de incorporação às Universidades do Estado. Este delegou à Igreja a tarefa de qualificação dos Assistentes Sociais, subsidiando financeiramente os centros de formação, mas sem geri-los diretamente.

6. Pesquisa realizada em 1967 entre estudantes de todas as escolas de Serviço Social do Brasil, patrocinada pela ABESS, então Associação Brasileira de Escolas de Serviço Social, com a participação, entre outros, de Otávio Guilherme Velho e Pedro de Assis Ribeiro, revela os principais motivos que levam à procura do curso de Serviço Social. São eles: "vontade de ser útil", "querer ajudar os outros" e "contribuir para o desenvolvimento do país", 32,7%; "achou que tinha vocação", "meio de se realizar", 25,3%; "arranjar melhor emprego", 11,6%; exclusão de outras profissões, 10,4%; "ampliar conhecimentos", 5,2%; "gosto da profissão", "de lidar com pessoas", 4%; "influência de outra Assistente Social", 1,1%; "teste de orientação vocacional", 0,4%; e outros, 9,3%. Dentre os "outros motivos", são destacados: privilégios obtidos pelos funcionários públicos com curso de nível superior e falta de outras escolas de nível superior que despertassem maior interesse do candidato. Essa pesquisa mostra, ainda, que 90% dos" estudantes são do sexo feminino, incidência elevada também encontrada em outras profissões como: Enfermagem, Biblioteconomia, Museologia, Música, Nutrição e Obstetrícia, conforme dados da Capes. Ver: *Valores e Serviço Social*. Contribuição ao XIV Congresso Internacional de Escolas de

uma possibilidade de "recompensa pelo dever cumprido". Outro dado não desprezível é a configuração da profissão como "setor de refugo", perante outras alternativas de escolha.[7]

Para compreender esse perfil peculiar da profissão deve-se também considerar o fato de ela ser basicamente feminina, que incorpora o peso da educação da mulher e da imagem da feminilidade construída socialmente pela cultura dominante.[8]

A imagem social da profissão e do profissional encontra-se profundamente estigmatizada pelos estereótipos criados em torno da mulher, aparecendo como uma extensão profissionalizante de seu "papel na sociedade", como uma alternativa à vida doméstica e à participação política. A figura da mãe, da educadora e do sacerdote se mesclam na imagem social dessa profissão, de precária base técnico-científica, que historicamente tendeu a valorizar "dons", os atributos de classe "naturalizados" como essenciais à tarefa educativa e moralizadora junto às classes subalternas.[9]

Este tipo de educação social predominante a que é submetida a mulher, especialmente aquela oriunda de colégios católicos, permite facilitar a constituição de profissionais originários de setores subalternos, porém identificados ideologicamente com a cultura dominante e com o projeto de sociedade que ela expressa. Muitas vezes, características de classe tendem a se erigir como atributos profissionais. O componente humanitário, dentro de uma utopia conservadora, é consolidado, aí, na mística da ajuda, e contribui para legitimar a profissão diante de seus

---

Serviço Social. Rio de Janeiro: Helsink, agosto de 1968. Sobre as vantagens simbólicas obtidas e procuradas na profissão, ver também Jeannine Verdès-Leroux, op. cit.

7. Tal característica é também constatada por J. Verdès-Leroux, op. cit.

8. Este raciocínio se apoia na obra anteriormente citada. São tidos como atributos essenciais às mulheres, entre outros: seriedade, modéstia, gosto de servir, negação de si mesma: esquecer-se, dar-se, devotar-se, sacrificar-se; capacidade de "entrar" na vida alheia, de compreender os demais, além da fina intuição peculiar. Educada através de uma repressão sexual moralizadora e infantilizada diante do sexo oposto, busca-se reforçar ideologicamente certas aptidões "naturais" que a sensibilizam de modo especial para o trabalho a "serviço da comunidade".

9. Até a década de 70, pelo menos, a seleção para as Faculdades de Serviço Social incluía, além do exame vestibular, a exigência de testes vocacionais, realizados por especialistas, que buscavam detectar as aptidões e tendências pessoais do candidato à profissão.

próprios agentes. Ela é vista por estes como uma profissão especial que, antes de ser trabalho, é missão.

Essas características contribuem para que as relações entre o Assistente Social e as classes trabalhadoras se emoldurem numa dimensão *tutelar*, marcada pelo paternalismo autoritário. O profissional tende a reproduzir suas disposições e comportamentos de classe junto ao "povo", à medida que se defronta com um modo de vida que, a princípio, lhe é estranho, apresentando-o como "problemático", "anômico", "amoral" e "desajustado". A "clientela" tende a ser infantilizada e estigmatizada pelo profissional, desqualificada diante de si mesma pelas suas condições de vida e pela sua maneira de enfrentar e resistir à vida. Essa incriminação estereotipada evoca pretensões universalizantes da burguesia, que, através de seus intelectuais, busca imprimir parâmetros de sua racionalidade ao cotidiano da vida operária. A prática do Assistente Social está ainda, muitas vezes, voltada para o preenchimento de funções de intelectuais da classe trabalhadora, atribuindo-se um papel de porta-voz e representante de seus interesses ou cooptando lideranças, formando-as e orientando-as numa perspectiva de mútua colaboração entre as classes, de neutralização de tensões.[10]

Porquanto essas características evidenciam elementos favorecedores da cooptação desse intelectual pela burguesia e seus aliados, fazendo-o ingressar em seu "partido ideológico" (nos termos de Gramsci), deve ser ainda destacado como se expressa a relativa autonomia em face das classes de que esse intelectual dispõe e como a representa.

Esta autonomia é característica de suas próprias funções intelectuais, que exigem uma certa distância crítica em face das classes sociais a que se vincula, embora circunscrita a seus horizontes; deriva, também, da autonomia relativa das organizações em que trabalha o Assistente Social perante as classes que as constituíram. Aqueles organismos institucionais, dispondo de funções específicas na sociedade, não são meros reflexos dos interesses dominantes: concretizam

---

10. Cf. especialmente A. Gramsci. "A Formação dos Intelectuais". In: *Os intelectuais e a organização da cultura*, op. cit.

e expressam as polarizações sociais presentes numa dada situação histórica. Seu vínculo com o poder é mediado pelo jogo das forças sociais dentro de quadros conjunturais específicos. Por outro lado, o exercício profissional aí efetivado supõe a delegação de uma parcela de poder de decisão ao Assistente Social, que se exprime na definição de suas atividades, da maneira de conduzi-las, assim como em suas relações com a "clientela". A própria fluidez das tarefas desempenhadas pelo profissional e sua flexibilidade para adaptar-se a condições diferenciadas de trabalho fazem com que ocupar um cargo signifique, muitas vezes, estabelecer suas próprias atribuições e atividades a partir das solicitações feitas pelo empregador, confirmando-as ou adequando-as aos preceitos profissionais.

O fato de o Serviço Social ser regulamentado como uma profissão liberal — embora em choque com a sua prática efetiva, que depende de uma relação contratual de trabalho com as entidades empregadoras — atribui ao profissional certas prerrogativas, como o respeito a um código de ética, que lhe preservam um certo poder de barganha diante das instituições, na defesa de suas próprias iniciativas.

Na tentativa de consolidar as bases de legitimação legal e social da profissão, os Assistentes Sociais criaram uma eficiente rede de meios de expressão de seus interesses corporativos. Esta se consolida em atividades de culto à profissão (seminários, congressos internacionais e nacionais, historicamente prestigiados e avalizados pela presença de altas figuras governamentais e eclesiásticas), na criação de órgãos próprios de difusão, na conquista de uma legislação profissional e de uma malha de associações e entidades profissionais, de âmbito nacional, regional e local.[11] Conquistas expressivas foram obtidas no nível

---

11. Pode-se arrolar os seguintes dados que ilustram a afirmação feita: em 1946 é criada a Associação Brasileira de Assistentes Sociais (ABAS), com ramificações estaduais através das Associações Profissionais de Assistentes Sociais (APAS). No mesmo ano é criada a Associação Brasileira de Escolas de Serviço Social (ABESS) e, posteriormente, Associação Brasileira de Ensino de Serviço Social, de âmbito nacional, organizada através de regionais. Em 1957 surge o primeiro sindicato de Assistentes Sociais em Porto Alegre. Em 1962 é criado o Conselho Federal de Assistentes Sociais (CFAS), e os Conselhos Regionais de Assistentes Sociais (CRAS), vinculados ao Ministério do Trabalho. Marca presença, ainda, o Comitê Brasileiro de Conferência Inter-

da regulamentação da profissão e do ensino especializado.[12] Estas lutas, voltadas para o reconhecimento profissional e a preservação de seus privilégios no mercado de trabalho, reforçaram o "espírito de casta" dos Assistentes Sociais, mas pouco avançaram no processo de organização política da categoria, nas lutas por reivindicações trabalhistas e salariais, tendência esta que só vem se revertendo nos últimos anos. Ao contrário, tenderam a significar a renovação de manifestações de adesão ao poder, não eliminando conflitos secundários no bojo das negociações das reivindicações em pauta. Contribuíram, no entanto, para reforçar a autodefinição desse intelectual como autônomo e independente das classes sociais. A esse movimento aliam-se os componentes oriundos do humanismo cristão, de origem metafísica, em que o Homem *in abstrato* ocupa o lugar das classes sociais, obscurecendo para o próprio agente suas relações com as instâncias mandatárias, contribuindo para fazê-lo incorporar como seu o empreendimento cultural que lhe é delegado. Concorre, ao mesmo tempo, para mascarar, junto à "clientela", as posições de classe que veicula. A isso se acresce o precário *status* da profissão, que reforça no Assistente Social sua autoimagem de intelectual independente do poder.

De outro lado, o processo de ampliação da categoria profissional entre as "classes médias", que vivenciam os resultados de políticas econômicas que nem sempre lhes são favoráveis, alarga as possibili-

---

nacional de Serviço Social (ICSW), logo Comitê Brasileiro de Cooperação e Intercâmbio de Serviços Sociais, entidade técnico-científica, com ampla influência no meio profissional. Em 1940 começa a ser publicada com regularidade a *Revista Serviço Social* que perdura até a década de 50. Em 1965 é lançada a revista *Debates Sociais* pelo CBCISS e em 1979 começa a ser publicada a revista *Serviço Social & Sociedade*, em São Paulo. A respeito dos principais Congressos de Serviço Social no país, até a década de 60, ver M. V. Iamamoto e R. de Carvalho. *Relações Sociais e Serviço Social no Brasil*, op. cit.

12. Dentre essas conquistas se destacam: Portaria n. 35, de 19-4-1949, do Ministério de Trabalho, Indústria e Comércio que enquadra os Assistentes Sociais no 16º grupo das profissões liberais; Lei n. 1.889, de 13-6-1953, que regulamenta o Ensino do Serviço Social, regulando os seus objetivos, estruturação e prerrogativas dos portadores de diploma de Assistente Social e Agente Social; Lei n. 3.252, de 27-8-1957, que regulamenta o exercício profissional; Decreto n. 994, de 15-5-1962, que regulamenta a lei anterior e cria o CFAS e os CRAS; Portaria Ministerial de 4-12-1962, que fixa o currículo mínimo e a duração do curso em 4 anos; Código de Ética aprovado pelo CFAS, em 8-5-1965.

dades de o Assistente Social perceber-se e identificar-se como trabalhador assalariado, condição que o integra, objetivamente, no conjunto das lutas gerais dos trabalhadores.

Todos esses fatores se somam para configurar uma consciência profissional profundamente ambígua, em que se constata uma ampla distância entre os propósitos anunciados e os resultados da ação. Mobilizado por motivações pessoais e pela "boa intenção" de solidariedade humana aos setores mais pauperizados e oprimidos da sociedade, o profissional acredita, frequentemente, estar trabalhando para os interesses do "povo". Porém, sua crença é subvertida através de sua prática, transmutando-se em resultados que negam as representações de seu fazer. Confunde, frequentemente, intenções com o resultado e o significado social de sua intervenção profissional na sociedade. Essas indicações trazem elementos para compreender algumas das particularidades do intelectual Assistente Social: ele não se enquadra na linha dos grandes pensadores, dedicados às atividades de elaboração científica e de criação do saber.[13] Sendo o Serviço Social uma disciplina de *intervenção* na realidade, as atividades de elaboração teórica não têm sido o eixo do labor profissional. Ao contrário, emergindo no seio da sociedade capitalista que tende a segmentar teoria e prática, tem se definido como uma atividade predominantemente prática, de aplicação de conhecimentos produzidos em outras instâncias, visando à introdução de mudanças imediatas no contexto social.

O papel desse intelectual tem sido assim basicamente instrumental, de difusão de teorias e ideologias, de articulação das classes trabalhadoras na órbita das instituições do poder da classe dominante. Ou seja: exerce suas funções intelectuais principalmente como educador, organizador da hegemonia e da coerção das classes a que se vincula objetivamente. Essas funções são exercidas através da mediação dos serviços sociais, previstos pelas instituições e procurados pelos

---

13. O acervo das atividades de investigação e pesquisa no Serviço Social é extremamente parcimonioso, assim como daquelas atividades voltadas para a sistematização teórica de sua prática. Isso se reflete na exígua literatura profissional publicada, quando comparada a outras profissões da área das Ciências Sociais.

"clientes". Ao mesmo tempo, ele se torna um intermediário entre aquelas organizações e a vida privada do trabalhador, invadindo e interferindo nas esferas particulares da vida cotidiana deste último.

Trata-se de um intelectual *subalterno, de um profissional da coerção e do consenso,* predominantemente articulado à burguesia como integrante de seu "partido ideológico".[14] Mas é também um profissional que vivencia uma tensa ambiguidade: incorporando uma utopia reformista conservadora, de cunho humanitário-cristão, suas representações estão em permanente tensão com os resultados de sua prática.

---

14. Cf. A. Gramsci, loc. e op. cit., p. 11 e *passim*.

II

Divisão do trabalho e Serviço Social

*A divisão do trabalho em Marx**

A proposta deste capítulo é apresentar uma reconstituição da análise da divisão do trabalho em Marx a partir de algumas de suas obras fundamentais.[1] Seu objetivo é buscar um aprofundamento da compreensão da divisão do trabalho na sociedade e no interior da produção, de modo a apreender a historicidade dessa noção, isto é,

---

* Este texto, redigido em 1981, constitui um capítulo da dissertação de mestrado *Legitimidade e crise do serviço social*: um ensaio de interpretação sociológica da profissão, op. cit.

1. Sobre a divisão do trabalho ver, especialmente: K. Marx e F. Engels. *A ideologia alemã* (Feuerbach). São Paulo: Grijalbo, 1977; K. Marx. *El capital*: crítica de la economía política. 2. ed. México: Fondo de Cultura Económica, 1975. t. I, seção IV. Idem. *La miseria de la filosofia*. 3. ed. Buenos Aires: Siglo XXI. p. 101-128. Idem. Fragmentos de la versión primitiva de La contribución a la crítica de la economia política (1858). In: *Los fundamentos de la crítica de la economia política*. Madri: Comunicación, 1972. v. 11, p. 522-598. F. Engels. *Do socialismo utópico ao socialismo científico*. Lisboa: Estampa, 1971. E ainda: H. Braverman, *Trabalho e capital monopolista*. A degradação do trabalho no século XX. Rio de Janeiro: Zahar, 1977; H. Lefebvre. *A sociologia de Marx*. São Paulo: Forense, 1968. p. 64-88. A. Gorz (Org.). *Crítica da divisão social do trabalho*. São Paulo: Martins Fontes, 1980.

compreender as formas específicas que assume nos vários estágios de desenvolvimento do capitalismo. Destacam-se os fundamentos da divisão do trabalho na sociedade, a partir do momento em que a mercadoria torna-se o elemento mediador das relações sociais, na produção mercantil simples, especificando suas peculiaridades na produção manufatureira e na grande indústria capitalista.

O capítulo reúne, portanto, elementos teóricos e estabelece fundamentos capazes de subsidiar o debate sobre a inserção da profissão de Serviço Social na divisão capitalista de trabalho[2].

O Serviço Social só pode afirmar-se como *prática institucionalizada e legitimada* na sociedade ao responder a *necessidades sociais* derivadas da prática histórica das classes sociais na produção e reprodução dos meios de vida e de trabalho de forma socialmente determinada.

À medida que a satisfação das necessidades sociais se torna mediatizada pelo mercado, isto é, pela produção, troca e consumo de mercadorias, tem-se uma crescente divisão do trabalho social, que pode ser considerada nas suas formas gerais (no mercado mundial, por grupo de países, no interior de um país, entre agricultura e indústria, cidade e campo etc), passando pelas formas singulares e particulares dentro dos ramos de produção, até a divisão do trabalho interior da fábrica.

A divisão do trabalho na sociedade determina a vinculação de indivíduos em órbitas profissionais específicas tão logo o trabalho assume um caráter social, executado na sociedade e através dela. Com o desenvolvimento das forças produtivas sociais do trabalho, sob a égide do capital, o processo de trabalho passa a ser efetuado sob a forma de cooperação de muitos trabalhadores livres e de máquinas no interior da fábrica. Verifica-se, ao mesmo tempo, um parcelamento das atividades necessárias à realização de um produto, sem precedentes em épocas anteriores, agora executado por diversos trabalhadores diferentes e por um sistema de máquinas. Cria-se o trabalhador parcial, efetuando-se o parcelamento do próprio indivíduo no ato da produção.

---

2. Indicações desta discussão específica sobre o Serviço Social encontram-se no livro *Relações sociais e serviço social no Brasil*, op. cit. Ver cap. II da 1ª parte. "O Serviço Social no Processo de Reprodução de Relações Sociais."

As forças produtivas do trabalho coletivo são apropriadas pelo capital, enfrentando o trabalhador como elementos que o subjugam. A própria ciência é apropriada pela classe capitalista e posta a seu serviço, como força produtiva do capital e não do trabalho.

É nesse contexto da divisão social do trabalho que se pretende situar o Serviço Social. Esta linha de análise não encontra suporte na literatura brasileira especializada do Serviço Social e da sociologia das profissões; ela busca reunir alguns elementos teóricos complementares que permitam, nos ensaios subsequentes, caracterizar a profissão em face da divisão de trabalho peculiar à sociedade capitalista.

A divisão do trabalho na sociedade, isto é, a divisão social do trabalho e a consequente subsunção dos indivíduos a certos ramos de atividades profissionais, é uma característica comum a todas as sociedades. Interessa, no entanto, circunscrever a presente análise ao momento em que a troca de mercadorias passa a ser o agente intermediário da articulação de trabalhos diferenciados, oriundos de órbitas distintas da produção. Partimos, pois, da divisão do trabalho tal como se configura na produção e circulação simples de mercadorias, percorrendo a manufatura, para explicitar as peculiaridades dessa divisão no interior da sociedade e da produção características da indústria capitalista. Ressalta-se a importância de apreender a historicidade dessa noção, ou seja, de compreender as diversas formas específicas que a divisão do trabalho assume, de acordo com as condições de produção sobre a qual se baseia e as relações entre os membros da sociedade que refletem a realidade dessas condições[3].

1. Fundamentos da divisão do trabalho

Ao produzirem os meios de vida, os homens produzem sua vida material. O modo de produzir os meios de vida refere-se não só à reprodução física dos indivíduos, mas à *reprodução de determinado modo*

---
3. K. Marx. *Los fundamentos de la crítica de la economía política*, op. cit., p. 561.

de vida. A produção da própria vida através do trabalho e de outros, através da procriação, dá-se numa dupla relação natural e social; social porque compreende a cooperação de muitos indivíduos. Portanto, determinado modo de produzir supõe, também, determinado modo de cooperação entre os agentes envolvidos, determinadas relações sociais estabelecidas no ato de produzir, as quais envolvem o cotidiano da vida em sociedade[4].

O grau de desenvolvimento da divisão social do trabalho expressa o grau de desenvolvimento das forças produtivas sociais do trabalho. Com a divisão dá-se, ao mesmo tempo, a distribuição quantitativa e qualitativa do próprio trabalho e dos produtos, isto é, da propriedade — do poder de dispor do trabalho de outros. A divisão do trabalho e a propriedade são expressões idênticas: o que a primeira enuncia em relação à atividade do homem, a segunda enuncia em relação ao produto dessa atividade. Assim, a cada fase da divisão do trabalho corresponde uma forma de propriedade, ou a cada estágio do desenvolvimento das forças produtivas do trabalho social corresponde uma forma de apropriação do trabalho[5].

Sendo o trabalho humano expressão da atividade humana num contexto de alienação, a divisão do trabalho é a expressão econômica do caráter social do trabalho dentro da alienação[6].

Os sujeitos do processo de troca aparecem como proprietários de mercadorias, sendo a propriedade privada condição prévia da circulação. A apropriação da mercadoria não se efetua na circulação, mas deve ser suposta anteriormente. Na produção simples, a merca-

---

4. "Tal como os indivíduos manifestam sua vida, assim são eles. O que eles são coincide, portanto, com sua produção: *com o que produzem*, com o *modo como* produzem. O que os indivíduos são, depende, pois, das condições materiais de produção." K. Marx e F. Engels. *A ideologia alemã* (Feuerbach). São Paulo: Grijalbo, 1977. p. 27-28.

5. Ver K. Marx e F. Engels. *A ideologia...*, op. cit.

6. "Uma vez que o trabalho humano não é mais que a atividade humana dentro da alienação — da manifestação da vida enquanto alienação da vida — podemos dizer, também, que a divisão do trabalho não é outra coisa que o estabelecimento alienado da atividade humana genérica real ou da atividade do homem enquanto ser genérico." K. Marx. Manuscritos econômico-filosóficos de 1848. In: K. Marx e F. Engels. *Manuscritos econômicos vários*. Barcelona: Grijalbo, 1975. p. 99.

doria tem como fonte o trabalho de seu possuidor. Como valor de troca, é trabalho materializado; a expressão do indivíduo produzida por ele é objetivada para outro. Nesse contexto, o trabalho e a apropriação pelo indivíduo dos frutos de seu próprio trabalho servem de base à apropriação do trabalho de outros na esfera da circulação. Isto supõe a alienação ou conversão do trabalho pessoal em uma forma social. A circulação é, portanto, o movimento mediante o qual o produto pessoal se converte em produto social, em valor de troca expresso no dinheiro, para logo reconverter-se em produto individual, ou seja, em valor de uso e objeto de consumo para o próprio indivíduo. Assim, o conjunto do processo de troca implica, como pré-condição, que a produção esteja submetida à divisão do trabalho social. Isso porque "as mercadorias trocadas são trabalho objetivado em diversos valores de uso que representam o modo de existência objetivado da divisão do trabalho ou da materialização de trabalhos qualitativamente diferentes que satisfazem um conjunto de necessidades diferentes"[7]. Mas a consideração da divisão do trabalho não se esgota na ótica do intercâmbio de trabalhos de qualidades diferenciadas, do ponto de vista do valor de uso dos produtos trocados. No mundo dominado pelo valor de troca, o indivíduo produz para si ao produzir para a sociedade, na qual cada membro trabalha para ele em outra esfera. Ao se produzir uma mercadoria, esta deve ter um valor de uso não para quem a produz, mas para outros; é valor de troca, que só se converte em meio de subsistência para seu produtor depois de ter revestido, no dinheiro, a forma de produto universal, através do qual pode realizar-se em qualquer trabalho de outro qualitativamente distinto. Implica uma *forma específica da divisão do trabalho,* cuja condição fundamental é que os sujeitos criem produtos determinados pelo elemento social do valor de troca. Trata-se da divisão do trabalho de estrutura histórica determinada, na qual o indivíduo se encontra determinado pela sociedade. Quando o indivíduo produz seus próprios meios de subsistência, sua produção não tem um caráter social e seu trabalho não é social. Este caráter

---

7. K. Marx. *Los fundamentos*..., op. cit., p. 559.

social só se manifesta no conteúdo do trabalho, quando, como membro de um complexo social, produz para as necessidades dos demais, estando submetido a uma dependência social. Seu trabalho privado torna-se trabalho geral e seu produto, um produto social que responde a necessidades sociais. Isso se comprova pelo fato de que seu trabalho privado passa a constituir uma particularidade do trabalho social, um ramo que o completa, um modo de existência do trabalho coletivo. Nesse contexto, os indivíduos se enfrentam unicamente na qualidade de proprietários de valores de troca. Os laços sociais entre os indivíduos deixam de ter a característica de laços diretos entre membros de uma comunidade, para se tornarem mediados pelas mercadorias que produzem, pelas relações monetárias que dão suporte à troca de seus produtos privados. Assim, a vida em sociedade passa a existir para os indivíduos como algo exterior, material e autônomo, como condição para que possam estabelecer relações como pessoas privadas.

Com a divisão do trabalho, dá-se a contradição entre o interesse particular e coletivo de todos os indivíduos que se relacionam entre si. Os agentes sociais envolvidos na troca buscam unicamente seus próprios fins nessa transação: cada um não é mais que meio para o outro, para a consecução de seus próprios interesses particulares. Embora a reciprocidade seja necessária, os sujeitos da troca são indiferentes entre si; importam, apenas, como meio de satisfação de seus fins privados e egoístas. Nessa contradição entre o interesse individual e coletivo, o coletivo passa a existir, não só na representação, como interesse geral. Tem respaldo na realidade, visto que se apresenta como a dependência recíproca dos indivíduos entre os quais o trabalho está dividido. Porém, o coletivo não mais coincide com o interesse individual, sendo o geral uma forma ilusória de coletividade; o relacionamento de classes sociais antagônicas, já condicionadas pela divisão do trabalho, entre as quais existe uma relação de dominação, está na base dessa coletividade. Os que têm acesso ao poder político apresentam seu interesse particular como interesse geral da sociedade. O interesse coletivo adquire, assim, na qualidade de Estado, uma forma autônoma, separado dos interesses particulares e gerais. A luta prática desses interesses particulares que se chocam com o interesse "geral" cria a necessidade do controle e intervenção prática através do Estado, que se posiciona como defensor desse ilusório interesse geral[8].

Com a divisão do trabalho, dá-se também a separação entre a atividade intelectual e manual, que são atribuídas a indivíduos diferentes. A consciência se emancipa da prática social existente, e entra em choque com ela, porque as relações sociais se contrapõem às forças de produção[9]. A divisão entre trabalho intelectual e manual se reflete também na classe dominante, e seus ideólogos ativos se separam de seus membros ativos. Essa separação pode assumir matizes de hostilidade, mas esta se desfaz diante de qualquer colisão política que possa pôr em xeque a própria classe[10].

Em síntese, pode-se afirmar que a divisão do trabalho resume as condições sociais nas quais os indivíduos, na qualidade de pessoas autônomas e privadas, produzem valores de troca[11].

A divisão do trabalho é condição da existência da troca, do valor de troca. A sociedade burguesa é a sociedade do valor de troca desenvolvido, o qual domina toda a produção. A relação direta do produtor

---

8. "(...) a luta prática desses interesses particulares, que constantemente e de modo real chocam se com os interesses coletivos e ilusoriamente tidos como coletivos, torna necessário o controle e a intervenção prática através do ilusório interesse geral como Estado." K. Marx e F. Engels. *A ideologia alemã*, op. cit., p. 49-50.

9. K. Marx e F. Engels. *A ideologia alemã*, op. cit., p. 45.

10. "A divisão do trabalho (...) expressa-se também no seio da classe dominante como divisão entre trabalho espiritual e manual, de tal modo que, no interior desta classe uma parte aparece como os pensadores desta classe (seus ideólogos ativos, conceptivos, que fazem da formação de ilusões a respeito de si mesma seu principal meio de subsistência), enquanto outros relacionam-se com essas ideias e ilusões de maneira mais passiva e receptiva, pois na realidade são os membros ativos dessa classe e têm pouco tempo para produzir ideias e ilusões a respeito de si próprios." K. Marx e F. Engels. *A ideologia alemã*, op. cit., p. 72-73.

11. Esse caráter privado da produção é um produto histórico: "Se cada indivíduo encontra-se isolado e autônomo no seio do processo de produção é devido à divisão do trabalho. que; por sua vez, baseia-se em uma série de condições econômicas que determinam o lugar dos indivíduos no meio dos restantes e o conjunto de modalidades de sua existência". K. Marx. *Los fundamentos de la crítica de la economía política*, op. cit., p. 560.

com o produto de seu trabalho tende a desaparecer, tornando toda a produção dependente das relações monetárias. O sistema de necessidades se amplia e se torna cada vez mais complexo. A proporção que se desenvolve a divisão do trabalho, mais se produz sob a forma de valores de troca. A troca dos produtos como mercadorias torna-se o agente mediador dos diversos trabalhos.

> Não é a troca que cria a diferença entre as órbitas da produção. O que faz é relacionar essas órbitas distintas entre si, convertendo-as em ramos de uma produção global da sociedade, unidos por laços de dependência[12].

Como a produção e circulação de mercadorias constitui a premissa do regime capitalista de produção, é necessário que *a divisão do trabalho na sociedade tenha adquirido um certo grau de maturidade para que apareça, como produto tipicamente capitalista, a divisão manufatureira do trabalho*[13].

A divisão de trabalho na sociedade não se reduz a uma categoria simples e abstrata, mas implica um processo histórico. Apresenta como condições fundamentais de seu desenvolvimento, entre outras, a separação cidade-campo, certa magnitude e densidade da população, a ampliação do mercado e a consequente diversificação das necessidades sociais, a regulação das trocas pela lei da concorrência. Assim, também a emergência da manufatura e da divisão de trabalho que lhe é peculiar supõe a acumulação e a concentração dos instrumentos de produção e de trabalhadores como condição básica que precede a divisão do trabalho na oficina e se desenvolve ao mesmo tempo que esta.

O modo de produção correspondente ao capital apresenta classicamente dois níveis fundamentais de desenvolvimento: a manufatura e a grande indústria, que especificam formas determinadas de divisão de trabalho, levando à parcialização do próprio trabalho no ato da produção de mercadorias produtos do capital.

---

12. K. Marx. *El capital*. Crítica de La economía política, op. cit., v. 1, p. 286.

13. É isto que justifica por que, na reconstrução dessa noção, partiu-se da produção e circulação simples de mercadorias, estabelecendo os fundamentos da divisão social do trabalho, para em seguida abranger as formas específicas que assume no interior da unidade produtiva no período manufatureiro e na indústria capitalista.

2. A divisão manufatureira do trabalho

A troca de dinheiro enquanto capital por trabalho livre supõe, como primeira condição, a associação de trabalhadores por meio do capital, que é puramente *formal* na forma mais simples e independente da divisão do trabalho. Refere-se ao emprego pelo capital de trabalhadores autônomos e dispersos. Tal associação afeta apenas o produto do trabalho e não o próprio trabalho, estando as trocas concentradas nas mãos do capital. A segunda condição é a eliminação da autonomia e da dispersão dos trabalhadores, agora agrupados em um só lugar, sob o mesmo mando e vigilância. É o capital que realiza a associação dos trabalhadores na produção, criando o modo de produzir que lhe é adequado[14]. A partir desse momento, o capital aparece não só como o representante do caráter social da troca, mas também do caráter social do trabalho, da força coletiva dos trabalhadores, como a força que cria a unidade. É o próprio capital que vai criar, concomitantemente, a disciplina crescente, a segmentação do trabalho, a continuidade e dependência dos processos implicados na fabricação de um produto no âmago da produção. É criada a *manufatura,* em que a cooperação baseada na divisão do trabalho adquire a sua forma clássica.

A manufatura implica um processo de produção coletivo, executado por numerosos trabalhadores em cooperação[15], entre os quais se dividem as diversas operações parciais da produção. Essas operações parciais tornam-se função exclusiva de cada trabalhador, que se converte assim num trabalhador parcial. O produto final passa a ser produto comum de uma coletividade de trabalhadores parciais. O trabalhador perde a capacidade de desenvolver um ofício em toda a sua extensão, à

---

14. "A produção capitalista tem histórica e logicamente seu ponto de partida na reunião de um número relativamente grande de trabalhadores que trabalham ao mesmo tempo, no mesmo lugar (ou preferindo-se no mesmo campo de trabalho) na fabricação da mesma classe de mercadorias e sob o mando do mesmo capitalista." K. Marx. *El capital...,* op. cit., t. I, cap. XI, p. 259.

15. "A forma de muitos trabalhadores, coordenados e reunidos com vistas a um plano do mesmo processo de produção ou em processos de produção distintos, porém enlaçados, chama-se cooperação." K. Marx, *El capital...,* op. cit., cap. XI, p. 252.

medida que a distribuição do trabalho vai se cristalizando sob a forma de divisão do trabalho na produção manufatureira.

O trabalho se torna social por excelência, adquirindo a qualidade de um trabalho social médio executado pelos trabalhadores agrupados, e os instrumentos de produção adquirem concomitantemente um caráter social. Ao mesmo tempo, verifica-se a atomização do processo de produção em operações diferenciadas, atribuídas a trabalhadores distintos. A fragmentação desse processo de produção em fases especiais coincide, na manufatura, com a diferenciação do ofício manual nas suas diversas operações integrantes. A execução de tais operações conserva seu caráter manual, dependendo da destreza, segurança e rapidez do trabalhador no manejo da sua ferramenta. A perícia de cada trabalhador parcial é a base da produção, mas cada um se reduz a executar a mesma operação parcializada continuamente, o que leva a produzir mais em menos tempo, reduzindo o emprego improdutivo do trabalho. Acompanha esse processo a diferenciação e especialização dos instrumentos de trabalho. A manufatura funciona como um mecanismo de produção cujos órgãos são homens.

A cooperação de muitos trabalhadores exigida pela produção manufatureira permite não apenas potencializar a força de trabalho individual, mas cria uma força produtiva nova, resultante da jornada de trabalho combinada: a força produtiva social do trabalho. Essa cooperação, no entanto, não é voluntária, mas imposta pelo capital. Ela começa no processo de trabalho, quando o trabalhador em atividade já deixou de pertencer a si mesmo, passando a ser, como membro de um organismo trabalhador, uma forma de existência do capital. Por isso, a força produtiva desenvolvida pelo trabalhador é uma força produtiva apropriada pelo capital e que nada custa a este, sendo criada à medida que o trabalhador é submetido pelo capital a determinadas condições de trabalho. Aparece, pois, como força produtiva inerente, inata, ao capital[16].

---

16. "O poder social, isto é, a força produtiva multiplicada que nasce da cooperação de muitos indivíduos, exigida pela divisão do trabalho, aparece a estes indivíduos, porque a sua coo-

Na manufatura, o enriquecimento da força produtiva social do trabalhador coletivo, apropriado pelo capital, é condicionado ao empobrecimento do trabalhador em suas forças produtivas individuais: o conhecimento, a perspicácia, a vontade e as habilidades que o trabalhador artesanal desenvolviam são agora transferidas ao capital.

> As potências espirituais da produção ampliam-se em escala sobre um aspecto, à custa de inibir-se nos demais. O que os trabalhadores parciais perdem se *concentra* no capital, enfrentando-os. É o resultado da divisão manufatureira do trabalho que as *potências espirituais* do processo material de produção se erigem ante os trabalhadores, como *propriedade alheia e poder dominador*. Este *processo de dissociação* começa com a cooperação simples, em que o capitalista representa diante dos trabalhadores individuais a unidade e a vontade do corpo social do trabalho. O processo continua avançando na manufatura, a qual mutila o trabalhador ao convertê-lo em trabalhador parcial. Conclui-se na grande indústria, em que a *ciência é* separada do trabalho como potência de produção independente e acumulada a serviço do capital[17].

A manufatura contribui, portanto, para a degradação do trabalhador individual, acentuando o trabalho repetitivo e fragmentado, dificultando o disciplinamento da inteligência, a criatividade, criando uma verdadeira "patologia industrial"[18]. A divisão manufatureira do

---

peração não é voluntária mas natural, não como seu próprio poder unificado, mas como uma força estranha situada fora deles, cuja origem e destino ignoram, que não podem mais dominar, e que, pelo contrário, percorre agora uma série particular de fases e estágios de desenvolvimento, independente do querer e do agir desses homens, que, na verdade, dirige esse agir e esse querer." K. Marx e F. Engels. *A ideologia alemã*, op. cit., p. 49-50. "A associação dos trabalhadores, a cooperação, a divisão do trabalho, aparecem como forças produtivas do capital, do mesmo modo que todas as forças produtivas que determinam a intensidade e a extensão práticas do trabalho. A força coletiva e o caráter social do trabalho são a força coletiva do capital. O mesmo ocorre com a ciência, com a divisão do trabalho, com a troca que implica a divisão dessas tarefas. Todas as forças sociais da produção são forças produtivas do capital, que aparece portanto como sujeito das mesmas." K. Marx. *Los fundamentos de la crítica de la economía política*, op. cit., p. 75.

17. K. Marx. *El capital*. Crítica de La economía política, op. cit., t. I, cap. XII, p. 294.

18. "E indubitável que toda divisão de trabalho no seio da sociedade é inseparável de certa degeneração física e espiritual do homem. Porém o período manufatureiro, com seu regime de divisão peculiar, acentua esse desdobramento social dos ramos do trabalho de tal modo e afeta

trabalho revoluciona o modo de trabalhar de cada trabalhador individual, fomentando artificialmente uma de suas habilidades parciais e sufocando inúmeros estímulos e capacidades. Além de distribuir os diversos trabalhos parciais entre os indivíduos, secciona o próprio indivíduo, convertendo-o em um aparato automático limitado a um trabalho parcial[19]. A ciência, a cultura, tornam-se suscetíveis de coexistir separadas do trabalho, dominando-o como força produtiva alheia, em detrimento da intensificação da força produtiva do trabalhador individual. Os gastos de formação e treinamento do trabalhador se reduzem e, com isso, reduz-se também o valor de sua força de trabalho.

A manufatura não só subordina os trabalhadores a um mando, mas cria uma hierarquia entre os próprios trabalhadores. Estabelece uma divisão entre trabalhadores qualificados e não qualificados, sendo estes últimos dominantes numericamente, mas sob a influência determinante dos primeiros.

A divisão manufatureira do trabalho é um meio de produzir mais mercadorias com a mesma quantidade de trabalho, conferindo maior rapidez ao processo de acumulação de capital. *É um método de criação de mais-valia relativa*[20]. Se, de um lado, contribui para o desenvolvimento das forças produtivas sociais do trabalho — sendo, nesse sentido, um progresso histórico incontestável —, do outro lado é um meio para

---

a tal ponto as raízes vitais do indivíduo, que cria a base e o incentivo para que se forme uma verdadeira *patologia industrial* (...)" K. Marx, op. cit., p. 296.

19. K. Marx. *El capital*. Crítica de La economía política. op. cit., t. I, cap. XII, p. 198.

20. Marx, nesta passagem, sintetiza o significado da divisão manufatureira do trabalho: "A divisão manufatureira do trabalho cria a organização quantitativa dos processos sociais de produção, isto é, cria uma determinada *organização do trabalho social*, desenvolvendo com isso, ao mesmo tempo, a nova força social produtiva do trabalho. Como forma especificamente *capitalista* do processo social da produção — que apoiando-se em bases preestabelecidas só podia continuar desenvolvendo-se sob a forma *capitalista* —, esta organização não é mais que um método para a criação de *mais-valia relativa*; um procedimento para aumentar, à custa dos trabalhadores, os lucros do capital — a chamada *riqueza social*, "riqueza das nações" etc. Este método só desenvolve a força produtiva social do trabalho para o capitalista exclusivamente ao invés de desenvolvê-la para o trabalhador. Além disso, converte-a em força mutiladora do trabalhador individual. Cria novas condições para que o capital domine o trabalho. Portanto, ainda que de um lado represente um progresso histórico e uma etapa necessária no processo econômico de formação da sociedade, por outro é um meio de exploração civilizada e refinada". K. Marx, op. cit., p. 297.

a maior exploração do trabalhador, já que desenvolve a força produtiva social do trabalho para o capitalista e não para o trabalhador.

A plena realização dessa forma do regime capitalista de produção não se dá sem barreiras: o capital tem de lutar permanentemente contra a insubordinação dos operários, de cuja perícia manual depende a produção manufatureira. Ora, a razão determinante do processo de produção é a obtenção da maior valorização possível do capital, ou, em outros termos, a apropriação do trabalho não pago do trabalhador livre pela classe capitalista, sob a forma de mais-valia. Assim sendo, o enriquecimento do capitalista tem sua outra face: o empobrecimento do trabalhador, agora mutilado como trabalhador parcial. A insubordinação suprarreferida tem, portanto, suas razões incrustadas na própria forma de organização da produção e da distribuição do trabalho que a caracteriza. Ao aumentar o número de trabalhadores empregados simultaneamente pelo mesmo capital, aumenta também sua força de resistência e, em contrapartida, a pressão do capital para vencê-la. A luta de resistência do trabalhador à mutilação de sua vida no trabalho alienado, o capital responde com a imposição da ordem. Essa necessária função controladora, de vigilância e direção do processo social de trabalho, é uma função do capital e de seus prepostos. Como a reunião dos trabalhadores na produção é uma iniciativa do capital, cabe a este, também, garantir a coordenação e unidade do processo, que aparece na prática como a autoridade do capitalista, como o poder de uma vontade alheia que submete a seus fins as atividades do conjunto dos trabalhadores. Essa função de direção, de vigilância, traduz-se numa forma despótica, transfigurando-se numa função de exploração, determinada pelo inevitável antagonismo das relações sociais que aí se estabelecem. Está voltada, ainda, para a fiscalização do emprego dos meios de produção, evitando sua destruição e seu desgaste. A medida que se expande o capital, a função de vigilância direta dos trabalhadores tende a ser transferida a um grupo de funcionários que, durante o processo de trabalho, exerce o mando em nome do capital, restringindo-se o patrão às funções de alta direção e vigilância.

Concluindo a caracterização da divisão manufatureira do trabalho, caberia sintetizar as suas peculiaridades em relação à divisão do trabalho na sociedade[21]. Essas duas expressões da divisão do trabalho articulam-se e condicionam-se mutuamente, mantendo, no entanto, características específicas. A divisão manufatureira do trabalho exige, como pré-condição, um certo desenvolvimento da divisão do trabalho na sociedade voltada para a produção de mercadorias; mas, ao mesmo tempo, a produção manufatureira impulsiona a divisão social do trabalho. Produz uma diferenciação dos ramos da produção ao diversificar os instrumentos de produção e, consequentemente, as indústrias que os produzem. Indústrias que eram exploradas articuladamente se dissociam, adquirindo autonomia. Certas fases especiais do processo de produção de uma mercadoria tornam-se ramos industriais independentes. A produção manufatureira incentiva, ainda, a divisão territorial do trabalho. *A manufatura não afeta apenas a esfera econômica, mas todas as expressões da vida em sociedade, favorecendo a emergência de especialidades e especialistas.* Ao revolucionar o regime de produção num ramo industrial particular, afeta necessariamente os demais, visto que, embora cada qual produza uma mercadoria independente, encontram-se articulados como fases de um processo global de produção. As transformações operadas na produção agrícola e industrial, a ampliação do mercado mundial, afetam os meios de comunicação e transporte, os estilos de vida, as atividades científicas e artísticas.

Porém, essas duas expressões da divisão do trabalho — na sociedade e na manufatura — apresentam diferenças essenciais. O que caracteriza a divisão manufatureira do trabalho é o fato de cada trabalhador parcial dedicar-se a uma operação limitada do processo de produção, que, considerada em si mesma, carece de valor e utilidade. Cada trabalhador parcial não chega a produzir uma mercadoria, dedicando-se apenas a uma operação que é parte do seu processo de produção. O produto final é um produto *comum*, fruto da combinação dos trabalhos fragmentados de muitos trabalhadores. O que unifica e

---

21. Ver K. Marx. *El capital*. Crítica de La economía política, op. cit., t. I, cap. XII.

articula esses trabalhos parciais é o fato de os trabalhadores venderem suas forças de trabalho a um único capitalista, que os emprega como força de trabalho combinada. Já a divisão de trabalho na sociedade opera pela compra e venda de mercadorias, produtos de vários ramos industriais. O que integra os trabalhos desses diversos ramos é o fato de esses produtos serem mercadorias. Enquanto a divisão manufatureira do trabalho supõe a concentração dos meios de produção nas mãos de um capitalista, a divisão social do trabalho implica o seu fracionamento entre muitos produtores de mercadorias mutuamente independentes. Enquanto na produção manufatureira existem funções determinadas para cada conjunto de trabalhadores, na sociedade a distribuição dos meios de produção e dos produtores nos diferentes ramos sociais do trabalho é regida pela arbitrariedade, pela lei da concorrência. A isto se opõe a divisão manufatureira do trabalho, que é subordinada a um plano e à autoridade incondicional do capitalista, à qual estão sujeitos os trabalhadores enquanto membros de um mecanismo global de propriedade do capitalista.

Essas duas manifestações da divisão do trabalho convivem sem se excluir, influenciando-se mutuamente. Porém, a divisão manufatureira do trabalho é um produto específico da sociedade capitalista, da expansão das forças produtivas e da consolidação do trabalho assalariado. Com ela, a divisão social do trabalho é redimensionada, assumindo assim nova peculiaridade histórica[22].

---

22. Ressaltando a historicidade deste tipo de divisão do trabalho em face de outras formas de sociedade, Marx afirma: "Na sociedade do regime capitalista de produção a anarquia da divisão social do trabalho e o despotismo da divisão do trabalho na manufatura estão reciprocamente condicionados. Outras formas mais antigas de sociedade em que a especialização da indústria se desenvolve de modo elementar, para logo cristalizar-se e consolidar-se legalmente, apresentam a imagem de uma organização do trabalho social sujeita a um plano e a uma autoridade, de um lado, enquanto de outro lado excluem radicalmente ou só estimulam em escala insignificante ou de modo esporádico e fortuito a divisão de trabalho dentro da oficina". K. Marx. *El capital*. Crítica..., op. cit., t. 1, p. 290. O autor estabelece, ainda, como regra geral: "Quanto menos a divisão do trabalho no seio da sociedade é presidida pela autoridade, mais se desenvolve a divisão do trabalho no interior da oficina e mais se submete tal divisão à autoridade de uma só pessoa. Portanto, em relação à divisão do trabalho, a autoridade na oficina e na sociedade estão em razão inversa uma da outra". K. Marx, *La miseria de la filosofia*, op. cit., p. 119-120.

3. A divisão do trabalho na grande indústria

A indústria manufatureira, impulsionada com a expansão do mercado mundial, defrontou-se com uma demanda de produtos manufaturados que já não podia ser satisfeita no estágio vigente de desenvolvimento das forças produtivas. Sua estreita base técnica incompatibilizou-se com as demandas da produção que ela própria havia criado. Porém, um dos resultantes da manufatura foi a fabricação de instrumentos de trabalho, introduzindo a indústria de máquinas, cujo desenvolvimento põe em questão o princípio da divisão manufatureira do trabalho: sua base manual, a dependência da força muscular e das habilidades do trabalhador especializado no manejo de seus instrumentos de produção. Com o desenvolvimento da manufatura, são gestadas, portanto, as bases da *grande indústria,* que revoluciona o regime de produção, transformando os instrumentos de trabalho em máquinas, nas quais as ferramentas do trabalhador reaparecem combinadas como peças de um aparato mecânico, revestindo uma forma substantiva totalmente emancipada dos entraves e limites próprios da força humana. O instrumento de trabalho adquire independência em face do trabalhador: supera sua debilidade física e sua obstinação. Na grande indústria capitalista, consuma-se o divórcio entre as potências espirituais do processo de produção e o trabalho manual. A perícia do trabalhador individual transforma-se em detalhe secundário diante da ciência, da tecnologia, das forças naturais e do trabalho social de massa.

A fábrica emerge como a unidade de produção baseada no maquinismo, em que se dá a cooperação simples de inúmeras máquinas que funcionam concomitantemente para fins semelhantes. Reproduz-se aí a cooperação baseada na divisão do trabalho característica da manufatura, mas agora expressa como cooperação de muitas máquinas. O objeto de trabalho percorre diversos processos parciais articulados entre si por uma cadeia de máquinas diferenciadas, relacionadas e complementares.

A manufatura oferece a base elementar da divisão de trabalho e do processo de produção da grande indústria. Logo emerge, no entanto, uma diferença essencial: desaparece o princípio subjetivo da divisão do trabalho, isto é, a necessidade de adaptar o processo de produção ao trabalhador parcial que executava cada etapa com sua ferramenta, dependendo de suas capacidades e habilidades pessoais. Na grande indústria automatizada, o trabalhador defronta-se com um organismo objetivo da produção como condição dada.[23] A máquina de trabalho combinada é um sistema de diversas máquinas e grupos de máquinas tanto mais perfeita quanto menor a interrupção do trânsito da matéria do início da produção até o seu término. Tal característica a diferencia da produção manufatureira, na qual o princípio da produção é dado pelo isolamento e segmentação das diversas operações contidas na fabricação de um produto. No modo de produzir peculiar a este estágio avançado da produção capitalista, o papel do trabalhador modifica-se substancialmente: a eficácia no manejo dos instrumentos de trabalho passa do trabalhador para a máquina, na qual é incorporada. Os trabalhadores tornam-se meros vigilantes da máquina, intervindo, apenas esporadicamente, num sistema automatizado, transformando-se em simples órgãos de um maquinismo, subordinado a uma força motriz central. Enquanto na manufatura o movimento parte do trabalhador que se serve de suas ferramentas, na fábrica ele serve à máquina que se torna o sujeito da produção. Os homens passam a seguir os movimentos da máquina, que se sobrepõem a eles como um mecanismo morto ao qual são incorporados como apêndices vivos, acessórios conscientes. A máquina não livra o trabalhador do trabalho, mas priva-o de seu conteúdo. Este trabalho mecanizado e automatizado, de mera vigilância, esgota ainda mais o trabalhador: afeta-lhe o

---

23. "Na manufatura, a divisão e a articulação do processo social de trabalho é puramente subjetiva, uma simples combinação de trabalhadores parciais. No sistema baseado no maquinismo, a grande indústria possui um organismo perfeitamente objetivo com o qual o trabalhador encontra-se como condição material de produção pronta e acabada. Na cooperação simples e, inclusive, na cooperação especificada pela divisão do trabalho a substituição do trabalhador isolado pelo trabalhador coletivo apresenta-se como algo puramente casual. As máquinas combinadas, com algumas exceções, só funcionam nas mãos do trabalhador diretamente socializado ou coletivo. Portanto, agora, é a própria natureza do instrumento de trabalho que impõe como necessidade técnica o caráter cooperativo do processo de trabalho." K. Marx. *El capital*. Crítica de..., op. cit., t. I, cap. XII, p. 315-316.

sistema nervoso, depaupera sua atividade muscular, confisca-lhe toda atividade física e intelectual. Na manufatura, o trabalhador imprimia vida aos instrumentos de trabalho graças à sua habilidade. A máquina concentra em si a habilidade, força e destreza do trabalho socialmente acumuladas, substituindo o trabalhador graças à aplicação de conhecimentos científicos na sua construção. A ciência se manifesta nas máquinas e aparece como alheia e exterior aos trabalhadores. Já não existe no cérebro dos trabalhadores, mas — apropriada pelo capital e objetivada no maquinismo — atua sobre eles como uma força estranha, força da própria máquina.[24]

Embora a apropriação do trabalho vivo pelo trabalho morto seja inerente à natureza do capital, ela adquire expressão patente na grande indústria. O trabalho objetivado aparece fisicamente como a força que domina o trabalho vivo: não só se apropria dele, mas o domina ativamente no processo de produção. O domínio do homem pela coisa, pelo fruto de seu próprio trabalho materializado, apropriado por outro, adquire aqui uma manifestação explícita. O trabalho vivo deixa de ser a unidade dominante do processo de produção: é reduzido quantitativamente a proporções ínfimas em relação ao trabalho materializado, embora qualitativamente conserve uma importância fundamental na criação do valor. Assume um papel subalterno em face da atividade científica geral, da tecnologia aplicada na produção e da força produtiva derivada do conjunto da organização social da produção, que não são mais do que outras dádivas naturais do trabalho social, embora sejam produtos históricos. A ciência — essa força produtiva geral — desempenha um papel básico no desenvolvimento da indústria automatizada. O capital apropria-se gratuitamente desse progresso geral do trabalho social, cujos resultados fixam-se no capital e não no trabalho, e são utilizados em função de seus próprios fins de valorização e dominação.

---

24. "A ciência não custa absolutamente 'nada' ao capitalista, mas isso não o impede que a explore. O capital se apropria da ciência alheia, assim como se apropria do trabalho dos demais. Porém a apropriação capitalista e a apropriação pessoal são coisas radicalmente distintas, seja tratando-se da ciência ou da riqueza material." K. Marx. *El capital*. Crítica de La economía política, op. cit., t. I, p. 316 (nota de rodapé).

O capital implica, por definição, a potencialização da força produtiva do trabalho, que se apresenta como força produtiva exterior ao trabalho e instrumento de debilitação do trabalhador. É, no entanto, na qualidade de capital fixo que o maquinismo torna o trabalhador dependente, objeto de apropriação e dominação. E só adquire essa forma de capital fixo porque tem como contrapartida o trabalho assalariado. Essa distinção é fundamental porque é importante diferenciar a tendência universal e civilizadora do capital — o desenvolvimento universal das forças produtivas, das quais a ciência não é mais que um aspecto — do caráter alienante e destrutivo que assumem nessa forma de produção. Essa tendência do desenvolvimento das forças produtivas encontra-se em contradição com a forma limitada que a impulsiona. A limitação do capital está em que todo o seu desenvolvimento efetua-se de maneira antagônica: o desenvolvimento da riqueza social, das condições de trabalho, da ciência etc., aparecem como algo alienado do trabalhador, que passa a ver essas condições por ele produzidas como riqueza alheia, causa de sua pobreza. O processo de objetivação do poder material do trabalho é um produto do próprio trabalhador. Porém, o fato de essas condições objetivas se tornarem cada vez mais independentes do trabalhador, dominando-o como força alheia, não corresponde ao trabalhador, mas às condições de produção personificadas, isto é, ao capital. Esse processo possuirá o caráter de alienação para o trabalhador, ou de apropriação do trabalho de outro pelo capital, durante o período em que, no nível do capital e do trabalho, esse corpo objetivo da atividade continuar funcionando em oposição ao trabalho imediato. Tal *inversão* — o domínio do homem pelas coisas — e tal *subversão* — o fato de o trabalhador criar, contraditoriamente, as próprias condições de sua dominação — são reais, não existindo apenas no espírito do capital e do trabalho. Correspondem a uma necessidade histórica: são a condição necessária para o desenvolvimento das forças produtivas a partir dessa base determinada. Porém, não se trata de uma necessidade absoluta, mas efêmera. O resultado desse processo está voltado para a destruição dessa base e dessa forma de desenvolvimento, apontando para o desenvolvimento das forças produtivas sem obstáculos e para a possibilidade do desenvolvimento universal do indivíduo — de sua individualidade social — numa sociedade de novo tipo. A distinção acima ressaltada é importante porque, para os economistas burgueses, a necessidade de objetivação das forças sociais do trabalho aparece indissoluvelmente ligada à necessidade de sua alienação em face do trabalhador.[25] Mas, partindo do trabalho assalariado, as máquinas só podem surgir em oposição ao trabalho vivo. Como propriedade e força do capital, devem opor-se necessariamente ao trabalhador. Esse modo de distribuição é uma condição do modo de produção baseado no trabalho assalariado. Entretanto, isso não significa que as máquinas deixariam de atuar como agentes de produção ao serem apropriadas pelos trabalhadores associados. Implicaria outro tipo de distribuição, sobre nova base produtiva: outro modo de reprodução da vida e da produção que só pode ser criado no próprio processo histórico social.

Em síntese, o capital tende a ampliar as forças produtivas e a reduzir ao máximo o tempo de trabalho socialmente necessário à reprodução do trabalhador e de sua família, expandindo assim o sobretrabalho gratuitamente apropriado. Esta tendência se realiza na grande indústria com a transformação dos instrumentos de trabalho em máquinas articuladas. É este o sentido fundamental dessa revolução operada no modo de produzir. A finalidade do emprego das máquinas não é facilitar os esforços do homem, mas reduzir o trabalho necessário e, em contrapartida, ampliar a parcela da jornada de trabalho entregue sem equivalente ao capitalista. É um meio peculiar de produção de mais-valia relativa, de exploração do trabalho de modo cada vez mais intensivo. É esta a razão histórica que impulsiona a grande indústria e a divisão do trabalho que a caracteriza. Trata-se da transformação histórica dos instrumentos de trabalho tradicionais e da atividade humana no seu manejo em meios adequados à forma capitalista de exploração.[26]

---

25. Ver K. Marx. *Los fundamentos de la crítica de la economía política*. op. cit., t. II, p. 344.

26. "Para o capital, o desenvolvimento dos meios de trabalho em maquinismo não é fortuito; é a transformação histórica dos meios de trabalho tradicionais em meios adequados à forma capitalista. A acumulação do saber, da habilidade, assim como todas as forças produtivas da

O grau de desenvolvimento da divisão do trabalho vigente na indústria capitalista expressa o grau de desenvolvimento das forças produtivas e a organização e distribuição do trabalho que lhe é peculiar. Como a grande indústria apresenta como ponto de partida a transformação dos instrumentos de trabalho em máquinas, privilegiamos a discussão desse aspecto como condição para explicitar as peculiaridades do papel do trabalhador nesse estágio de desenvolvimento das relações capitalistas de produção e sua submissão ao tipo peculiar de divisão do trabalho.

O crescimento da população trabalhadora é uma das condições da introdução das máquinas para substituir o trabalho. Elas não surgem como alternativa à falta de mão de obra, mas para restringir o uso da força de trabalho a proporções adequadas às necessidades de reprodução do capital. Isto porque a produção capitalista apresenta, como condição necessária, um maior conjunto absoluto de trabalho necessário e uma maior massa possível de sobretrabalho em relação ao trabalho pago. Sua condição essencial é, pois, um crescimento máximo da população, devendo a força de trabalho ser massiva para que as máquinas se desenvolvam. Para que o capitalista possa se apropriar do sobretrabalho da população ativa, é necessário que haja uma superpopulação inativa em oposição à população necessária a esse estágio histórico da produção. Explicita-se aí o papel do exército industrial de reserva. Com a expansão das forças produtivas sociais do trabalho, o tempo de trabalho socialmente necessário é reduzido, ampliando-se o trabalho excedente, conforme já explicitado. Consequentemente, parte da mão de obra passa a ser supérflua porque, com o trabalho potenciado, a parcela da classe trabalhadora em atividade torna-se suficiente para efetuar a massa de sobretrabalho anteriormente produzida por toda a mão de obra empregada. Assim, a diminuição do trabalho necessário com as transformações operadas no

---

inteligência social, ficam então absorvidas pelo capital, opondo-se ao trabalho. Daí em diante aparecem como uma propriedade do capital ou mais exatamente, do capital fixo, à medida que ingressa no processo de trabalho como um meio de produção efetivo." K. Marx. *Los fundamentos de la crítica de la economía política*. op. cit., t. 11, p. 795.

regime de produção industrial significa a criação de uma superpopulação crescente, desprovida não só de todos os recursos, mas também dos meios de procurar trabalho. Não podendo sobreviver de seu trabalho, enquanto está impossibilitada de realizá-lo, sua existência passa a depender da renda de todas as classes. A sociedade é obrigada a assumir a manutenção dessa parcela da classe trabalhadora, momentaneamente excluída do mercado de trabalho, para manter viva, em reserva, essa força de trabalho potencial para utilização posterior nos períodos de expansão da produção.

Na sociedade capitalista, a redução do trabalho necessário obtido com o desenvolvimento das forças produtivas materiais não tem como contrapartida a ampliação do tempo livre do trabalhador; está voltada para ampliar ao máximo o tempo de trabalho não pago, fazendo com que o trabalhador consagre ao capitalista todo o seu tempo e sua vitalidade aí consumida. Mas não se pode ignorar a importância histórica de tal redução. Uma vez liberado das travas do trabalho alienado, o trabalhador emancipado poderá usufruir dos benefícios da redução do tempo de trabalho, e utilizar esse tempo disponível para o livre desenvolvimento de sua individualidade social. Não se trata de livrá-lo do trabalho, mas do processo de valorização que torna o trabalho um meio de dominação do próprio homem. O desenvolvimento das forças produtivas é uma das condições da emancipação do trabalho.

Com a produção industrial, a divisão do trabalho na fábrica tende a perder o caráter de especialidade[27]; as operações que exigem grande habilidade do trabalhador tendem a ser substituídas por equipamentos especiais que concentram em si tais exigências, tornando necessário apenas o trabalho de vigilância de trabalhadores não qualificados. Como a habilidade no manejo dos instrumentos de trabalho é deslocada do trabalhador para a máquina, e como o movimento global da

---

27. "O que caracteriza a divisão do trabalho no seio da sociedade é que engendra especialidades, as distintas profissões, o idiotismo do ofício. O que caracteriza a divisão do trabalho na oficina mecânica é que o trabalho dentro dela perde todo o caráter de especialidade. Porém enquanto cessa todo o desenvolvimento especial começa a ser possível sentir todo o afã da universalidade, a tendência a um desenvolvimento integral do indivíduo. A oficina mecânica suprime as profissões isoladas e o idiotismo do ofício." K. Marx. *La miseria de la filosofia*, op. cit., p. 127.

fábrica não parte do trabalhador e sim do ritmo impresso pela máquina, já não existe *necessidade técnica* de consolidar a divisão do trabalho manufatureiramente, mediante a contínua adaptação do trabalhador à mesma função. A rapidez no aprendizado de operações mecanizadas reduz as exigências de formação especial dos trabalhadores manuais e o preço da mão de obra. O parcelamento e a simplificação das atividades da produção é tal que o trabalhador que se sujeita ao trabalho fabril, durante anos, não aprende nenhum trabalho capaz de produzir um efeito útil. O trabalho perde o seu valor de uso e, com isso, o seu valor de troca. O trabalhador na indústria pode movimentar-se de uma máquina a outra, sem que se interrompa o processo de trabalho, conforme a vontade de quem dirige o seu trabalho. Assim, a hierarquia dos trabalhadores especializados na manufatura tende a ser substituída pela equiparação dos diversos trabalhos manuais. O capital é nivelador por excelência: estabelece o nivelamento dos diversos trabalhos e a igualdade de condições de exploração do trabalho[28]. Mas, ainda que tecnicamente a grande indústria venha a abolir a divisão do trabalho que supõe a subordinação da vida de um homem a uma operação detalhista, a *forma capitalista da produção industrial tende a consolidá-la e a reproduzi-la* como um meio ainda mais violento de exploração da força de trabalho: transforma-se na especialidade de servir a uma máquina parcial durante toda uma vida.

O sistema automatizado substitui a mão de obra pela máquina, a divisão de trabalho entre os diversos operários pela decomposição do processo de produção em suas partes integrantes, executadas por máquinas vigiadas e abastecidas pelos trabalhadores. A cooperação e a divisão do trabalho reaparecem agora com o caráter de distribuição dos diversos trabalhadores entre as máquinas especializadas e os diferentes departamentos da fábrica. Tal organização da produção, ao reduzir o

---

28. Na grande indústria o grupo especializado de trabalhadores da manufatura é substituído pelo trabalhador principal com alguns auxiliares. A distinção que passa a ser estabelecida é entre os trabalhadores mecânicos que operam efetivamente as máquinas, os simples *peões* que ajudam esses trabalhadores, fornecendo materiais às máquinas e uma categoria de trabalhadores de nível superior, encarregado do controle e reparação das máquinas: engenheiros, mecânicos etc. Tal divisão de trabalho é aí basicamente técnica. Ver *El capital*. Crítica de La economía política. t. I, cap. XIII, p. 347.

uso da força muscular, permite a ampliação do contingente disponível dos assalariados mediante a incorporação do trabalho da mulher e da criança, e coloca toda a família trabalhadora sob a dependência do capital. Nesse processo, deprecia a força de trabalho ao lançar no mercado todos os membros da família trabalhadora, distribuindo entre eles o valor do trabalho do seu chefe. Amplia, também, o grau de exploração da família trabalhadora, expresso não só na ampliação da jornada de trabalho, mas na potenciação do trabalho em face das barreiras impostas pela sociedade ao prolongamento desmedido daquela. A medida que a jornada de trabalho é reduzida legalmente, como conquista da luta de resistência da classe trabalhadora, o capital cria meios para ampliar a intensidade do trabalho, exigindo do trabalhador um maior desgaste durante o mesmo período, seja aumentando a velocidade do trabalho, seja aperfeiçoando os meios de produção. A condensação do trabalho num dado lapso de tempo é um meio de obter maior quantidade de trabalho à custa de maior desgaste humano. Por outro lado, a economia dos meios de produção se converte, nas mãos do capital, em agressão sistemática às condições de trabalho e, portanto, à vida do trabalhador: significa roubo de espaço, luz, ar, meios pessoais de proteção diante da insalubridade e dos perigos do ambiente de trabalho etc. Ao reduzir o tempo dedicado ao trabalho doméstico, pela incorporação da mulher e das crianças à produção, aumenta os gastos monetários da família, deduzidos dos rendimentos obtidos no trabalho. A falta de tempo para os cuidados familiares contribui para ampliar a mortalidade infantil, a criminalidade, a degeneração física e intelectual da família trabalhadora. Ao mesmo tempo, a grande indústria, ao atribuir à mulher, ao jovem e às crianças um papel decisivo na organização social da produção, retirando-os da órbita doméstica, estabelece novas bases para a organização da família e das relações entre os sexos.

A rígida disciplina imposta pelo trabalho mecanizado exige que os trabalhadores modifiquem seus hábitos de vida, de modo a se adaptarem ao ritmo regular e invariável do trabalho. Na fábrica, é imposta uma disciplina de quartel, respaldada por uma legislação que expressa a regulamentação social do processo de trabalho, sendo, suas transgressões, inclusive, traduzidas em deduções salariais ou em motivos para demissões.[29] Porém, o controle sobre o operário extrapola o âmbito fabril, sendo complementado por instituições sociais que, em nome do capital, contribuem para o estabelecimento de meios de tutela e normatização da vida do trabalhador, socializando-o de modo a adaptá-lo à disciplina e aos métodos de trabalho requeridos pela organização industrial.[30]

Finalizando, importa ressaltar que a nova forma de divisão do trabalho na grande indústria não pode ser pensada segmentadamente, como se afetasse apenas o processo de trabalho no interior da fábrica. O desenvolvimento industrial modifica a própria organização da vida na sociedade: universaliza a concorrência, cria e consolida o mercado mundial, desenvolve os meios de comunicação, a propaganda, submete a si o comércio, multiplica e diversifica os ramos industriais, amplia a concentração e centralização do capital. Consolida, ainda, a divisão do trabalho entre cidade e campo, faz crescer as cidades, transforma a agricultura e as relações de produção nela vigentes. Amplia o mercado de mão de obra, estabelecendo mobilidade sem limites da força de trabalho, e solidifica a segmentação entre trabalho manual e intelectual. A indústria moderna revoluciona constantemente as técnicas de produção e, com elas, as funções do trabalhador e as combinações sociais do processo de trabalho. Com isso, revoluciona constantemente a divisão do trabalho dentro da sociedade, lançando massas de trabalhadores e de capitais de um ramo da produção para outro.

Enfim, a divisão capitalista do trabalho cria novas necessidades sociais, transforma as relações sociais, a moral, os costumes, a religião, a organização familiar, o lazer etc. Afeta todo o modo de vida e de trabalho da sociedade.

Este quadro da divisão do trabalho, tal como exposto, adquire novas cores e tonalidades no âmbito da expansão monopolista, atribuindo particularidades às manifestações da "questão social". Sua elucidação torna-se, pois, fundamental para situar o Serviço Social na divisão do trabalho.

---

29. "O açoite do capataz de escravos cede lugar ao regulamento penal do vigilante." K. Marx. *El capital*. Crítica de la economía política. op. cit., t. I, p. 351.

30. Ver A. Gramsci. "Americanismo e Fordismo." In: *Obras escolhidas*. v. II, Lisboa: Estampa, 1974.

A "questão social" no capitalismo monopolista e o significado da assistência*

O objetivo deste texto é apreender as novas determinações da "questão social" nos marcos da consolidação do capitalismo monopolista na sociedade brasileira e da constituição do Estado "autocrático-burguês", bem como as derivações disso decorrentes para o Serviço Social. Estes são pré-requisitos para compreender o significado das novas demandas que a nova conjuntura apresenta aos Assistentes Sociais. A análise deverá ressaltar o caráter do Estado em suas relações com as classes sociais, especialmente as implicações do novo padrão de dominação para as classes trabalhadoras.[1]

---

* Texto redigido em 1981, extraído da dissertação de mestrado intitulada *Legitimidade e crise do serviço social*: um ensaio de interpretação sociológica da profissão, já citada.

1. A rápida retomada de alguns aspectos considerados essenciais da conjuntura assinalada está basicamente calcada na interpretação de F. Fernandes, expressa especialmente em *A revolução burguesa no Brasil*. (*Ensaios de Interpretação Sociológica*). Rio de Janeiro: Zahar, 1975 e *Apontamentos sobre a "teoria do autoritarismo"*. São Paulo: Hucitec, 1979. Recorreu-se também a: F. Fernandes. *Capitalismo dependente e classes sociais na América Latina*. 3. ed. Rio de Janeiro: Zahar, 1981; F. H. Cardoso. *O modelo político brasileiro e outros ensaios*. São Paulo: Difel, 1973. F. H. Cardoso. *Autoritarismo e democratização*. 3. ed. Rio de Janeiro: Paz e Terra, 1975; P. Singer. *A crise do milagre. Interpretação crítica da economia brasileira*. 3. ed. Rio de Janeiro: Paz e Terra, 1977; P. Singer et al. *São Paulo, 1975*: crescimento e pobreza. São Paulo: Loyola, 1976; P. Singer e V. C. Brandt. *São Paulo: o povo em movimento*. Petrópolis: Vozes/Cebrap, 1980; C. Furtado. *O Brasil pós-milagre*. Rio de Janeiro: Paz e Terra, 1981; O. Ianni. *Estado e planejamento econômico no Brasil (1930-1970)*. Rio de Janeiro: Civilização Brasileira, 1979; O. Ianni. *O colapso do populismo no Brasil*. Rio de Ja-

A presença das grandes corporações, operando diretamente ou por meio de filiais no cenário da vida brasileira, contribuiu, até a Segunda Guerra, para dinamizar a economia competitiva dependente, ao mesmo tempo em que concorreu para a expansão monopolista das economias centrais, através do excedente acumulado em suas operações no nosso país. É a partir da década de 1950 que a economia brasileira se incorpora a esse padrão de desenvolvimento, como um de seus polos dinâmicos na periferia dos núcleos hegemônicos centrais. Tal integração adquire novo alento com os governos militares, quando o capital monopolista passa a contar não apenas com o espaço econômico que conseguira abrir na economia, mas com o respaldo de uma política econômica capaz de articular a ação governamental com os interesses dos grandes empresários.

É nessa transição do capitalismo competitivo para o padrão monopolista de acumulação, possibilitada pelo grau de avanço relativo da economia do País, capaz de absorver as práticas industriais, financeiras e de consumo requeridas pela concentração e centralização do capital, que se verifica o que Fernandes qualifica de "crise e consolidação do poder burguês e da dominação burguesa",[2] estreitamente articuladas às condições impostas pelo "imperialismo total".[3]

---

neiro: Civilização Brasileira, 1968; O. Ianni. *Ditadura e agricultura*. Rio de Janeiro: Civilização Brasileira, 1979; G. Mantega e M. Morais. "Tendências Recentes do Capitalismo Brasileiro". *Contraponto*, Rio de Janeiro, Centro de Estudos Noel Nutells, Ano III, n. 3, set. 1978, p. 59-67; F. Weffort et al. "A Crise Política e Institucional". *Revista de cultura contemporânea*, São Paulo: Cedec, Ano I, n. 2, jan. 1979, p. 47-61; J. M. C. de Mello e L. G. de Mello Beluzzo. "Reflexões sobre a crise atual". *Escrita ensaio*, Ano I, n. 2, p. 16-27, 1977.

2. F. Fernandes. *A revolução...*, op. cit.

3. A noção de "imperialismo total" expressa, para o autor citado, um novo tipo de dominação externa que emerge com a expansão recente das grandes empresas corporativas na América Latina, e que trazem consigo um novo estilo de organização, de produção de *marketing,* com novos padrões de planejamento, propaganda, concorrência e controle interno das economias dependentes pelos interesses externos. Representando o capitalismo monopolista, absorvem posições de liderança antes ocupadas por indústrias e empresários nativos. "O traço específico do imperialismo total consiste no fato de que ele organiza a dominação externa a partir de dentro e em todos os níveis da ordem social, desde o controle da natalidade, a comunicação de massa, o consumo de massa, até a educação, a transposição maciça de tecnologia ou de instituições sociais, a modernização da infra e da superestrutura, os expedientes financeiros ou de ca-

Os pontos de clivagem dessa crise derivavam, em primeiro lugar, de pressões do capitalismo monopolista mundial, que exigia condições precisas de "desenvolvimento com segurança", isto é, de garantias econômico-sociais e políticas ao capital estrangeiro e ao crescimento de suas empresas aqui instaladas. Em segundo lugar, havia as pressões internas de dupla derivação. De um lado, procedentes tanto de setores radicais burgueses como dos trabalhadores, pressões aquelas que, se não chegavam a ameaçar as bases do poder burguês, eram fontes de seu desgaste, restringindo a eficácia de sua dominação. De outro lado, a intervenção do Estado na economia que, ao adquirir uma força administrativa e empresarial expressiva, torna-se "inquietadora" para a iniciativa privada nacional e externa, assume proporções crescentes. O poder burguês se esvaziaria se perdesse o monopólio do poder estatal.

Para fazer face a tais pressões, a burguesia se vê impelida a articular-se internamente, sobrepujando os seus interesses particularistas em conflito em favor da solidificação de seus laços de solidariedade. Mobiliza para tanto interesses comuns calcados na defesa da iniciativa e propriedade privadas, da ordem e do monopólio do poder pela classe. Faziam-se necessárias tanto uma integração horizontal, em escala nacional, dos interesses das classes burguesas, como a possibilidade de universalizá-los para toda a sociedade, seja nas relações diretas entre as classes, seja através do Estado[4].

Essa crise tem como pano de fundo a exigência de adaptação da burguesia à industrialização intensiva e aos novos ritmos econômico-sociais, transferidos de fora para a sociedade brasileira. O imobilismo econômico poderia ter desdobramentos a longo prazo, seja na deterioração da dominação burguesa ou no seu deslocamento pela iniciativa privada estrangeira. A burguesia deveria, portanto, reajustar

---

pital, o eixo vital da política nacional etc." F. Fernandes. *Capitalismo dependente e classes sociais na América Latina,* op. cit., cap. I. "Padrões de Dominação na América Latina", p. 18.

4. Na luta de sobrevivência do capitalismo contra o socialismo, as burguesias nativas contam com o apoio das nações hegemônicas, interessadas em fortalecê-las à medida que constituem o suporte da expansão imperialista na periferia, sob o capitalismo monopolista. Elas contam com o reforço externo para modernizar as formas de socialização, opressão e repressão inerentes à dominação burguesa.

seu padrão de dominação, de modo a fortalecer-se, como garantia de sua própria sobrevivência e autoafirmação de seu *status* como burguesia "nacional" nas relações internacionais com o sistema capitalista, embora receptiva às irradiações externas.

A crise desemboca numa *contra-revolução defensiva*, embora agressiva, da qual a burguesia sai fortalecida, em condições favoráveis para estreitar seus laços com o capitalismo financeiro internacional, reprimir, pela violência, toda e qualquer pressão de dentro ou de fora da ordem, e transformar o Estado em instrumento exclusivo do poder burguês, nos planos econômico, político e social. Ela passa a dispor de maior flexibilidade para fixar uma política econômica destinada a acelerar a acumulação e favorecer a modernização tecnológica.

O traço peculiar dessa transição para o capitalismo monopolista nas sociedades dependentes é que ela não ocorre segundo o modelo clássico da revolução nacional e democrático-burguesa. Esta aspiração, embora presente nas "ilusões" da burguesia — ou seja, a de que as forças acumuladas no capitalismo competitivo fossem suficientes para desencadear um movimento interno autônomo e conferir à burguesia uma sólida orientação democrático-nacionalista —, não encontra suporte em burguesias frágeis diante da influência externa e impotentes diante da luta entre interesses particularistas de suas frações. Assim, a meta não era o desenvolvimento nacional autônomo, mas a autonomia das classes e dos estratos burgueses na sociedade e a possibilidade de consolidar a transformação capitalista monopolista, indissociável — naquelas circunstâncias — da manutenção da dependência e do desenvolvimento desigual interno. Esta passagem não coloca as classes dominantes diante do problema da democracia burguesa, mas da *ordem* burguesa. A referida transição leva à dissociação entre desenvolvimento econômico e desenvolvimento político. Ou seja: instaura um padrão racional e modernização de acumulação, ao mesmo tempo em que transforma o poder estatal de uma "autocracia burguesa" em uma "versão tecnocrática da democracia restrita", nos termos de F. Fernandes. A resolução da crise do poder burguês passa pela esfera política, através da reorganização do Estado, posto a serviço da iniciativa privada, favorecendo a adequação do espaço econômico e político aos requisitos do capitalismo monopolista. O Estado torna-se o eixo político da recomposição do poder burguês. A dominação burguesa ressurge com uma composição de poder heterogênea, de base nacional e internacional, congregando conservadores e liberais, ou seja, a hegemonia burguesa alcançada é "uma hegemonia agregada de simples articulação mecânica dos interesses de classe"[5], mas que permite à burguesia superar momentaneamente sua impotência histórica.

Toda a sociedade passa a ser atravessada por uma rede de relações autoritárias, incorporadas às instituições, ideologias e aos processos sociais, tendendo a exacerbar-se como uma forma de autodefesa das classes dominantes[6].

Coube ao Estado, enquanto núcleo do poder burguês, reduzir e comprimir o espaço político e jurídico de todas as classes que se opusessem ao novo padrão de dominação, sendo o proletariado e as massas trabalhadoras o alvo privilegiado da agressão autodefensiva da burguesia. As pressões daí oriundas tenderam a ser deslocadas para "fora da ordem", como estratagema para legitimar e impor o poder. Um conflito intenso de classes, encoberto e reprimido, marca sua presença. Os comportamentos coletivos de autodefesa dos trabalhadores foram deslocados para a esfera de segurança nacional. O elemento peculiar que aí aparece não é a violência institucionalizada, mas uma concepção de segurança cimentada na noção de guerra permanente de umas classes contra as outras, assumida pelo Estado Nacional.

---

5. F. Fernandes. *A revolução...*, op. cit., p. 335.

6. "Nesse contexto histórico-social, a dominação burguesa não é só força socioeconômica espontânea e uma força política regulativa. Ela polariza politicamente toda a rede de ação autodefensiva, percorrida pelas instituições ligadas ao poder burguês, da empresa ao Estado, dando origem a uma formidável superestrutura de opressão e bloqueio, a qual converte relativamente a própria dominação burguesa na única fonte de poder político legítimo. Mero reflexo das relações materiais de produção ela se insere, como estrutura de dominação, no âmago mesmo dessas relações, inibindo ou reorientando, espontânea ou institucionalmente, os processos econômicos, sociais e políticos por meio dos quais as demais classes ou quase classes se defrontam com a dominação burguesa." F. Fernandes. "O Modelo Autocrático Burguês de Transformação Capitalista". In: *A revolução...*, op. cit., p. 302-303.

Se é na consolidação do capitalismo monopolista que a burguesia alcança sua plenitude de poder, mantidas e agravadas as desigualdades econômico-políticas preexistentes, não é apenas a burguesia que se recompõe. O proletariado adquire novo peso político e nova força social dentro da sociedade, ao mesmo tempo em que são fortalecidas as condições objetivamente favoráveis à disseminação dos conflitos de classe e da organização política dos trabalhadores, temporariamente impedidas de emergir na superfície da sociedade.

Em síntese, o aprofundamento do padrão monopolista da organização econômica implicou uma reordenação da dominação burguesa e, consequentemente, das relações dessa classe com as demais, com o Estado, com as grandes corporações e as nações centrais, com as quais os laços foram estreitados. Esse processo é acompanhado de uma radicalização do poder burguês, por intermédio do "Estado autocrático-burguês", que é fortalecido, concentrando a ação reguladora das relações sociais e a capacidade de gerir a economia. Torna-se a retaguarda necessária à iniciativa privada na dinamização da acumulação capitalista monopolista. Reforça-se o primado da estabilidade política como condição, imposta externamente e assumida pela burguesia, para a dinamização do desenvolvimento capitalista com base nas grandes corporações estatais, privadas, nacionais ou estrangeiras. Isso implicou, como diretriz, a exclusão das massas populares e do proletariado das negociações do poder, já que esses foram concebidos como "inimigo principal" da nova composição de forças que detêm o controle do Estado. Acentuam-se os mecanismos repressivos e de disciplinarização das relações de classe, como garantia do poder e da elevação dos níveis de produtividade do trabalho, que passam a ser requeridos na grande indústria e em setores estratégicos da agricultura[7].

---

7. "Com o golpe se instala uma ditadura a serviço do capital monopolista. Não só o aparelho de Estado, mas toda a vida econômica, política e cultural do país passou a ser amplamente determinada pela política de acumulação capitalista acelerada, daí o caráter *agressivo e repressivo*, em termos econômicos e políticos, da política econômica estatal. Tratava-se por um lado de expropriar ao máximo o proletariado industrial e agrícola além de certos setores da classe média e do campesinato; e, por outro lado, tratava-se de abrir as portas do país à livre ação do capital monopolista estrangeiro." O. Ianni. *Ditadura e agricultura*, op. cit., p. 17.

Assim explicita-se uma nova correlação de forças, mais favorável às necessidades decorrentes do processo de aprofundamento capitalista nacional e internacional. Ou seja: o novo modelo político que se impõe tem em vista a adequação do poder de Estado às novas necessidades da acumulação, de modo a fortalecer a grande unidade de produção. Visto de outro ângulo, significa que a incorporação subordinada de interesses das classes populares, verificada durante o período "populista", torna-se secundária em face da nova correlação de forças e da base social de apoio ao governo central. Mais ainda, tratava-se da necessidade prévia de desarticular os instrumentos de defesa dos trabalhadores, tendo em vista impor a radicalização do modelo de desenvolvimento econômico necessário ao novo patamar em que se situava internamente o aprofundamento do capitalismo e sua inserção na divisão internacional do trabalho. E ao fazer face a essas exigências que o Estado assume tanto funções repressivas, no plano social, como modernizadoras, no plano administrativo.[8] Ganha relevo a política de subsídio ao grande capital, ao mesmo tempo em que se tornam dominantes no aparelho de Estado os representantes da aliança entre as forças armadas e a tecnocracia, expressando os interesses daqueles setores do capital. Em substituição à ideologia "desenvolvimentista", impõe-se a ideologia da "modernização,[9] de orientação pragmática e tecnocrática, que, a partir de critérios de racionalidade crescente, justifica um processo de superconcentração do poder estatal e de acentuada burocratização.

Sendo estes os contornos gerais da "questão social" nos quadros do capitalismo monopolista, resta acentuar algumas dimensões que a especificam, tanto no nível da situação de vida dos trabalhadores quando das formas mobilizadas pela burguesia para o seu enfrentamento.

---

8. F. H. Cardoso. *O modelo político brasileiro e outros ensaios.* op. cit. É ilustrativo dessa modernização administrativa o Decreto lei n. 200, de 1967, que centraliza e unifica a administração federal.

9. Ver O. Ianni. *O colapso do populismo no Brasil,* op. cit., esp. cap. IX, "A ideologia dos governantes", p. 187-198.

Em decorrência do novo equilíbrio de forças, verifica-se uma mudança significativa nas relações de trabalho[10] expressa através da política salarial e sindical, que traduzem um aumento do nível de exploração da classe operária. O "arrocho salarial" é complementado pela liquidação de direitos já conquistados, como o de greve e da estabilidade como pela desarticulação da estrutura sindical e partidária. Estas medidas tornam possível um aumento da taxa de exploração do trabalho, através da ampliação da jornada de trabalho, da institucionalização das horas extras, do reforço da disciplina industrial, da intensificação do ritmo de trabalho etc., tendo como contrapartida uma elevação da produtividade dentro de um clima de aparente ordem e "paz social".

A consequência da implantação das novas estratégias de desenvolvimento, altamente concentradoras de renda e de capital, é a *queda do padrão de vida dos assalariados,* que se expressa, entre outros fatores, no agravamento da desnutrição, de doenças infecciosas, no aumento das taxas de mortalidade infantil, dos acidentes de trabalho.[11] Em síntese, verifica-se a ampliação da miséria absoluta e relativa de grande parcela da população trabalhadora, consubstanciando um processo crescente de dilapidação da força de trabalho coletiva.[12]

Com a desarticulação dos organismos político-reivindicatórios da classe trabalhadora, com sua momentânea exclusão da arena política e com a manutenção de uma política salarial comprimida — requisitos da solidificação da dominação burguesa e da expansão capitalista —, a "questão social" passa a ser tratada através da já

---

10. P. Singer. *A crise do milagre*. Interpretação crítica da economia brasileira, op cit. Ver, esp., cap. II: "A economia brasileira depois de 1964", p. 77-98.

11. Ver P. Singer et al. *São Paulo*: crescimento e pobreza, op. cit.

12. Dados do Dieese demonstram que em 1964 o trabalhador, para alimentar uma família de 4 pessoas, deveria trabalhar 262h/mês e em 1976 este tempo aumenta para 546h33min/mês. Por outro lado, a produtividade do trabalho cresce de fevereiro de 1964 a maio de 1976 em 69% enquanto o salário mínimo real cai, no mesmo período, em 41%. Cf. R. Coutinho. "Sobreviver para trabalhar: salário e alimentação do trabalhador brasileiro". *Caderno CEAS*, n. 48, p. 37, mar./abr. 1977. Salvador, Centro de Estudos e Ação Social.

conhecida articulação entre *repressão e assistência*, como condição de preservação da paz armada" imposta pelo poder.

Como substitutivo do esvaziamento dos canais de participação política dos trabalhadores, são intensificados os programas de cunho assistencial,[13] centralizados e regulados pelo Estado e subordinados às diretrizes políticas de garantia da estabilidade social e de reforço à expansão capitalista. Em outros termos, a nova peculiaridade no enfrentamento da "questão social", no que concerne à assistência, é que ela passa a ser organizada de modo a atender a um duplo requisito: *favorecer a acumulação de capital pela iniciativa privada e subordinar-se aos preceitos da segurança nacional.*

De um lado, os programas assistenciais são mobilizados pelo Estado como contraponto ao peso político do proletariado e demais trabalhadores e à sua capacidade de pressão, experimentada no bojo da crise do poder burguês. Busca-se, através deles, neutralizar manifestações de oposição, recrutar um apoio pelo menos passivo ao regime, despolitizar organizações trabalhistas, na tentativa de privilegiar o trabalho assistencial em lugar da luta político-reivindicatória. Assim, a política assistencial é irradiada até os sindicatos. Trata-se da utilização da assistência como meio de regular o conflito social em nome da ordem pública e da segurança nacional.

As medidas assistenciais ingressam como um dos componentes da rede de relações autoritárias imprimidas à sociedade, passando a articular-se às estratégias das relações do Estado com as classes trabalhadoras, como uma das áreas instrumentais do intervencionismo crescente do Estado na sociedade civil.

De outro lado, se o Estado se reserva o poder de regular tais políticas, orienta-se também no sentido de favorecer a participação da iniciativa privada na área da prestação de serviços sociais, como campo de investimento do capital ou meio de obtenção de vantagens fiscais,

---

13. Emergem, nesse período, programas governamentais dentro de uma retórica de atenção às condições de vida do trabalhador, tais como: Pronam, Funrural, BNH e as Cooperativas Habitacionais, reestrutura-se a Previdência, surge o FGTS, PIS, Pasep etc.

fazendo com que a qualidade dos serviços seja subordinada aos requisitos de rentabilidade das empresas que atuam no campo.[14] Soma-se a isso uma outra particularidade: esses serviços devem ser *financiados, total ou parcialmente, pelos próprios beneficiários*. Da lógica que preside a estruturação dos serviços sociais, não faz parte qualquer componente distributivista. Ao contrário, não se trata de distribuir, mas de *construir*, de acrescentar o capital investido, ampliando consequentemente as desigualdades sociais.[15]

Alguns desses "benefícios" sociais, como os que se enquadram no campo do seguro social, são utilizados ainda para o estabelecimento de uma *poupança forçada*, imposta pelo Estado aos trabalhadores assalariados. Esta poupança, sendo gerida pelo Estado, tende a ser repassada aos capitalistas privados, favorecendo a reprodução do capital no conjunto da economia. Mediante deduções salariais compulsórias, o trabalhador se vê compelido a reduzir a satisfação de necessidades básicas atuais, em função de garantir possíveis benefícios futuros, e a abrir mão da capacidade de decidir seu próprio consumo, em cuja esfera o Estado passa a ter uma ingerência direta.[16]

Os estudos de Malloy mostram que a concepção de seguro social que regia os serviços previdenciários ("proteção" à família segurada contra riscos preestabelecidos: velhice, doença, invalidez e morte do provedor da família) tendeu, após 1964, a ser ampliada para a noção

---

14. São amplamente conhecidos, por exemplo, os "Convênios" na área de prestação dos serviços de saúde, acarretando a "industrialização" dos serviços médicos. Os estudos sobre a política habitacional são também ilustrativos.

15. E significativa a declaração do general Geisel em *O Estado de S. Paulo* de 5-2-1976 anunciando o Pronan: "Deve-se exigir a participação financeira do próprio assalariado e estimular as empresas através de dedução dobrada no imposto de renda, para que proporcionem ao trabalhador de menor salário ou aos mais necessitados uma alimentação adequada. É óbvio que os reflexos proporcionados por tal situação serão altamente promissores para a própria empresa que terá, sem dúvida, maior rendimento do trabalho do operário". Cf. R. Coutinho, op. cit., p. 35.

16. Ver J. Malloy. "A política de previdência social no Brasil: participação e paternalismo". *Dados*, n. 13, p. 93-115. Rio de Janeiro: IUPERJ, 1976; "Previdência social e distribuição de renda. Notas de pesquisa". *Estudos Cebrap*, n. 25, p. 113-134. Petrópolis: Vozes, s/d.; "Política de Bem-Estar no Brasil: Histórico, Conceitos e Problemas". *Revista de Administração Pública*, n. 10, Ano 2, Rio de Janeiro, junho de 1976, p. 5-29.

de *segurança social*, diretamente derivada da doutrina de Segurança Nacional.[17] Essa alteração é patente tanto na unificação da Previdência em 1967 como na criação do Ministério de Previdência e Assistência Social em 1974. A segurança social (incluindo-se aí programas como INPS, FGTS, PIS, salário-família, salário-educação etc.) tende a expandir a assistência a todos os cidadãos, além de dispor de um caráter preventista. Incide, segundo o autor, sobre uma questão-chave da economia política, "a capacidade da sociedade como um todo de gerar poupança para financiar todos os programas sociais sem romper os programas de desenvolvimento econômico";[18] ou, em outros termos, a contradição entre as funções de acumulação e legitimação da dominação burguesa e do Estado capitalista, subjacente à crise do capitalismo.[19]

O conceito que sobressai na concepção de "segurança social", que passa a reger os programas de cunho assistencial, é o de salário social, que incorpora ao salário propriamente dito os vários serviços, bens e "benefícios" que a "coletividade paga" ao trabalhador, passíveis de utilização futura. O "salário social" se ajusta, assim, à manutenção de um piso salarial rebaixado, à medida que engloba no conceito de salário os demais "benefícios", pelos quais o trabalhador se vê impingido a financiar duplamente: além do trabalho excedente que lhe é permanentemente subtraído, paga tais "benefícios" com deduções salariais diretas, assim como arca com o financiamento dos custos das contribuições dos empregadores transferidos para os preços dos produtos, da elevação do custo de vida etc.

É importante acentuar que a determinação do "salário social", ao ser definida pelo Estado, ultrapassa as relações de mercado, as nego-

---

17. "Especificamente, eles (os militares) desenvolveram a noção de que um amplo alcance dos programas sociais reduziria as tensões de classe e contribuiria para a ordem social básica e, consequentemente, para a total segurança nacional. Dada a óbvia importância "política" de tais programas, eles devem ser monopolizados pelo Estado, que é o órgão encarregado de garantir a ordem e a segurança nacionais. Além disso, esses programas devem ser organizados dentro do programa econômico do Estado, que também está vinculado à segurança nacional." J. Malloy. "Previdência Social e Distribuição de Renda. Notas de Pesquisa", op. cit., p. 128.

18. J. Malloy. "Previdência social e distribuição de renda. Notas de pesquisa", op. cit., p. 128.

19. F. Fernandes. *Apontamentos sobre a "teoria do autoritarismo"*, op. cit.

ciações diretas entre empregado e empregador, em detrimento da possibilidade de exercício, pelo trabalhador assalariado, de sua cidadania na luta por sua própria sobrevivência na sociedade capitalista. Os programas econômico-sociais passam a ser definidos pelo Estado em função de critérios aparentemente técnico-administrativos, eliminando, com isso, a função representativa dos grupos interessados, numa linha de "despolitização" desses programas. Como expressão da burocratização crescente das relações sociais, os trabalhadores passam a depender de decisões tomadas na esfera político-administrativa do Estado em questões que afetam sua própria sobrevivência. Estes são alguns contornos da "questão social" no capitalismo monopolista e das formas peculiares de seu enfrentamento pelos setores dominantes nos marcos do Estado autocrático-burguês.

O tratamento da "questão social" através de repressão e da assistência, subordinada aos preceitos da segurança nacional e da acumulação monopolista, implica não só o agravamento das tensões sociais como a ampliação do processo de pauperização absoluta e relativa dos trabalhadores e das sequelas daí derivadas. A "crise do milagre" econômico brasileiro permite o reaparecimento, na superfície da cena política, da presença fortalecida e reorganizada cios trabalhadores em seus movimentos sociais, apesar da assistência e da repressão.

Esse quadro conjuntural representará, para os Assistentes Sociais, uma ampliação crescente de seu campo de trabalho. Paralelamente, diversificará as demandas feitas ao meio profissional no sentido de assumir e enfrentar uma série de tarefas e funções relativas à implementação das políticas sociais, dentro da nova racionalidade que o modelo político impõe. A isso se acrescem os efeitos da burocratização crescente produzidos pela modernização do aparelho de Estado. Este fato, que também se reflete no interior das empresas, torna ainda mais necessária a existência de funcionários especializados nas tarefas de interpretação e encaminhamento para a obtenção dos "benefícios" a que se referem aquelas políticas. Assim, observa-se que o crescimento da demanda e das exigências postas por essa conjuntura ao meio profissional nada mais é do que um aspecto da resposta institucional ao agravamento das condições de vida do proletariado. Em outros termos, a ampliação do mercado de trabalho e o reforço da legitimidade do Serviço Social diante do poder é expressão da resposta das classes dominantes ao enfrentamento das novas formas de expressão da "questão social", que tem como pano de fundo a ampliação do processo de pauperização dos trabalhadores, dentro de uma conjuntura em que sua capacidade de luta encontra-se gravemente afetada pela política de desorganização e repressão às suas entidades de classe. Nesse quadro, a instituição Serviço Social deverá capacitar-se a fornecer uma resposta que a atualize, em face dos novos desafios que lhe são postos pela conjuntura político-econômica. Estes se traduzem numa reavaliação da atuação profissional, seja numa linha de tecnificação pragmatista modernizadora, seja numa busca de questionamento das próprias bases da legitimidade dessa demanda.

O Serviço Social na divisão do trabalho*

A inserção do Serviço Social na divisão do trabalho e as novas perspectivas daí decorrentes são um produto histórico. Dependem, fundamentalmente, do grau de maturação e das formas assumidas pelos embates das classes sociais subalternas com o bloco do poder no enfrentamento da "questão social" no capitalismo monopolista; dependem, ainda, do caráter das políticas do Estado, que, articuladas ao contexto internacional, vão atribuindo especificidades à configuração do Serviço Social na divisão social do trabalho.

Assim sendo, a tarefa de deslindar a temática proposta só pode ser fruto de um esforço coletivo, conjugando as múltiplas contribuições que terão lugar neste encontro. Esta observação adquire maior força diante da situação de turbulência que se verifica na América Central. Um momento de profunda crise econômico-social que assola todo o continente, agravada pelo embate político-armado aberto com as forças pró-imperialistas, tem lugar na região, expressando graus diferenciais de pressão, do estágio e das formas da luta a que se somam as exigências da reconstrução nacional.

---

* Conferência pronunciada no III Encuentro de Trabajo Social: México, América Central y Caribe, realizado em Tegucigalpa (Honduras), de 26 a 30 de agosto de 1985, sobre a temática principal do evento: "Serviço Social e Participação Comunitária: Novas Perspectivas do Espaço Profissional".

Tais considerações levaram-me a situar o tema em um nível maior de amplitude — ainda que necessariamente referenciado à situação brasileira —, de modo a sugerir alguns elementos teórico-metodológicos que possam adensar o debate e adequá-lo às particularidades das distintas realidades nacionais.

1. Parâmetros analíticos

O significado sócio-histórico da prática profissional só é desvendado a partir de sua *inserção na sociedade,* visto que o Serviço Social se afirma como uma instituição peculiar *na* e a *partir da divisão do trabalho.*

Para apreender o significado social da prática profissional supõe inseri-la no conjunto das condições e relações sociais que lhe atribuem um sentido histórico e nas quais se torna possível e necessária. O Serviço Social afirma-se como um tipo de especialização do trabalho coletivo, ao se constituir em expressão de necessidades sociais derivadas da prática histórica das classes sociais no ato de produzir e reproduzir seus meios de vida e de trabalho de forma socialmente determinada.

É necessário, assim, efetuar um esforço de elucidação do significado social da profissão na sociedade capitalista. É nesta direção que caminha a presente análise: situar o Serviço Social nas relações entre as classes sociais que conformam o desenvolvimento da sociedade (tendo o caso brasileiro como ponto de referência), buscando apreender as implicações sociopolíticas deste exercício profissional, inscrito na divisão social do trabalho.

Supõe indagações como: o que determina socialmente a necessidade deste profissional? Que interesses coletivos encontram-se em jogo na institucionalização e desenvolvimento da profissão? A quem o Serviço Social vem servindo prioritariamente, ao Estado e às instituições privadas patronais (que contratam predominantemente o profissional) ou àqueles a quem se dirige a ação profissional? Qual o peso da organização e da mobilização popular na configuração do Serviço Social e como este se relaciona com as forças organizadas da sociedade em sua luta pela hegemonia?

Essa abordagem apresenta de imediato as implicações políticas da prática profissional, polarizada por interesses de classes, pelo jogo das forças sociais tal como se expressa em determinadas conjunturas.

Esta linha analítica supõe considerar:

a) as determinações históricas da prática profissional, isto é, a atuação profissional como atividade socialmente determinada pelas circunstâncias sociais objetivas que conferem uma direção social à prática profissional, o que condiciona e/ou ultrapassa a vontade e/ou consciência de seus agentes individuais;

b) a profissão como realidade vivida e representada na e pela consciência de seus agentes profissionais, expressa pelo discurso teórico-ideológico sobre o exercício profissional.

A unidade entre essas duas "dimensões" é contraditória, podendo haver uma defasagem entre condições e efeitos da profissão e as representações que legitimam esse fazer. Em outros termos: uma defasagem entre intenções expressas no discurso que ratifica este fazer e o exercício e resultados desse mesmo fazer.

Desvendar a profissão supõe, pois, inseri-la no processo social[1] na sua dupla dimensão: da direção objetiva que assume e da consciência subjetiva da situação. Deriva daí o centro da presente reflexão, que busca privilegiar, articuladamente:

a) o modo de inserção da prática profissional nas relações sociais capitalistas, tendo como pano de fundo os novos contornos da "questão social" no capitalismo monopolista e a participação popular;

---

1. Ver J. S. Martins. *Capitalismo e tradicionalismo* (Estudo sobre as contradições da sociedade agrária no Brasil), São Paulo: Pioneira, 1975, p. 54. "Por processo social, não entendemos o sentido intersubjetivo das relações sociais, mas sim que as relações sociais são mediatizadas por condições históricas e que os processos têm duas dimensões: a da consciência subjetiva da situação e a do sentido e direção objetivos que assume. Então, entre estes sujeitos há uma realidade objetiva e construída, cujos significados podem ser compreendidos de diferentes modos."

b) o modo de pensar que informa as respostas dadas pela categoria profissional às novas demandas sociais que se manifestam na conjuntura latino-americana.

O elemento unificador desta análise é a problematização da *legitimidade e crise da profissão, em suas raízes sociais e teóricas*.[2] Trata-se, portanto, de um esforço de compreender a prática profissional na sua dimensão histórica, como uma prática em processo, em constante renovação, fato este derivado, fundamentalmente, das modificações verificadas nas formas de expressão e no aprofundamento das contradições que peculiarizam o desenvolvimento de nossas sociedades. À medida que novas situações históricas se apresentam, a prática profissional — enquanto componente destas — é obrigada a se redefinir. As constantes redefinições conformam mais uma "passagem de prática" do que uma prática cristalizada, o que muitas vezes é vivido pela categoria como "crise profissional". Esta "crise" não é mais do que a expressão, na consciência de seus agentes, da temporalidade dessas práticas, da necessidade de redefinições.

Diante desse quadro, as respostas de categoria não têm sido unívocas, porque a categoria não é homogênea: ela reflete, em si mesma, as polarizações presentes na sociedade.

Alguns segmentos encaram tais redefinições na perspectiva de atualização do Serviço Social perante as demandas do poder institucional, o que se traduz na modernização da atividade profissional, segundo parâmetros de eficiência e racionalidade. Busca-se, prioritariamente, uma renovação permanente das bases de legitimidade do Serviço Social na classe capitalista e no Estado burguês, o que supõe, por parte do Assistente Social, uma adesão passiva ou ativa aos seus propósitos de classe. Ou seja: para o profissional que vivencia a "crise" profissional sem questionar as bases políticas de legitimação de seu fazer, tal "crise" se resolve no aprimoramento teórico-profissional em função das exigências do processo de acumulação e de modernização do Estado. Implica, necessariamente, efetuar mudanças teórico-práti-

---

2. Ver M. V. Iamamoto. *Legitimidade e crise do serviço social...*, op. cit.

cas no Serviço Social, porém acopladas à evolução das estratégias do bloco de poder no controle da sociedade civil e, em especial, das classes trabalhadoras, renovando os laços de aliança entre os agentes profissionais e os propósitos de classe corporificados nas organizações institucionais a que os Assistentes Sociais encontram-se vinculados.

Outros segmentos, talvez ainda minoritários no conjunto de categoria, buscam reorientar o potencial dessa prática na perspectiva das classes sociais subalternas, dos seus reais interesses sociais, o que obriga o profissional a repensar o seu fazer de maneira antagônica à definição oficial.[3] É aí que se expressa, para o profissional, um dilema de grande dimensão, que não é apenas um dilema profissional, mas essencialmente político. Ora, os profissionais são constituídos para serem agentes mediadores do capital, que, em última instância, é a força que dispõe do poder de produzir e legitimar tais serviços, de aprovar os estatutos profissionais, de remunerar imediatamente os agentes. É a força que os constitui, que os remunera, que determina sua parcela de poder, define e redefine sua prática, já que é a classe capitalista que tem dominância política na correlação de forças sociais. Esta é, estruturalmente, a situação dos diversos profissionais na sociedade capitalista. A luta pela identidade profissional dos que buscam conferir nova dimensão social à sua prática supõe um dilema de definição que não está posto diretamente para quem os contrata; mas para a categoria profissional: a questão política de definição desta prática, que subordina, embora não elimine, a questão propriamente técnico-profissional. Assim, não é possível "corrigir" uma questão eminentemente política com mera "correção técnica". Embora incorporando a necessidade de conduzir a prática profissional de maneira eficiente e competente, não é suficiente modernizar o aparato profissional para resolver um problema que não é meramente profissional.

O desafio que se apresenta é o seguinte: como é possível, a partir do mercado de trabalho, construir um novo projeto profissional, vol-

---

3. Ver C. R. Brandão. *A prática social e a prática profissional*. Palestra pronunciada no Seminário Regional da ABESS. Região Sul II, São Paulo, maio 1981.

tado para a ruptura teórico-prática com a tradição tutelar e manipuladora das classes subalternas segundo interesses que lhe são estranhos; um projeto que supere a mera demanda institucional patronal e busque construir outras bases de legitimidade do Serviço Social entre as classes trabalhadoras, ampliando, inclusive, sua demanda para organizações de outro caráter de classe: sindicatos, organismos populares etc.?

Para os que buscam situar o Serviço Social nos rumos da história, crise/legitimação aparecem em um quadro qualitativamente diferenciado, incorporando as contradições da ordem burguesa. São a expressão, no nível da profissão, de uma questão que não é posta prioritariamente pelo profissional, mas pela dinâmica da realidade, sendo por ele assumida: a da criação de uma nova hegemonia no bojo das relações fundamentais da sociedade. Supõe uma ruptura profunda com o modo dominante de pensar, de educar, de dirigir. Implica ultrapassar, através de prática coletiva identificada com os setores subalternos e de uma compreensão da realidade comprometida com o desvendamento de suas contradições, a consciência ambígua e heteróclita do próprio profissional. Este pode tornar-se, efetivamente, um especialista e um político, isto é, um dirigente, capaz de expressar os interesses majoritários da população, que seja por ela requerido e reconhecido.

2. O significado do Serviço Social na divisão do trabalho

2.1 A institucionalização e legitimação da prática profissional[4]

O processo de surgimento do Serviço Social no Brasil já foi objeto de inúmeras análises históricas. Sabe-se que ele está imbricado no

---

4. Retomo nos itens 2.1 e 2.2 partes do texto "Análise da profissão de serviço social", publicado. In: Yazbek, M. C. (Org.). "Projeto de revisão curricular da faculdade de serviço social da PUC-SP". *Serviço Social & Sociedade*, São Paulo: Cortez, ano IV, n. 14, p. 45-60, 1984.

amplo movimento social em que a Igreja, buscando uma presença mais ativa no "mundo temporal", avança de uma postura contemplativa para a recuperação de áreas de influência ameaçadas pela secularização e pelo redimensionamento do Estado. De fato, havia um "projeto de recristianização" da ordem burguesa, sob o imperativo ético do comunitarismo, com a hierarquia visando ganhar a classe operária na disputa com as influências comunistas e liberais — donde, pois, a relevância da "questão social", que a Igreja enfoca fundamentalmente como questão moral.

Porém, o processo de institucionalização do Serviço Social, como profissão reconhecida na divisão social do trabalho, está vinculado à criação das grandes instituições assistenciais, estatais, paraestatais ou autárquicas, especialmente na década de 1940.[5]

Trata-se de um período marcado pelo aprofundamento do modelo corporativista do Estado e por uma política nitidamente favorável à industrialização (a partir de 1937). A burguesia industrial adquire supremacia no poder de Estado, aliada aos grandes proprietários rurais, e tem de se defrontar com o crescimento do proletariado urbano, reforçado pelos fluxos populacionais liberados pela capitalização da agricultura. Em face de tal expansão, surge a necessidade de absorver e controlar esses setores. O Estado Novo vai buscar na classe operária um elemento adicional de sua legitimação, através de uma política de massas, ao mesmo tempo em que procura reprimir o componente autônomo dos movimentos reivindicatórios do proletariado, que foge aos canais institucionais criados para absorvê-los na estrutura corporativista. Para garantir esta fonte de legitimação, o Estado tem necessariamente de incorporar parte das reivindicações populares, ampliando as bases de reconhecimento da cidadania social do proletariado, através de uma legislação social e sindical abundante no período. Emergem, nesta fase, novas instituições, como o salário mínimo, a justiça do trabalho e uma nova legislação sindical etc.

---

5. Ver a respeito: M. V. Iamamoto e R. de Carvalho. *Relações sociais e serviço social no Brasil*. São Paulo: Celats/Cortez, 1982.

O usufruto de uma legislação minimamente protetora do trabalho é subordinado ao atrelamento do movimento operário ao Estado, implicando a abdicação de um projeto político particular: os sindicatos transformam-se em agências de colaboração do poder público, tornando-se centros assistenciais complementares à Previdência Social, a partir de recursos extraídos compulsoriamente da própria classe operária.

Assim, a manutenção da estrutura corporativista no enquadramento das novas forças sociais exige a articulação da repressão e da dinamização controlada de seus movimentos, já que, se o Estado não pode permitir a mobilização e a organização autônomas do proletariado, não pode também aceitar o esvaziamento dos canais institucionais criados para absorver e esvaziar tais movimentos.

Simultaneamente ao esvaziamento político das entidades sindicais, o Estado desencadeia uma ação normativa e assistencial, como meio de canalizar o potencial de mobilização dos trabalhadores urbanos e manter rebaixados os níveis salariais. É nesta perspectiva que emergem e se desenvolvem as grandes instituições assistenciais. O Estado passa a intervir não só na regulamentação do mercado de trabalho, através da política salarial e sindical, mas também no estabelecimento e controle de uma política assistencial, intimamente vinculada às organizações representativas das "classes produtoras". Surgem nesse processo: o Conselho Nacional de Serviço Social, a LBA, o Senai e o Sesc.

Nesse período, a posição da burguesia empresarial em face do enfrentamento da "questão social" altera-se: ela adere à política de controle social da ditadura varguista, ao perceber que a "paz social" imposta através de uma legislação social simultaneamente paternalista e repressiva reverte em elevação da rentabilidade econômica das empresas.

A criação das grandes instituições assistenciais ocorre num momento em que o Serviço Social é ainda um projeto embrionário de intervenção social. Até esse momento, o Serviço Social constitui uma atividade profundamente ligada à sua origem no interior do bloco católico e desenvolve sua ação em obras assistenciais implementadas por frações da burguesia paulista e carioca, principalmente seus segmentos femininos que se expressam através da Igreja Católica, com o objetivo de solidificar sua penetração entre os setores operários, dentro do projeto de recristianização da sociedade.

Com o surgimento das grandes instituições, o mercado de trabalho se amplia para o Serviço Social e este rompe com o estreito quadro de sua origem para se tornar uma atividade institucionalizada e legitimada pelo Estado e pelo conjunto das classes dominantes. Se, nos seus primórdios, a fonte de legitimação do Assistente Social decorria de sua origem de classe e do seu caráter missionário, como meio de fazer face aos imperativos da justiça e da caridade, quando ocorre a profissionalização do apostolado social este não se choca com o crescente aproveitamento e cooptação do profissional pelo Estado e pelo empresariado. O Estado passa a ser, num curto lapso de tempo, uma das molas propulsoras e incentivadoras desse tipo de qualificação técnica, ampliando seu campo de trabalho. Agora, a legitimação da profissão virá, também, do mandato institucional confiado ao Assistente Social, direta ou indiretamente, pelo Estado. Amplia-se e solidifica-se, assim, a legitimação do Serviço Social pelo poder.

Este processo constitui, também, o processo de profissionalização do Assistente Social, que se torna categoria assalariada, alargando-se sua base social de recrutamento, especialmente entre os setores médios ou da pequena burguesia, que buscam uma profissão remunerada.

A vinculação institucional altera, ao mesmo tempo, a chamada "clientela" do Serviço Social: de uma parcela insignificante da população pobre em geral, atingida pelas ações dispersas das obras sociais, seu público concentrar-se-á, agora, nos grandes setores do proletariado, alvo principal das políticas assistenciais desenvolvidas pelas instituições.

O Serviço Social deixa assim de ser um mecanismo de distribuição de caridade privada das classes dominantes para se transformar em uma das engrenagens de execução das políticas sociais do Estado e setores empresariais, que se tornam seus maiores empregadores. É nesse sentido que se apresenta, para a análise da profissão e de seu significado social, a impossibilidade de desvinculá-la da relação com as novas formas de enfrentamento da questão operária, criadas pelo Estado e pelo empresariado, consolidadas em medidas de política social, implementadas pelas grandes instituições assistenciais.

Com isso, o Assistente Social passa a receber um mandato diretamente das classes dominantes para atuar nas classes trabalhadoras. Importa ressaltar que a demanda de sua atuação não deriva dos que são alvo de seus serviços profissionais — os trabalhadores —, mas dos setores patronais, com o objetivo de atuar, segundo metas estabelecidas por estes setores, entre as classes trabalhadoras. O que deve ser ressaltado é que o Assistente Social, embora trabalhe a partir das situações de vida daquelas classes, não é diretamente solicitado por elas: atua entre elas a partir de uma demanda que, na maioria das vezes, não provém delas. O profissional passa a dispor de um suporte institucional e jurídico para se impor ao cliente, mais além de sua solicitação. O caminho que o cliente percorre até o profissional é mediatizado pelos serviços sociais prestados pelas instituições que são, em geral, o alvo da procura do usuário. Porém, para obter tais serviços, é muitas vezes obrigado a passar pelo Assistente Social como um dos agentes institucionais que participa da implementação de tais serviços. A demanda profissional tem, pois, um nítido caráter de classe. Este cunho impositivo, que marca grande parte da atuação profissional, não aparece limpidamente no discurso do Serviço Social: tende a expressar-se ao inverso, como reforço à ideologia do desinteresse, do dom de si, do princípio da não ingerência, do respeito à livre iniciativa do cliente, da neutralidade etc.

Esta análise nos leva a marcar dois aspectos fundamentais:

a) o Serviço Social se institucionaliza e legitima como profissão, extrapolando suas marcas de origem no interior da Igreja, quando o Estado centraliza a política assistencial, efetivada através da prestação de serviços sociais implementados pelas grandes instituições; com isso, as fontes de legitimação do fazer profissional passam a emanar do próprio Estado e do conjunto dominante. O Estado não é compreendido, aqui, como um Estado acima das classes, e nem como o representante exclusivo dos interesses da burguesia. Como centro de exercício do poder político, a noção de Estado é inseparável da dominação. Porém, importa reter que esta dominação é, essencialmente, contraditória, o que

Kowarick traduz na noção de "pacto de dominação.[6] De um lado, porque as classes burguesas não são homogêneas: no interior do bloco dominante existem contradições secundárias entre suas frações, na busca de se apropriarem de maior parcela possível do excedente criado pelas classes trabalhadoras sob as formas de lucro industrial, comercial, juros e renda da terra; de outro lado, se o Estado exclui as classes dominadas, tem de levar em conta alguns de seus interesses, seja devido à luta de classes, seja às próprias necessidades do processo de acumulação. Porém, tais interesses só são incluídos nas políticas do Estado se não afetam substancialmente os interesses da classe capitalista como um todo;

b) o pano de fundo do processo de institucionalização do Serviço Social, como profissão na sociedade, é a "questão social": isto é, o processo de formação e desenvolvimento da classe operária e seu ingresso no cenário político, exigindo, a partir de suas lutas, o seu reconhecimento como classe por parte do Estado e do empresariado. O Estado passa a intervir nas relações entre o empresariado e a classe operária através de legislação social e trabalhista, da prestação de serviços sociais previstos nas políticas sociais. Estes tornam-se meios de enfrentamento do processo de pauperização das classes trabalhadoras e do processo de organização e luta na defesa de seus interesses classistas e de suas necessidades imediatas de sobrevivência.

Portanto, para entender a natureza da ação profissional é necessário analisar o significado dos serviços sociais prestados pelas grandes instituições, dos quais o Assistente Social será um dos grandes executores.

2.2 O significado dos serviços sociais

A expansão dos serviços sociais na sociedade moderna está estreitamente ligada à noção de cidadania.[7] Com a expansão da economia

---

6. L. Kowarick. "Processo de desarrollo del estado en América Latina y politicas sociales". *Acción crítica*, n. 5, Lima, Celats/Alaets, abr. 1979.

7. Ver T. H. Marshall. "Cidadania e classe social". In: *Cidadania, classe social e status*. Rio de Janeiro: Zahar, 1967, p. 57-114.

mercantil e a necessária afirmação da liberdade individual, como condição de funcionamento da nova organização da sociedade, adquire forma a noção de igualdade de todos os homens perante a lei, com direitos e deveres derivados de sua condição de participantes integrais da sociedade, isto é, de cidadãos. A luta pelos direitos sociais é perpassada pela luta contra o estigma do assistencialismo. São antecedidos pelas leis beneficentes que tratavam as reivindicações dos pobres como alternativa aos direitos dos cidadãos. No Brasil, os direitos sociais que dão substrato à noção de cidadão começam a se expandir para as classes trabalhadoras à medida que o Estado passa a assumir progressivamente os encargos sociais em face da sociedade, respondendo às lutas da classe operária, quando esta marca presença no cenário político da sociedade no contexto do aprofundamento do processo de industrialização.

Porém, se os direitos sociais têm por justificativa a cidadania, o discurso de igualdade, seu fundamento é a desigualdade de classe.[8] A sociedade capitalista supõe uma contradição inevitável em sua evolução: o discurso da igualdade e a realização da desigualdade. Se os serviços sociais são expressão dos direitos sociais do cidadão, de sua igualdade formal — obtidos, inclusive, mediante o peso de sua pressão organizada —, eles não são apenas isto. À medida que toda a riqueza socialmente criada é fruto do trabalho humano, produto das classes trabalhadoras, parte dessa riqueza é canalizada para o Estado e para o empresariado e uma parcela mínima é redistribuída à população sob a forma de serviços sociais. Assim é que tais serviços não são mais do que uma forma transfigurada de parte do valor criado pelas classes trabalhadoras, apropriado pelos capitalistas e pelo Estado, sob a forma de trabalho excedente ou mais-valia, que é parcialmente devolvido em pequenas parcelas à sociedade, sob a forma transmutada de serviços sociais. Ao assumirem esta forma, aparecem como doação, como expressão da face humanitária do Estado ou da empresa privada, e não como a devolução de um serviço já pago, através da apropriação do trabalho excedente, de impostos ou de taxas.

---

8. Ver, para as observações seguintes: M. V. Iamamoto e R. de Carvalho, op. cit.

Nesse sentido, as instituições assistenciais apropriam-se de uma série de reivindicações do proletariado na luta por melhores condições de vida e de trabalho: defesa dos salários reais, direito à saúde, lazer, educação etc., devolvendo-as sob a forma de benefícios indiretos outorgados através de uma estrutura burocrática, controlada diretamente pelo Estado. O que é um direito metamorfoseia-se em "benefício". Ao fazerem isso, recuperam e falsificam o conteúdo de classe dessas lutas. Trata-se de buscar deslocar as contradições do campo explícito das relações de produção para absorvê-las e controlá-las nos canais abertos no nível do aparelho do Estado. A distribuição dos "benefícios sociais", sob a capa paternalista e benfeitora do Estado ou do empresário, funciona geralmente acoplada a um discurso de cooperação entre as classes, de ajustamento psicossocial do trabalhador, elementos básicos à interiorização das relações vigentes sob a hegemonia do capital.

Vejamos, no entanto, o que significam os serviços sociais para o trabalhador e para aqueles que os controlam e administram. Os serviços têm significados diferentes, tanto para os usuários como para os setores que demandam o profissional que os implementa.

Do ponto de vista das classes trabalhadoras, estes serviços podem ser encarados como complementares, mas necessários à sua sobrevivência, diante de uma política salarial que mantém os salários aquém das necessidades mínimas historicamente estabelecidas para a reprodução de suas condições de vida. São ainda vitais, mas não suficientes, para aquelas parcelas da força de trabalho alijadas momentaneamente do mercado de trabalho ou lançadas no pauperismo absoluto. Porém, à medida que a gestão de tais serviços escapa inteiramente ao controle dos trabalhadores, não lhes sendo facultado opinar e intervir no rumo das políticas sociais, as respostas às suas necessidades de sobrevivência tendem a ser utilizadas como meio de subordinação dessa população aos padrões vigentes.

Estes *mesmos* serviços têm um significado diferente para os setores que os estabelecem, para os que os gerem e para os que normatizam o seu uso. *Do ponto de vista do capital*, tais serviços constituem meios de socializar os custos de reprodução da força de trabalho, preferível à elevação do salário real, que afeta diretamente a lucratividade da classe capitalista. Os custos desses serviços passam a ser partilhados não só pelo conjunto dos capitalistas, mas pelos próprios usuários, sendo subsidiados pelo Estado. São encarados, portanto como "salário indireto": mantém-se o salário rebaixado mas amplia-se a rede de benefícios. Tornam-se meio de reduzir os custos de reprodução da força de trabalho. Também são um dos meios de manutenção do exército industrial de reserva garantindo uma oferta de mão de obra barata e abundante. A rede de serviços sociais permite ainda aos capitalistas a ampliação de seu campo de investimentos. Assim, a qualidade dos serviços prestados subordina-se ao imperativo de rentabilidade das empresas nesse campo. Constituem, também, um reforço para garantia de elevados níveis de produtividade do trabalho, o que supõe um mínimo de equilíbrio psicofísico do trabalhador. A filantropia é redefinida na perspectiva da classe capitalista: a "ajuda" passa a ser concebida como investimento. Não se trata de "distribuir" mas de "construir", de favorecer a acumulação do capital. É esta a lógica que preside a organização dos serviços sociais.

O exemplo acima nos mostra que estes serviços têm significados diferentes e contraditórios para as classes sociais, significados que se reproduzem, concomitantemente.

2.3 Significado social da profissão[9]

A reflexão do Serviço Social no processo de reprodução das relações sociais não se identifica com a tese unilateral que acentua, aprioristicamente, o caráter conservador da profissão, como reforço exclusivo do poder vigente. Não se identifica, também, com a tese oposta, amplamente divulgada no Movimento de Reconceituação, que sustenta, no nível do princípio, a dimensão necessariamente transformadora

---

9. Retomo aqui, a tese central do livro *Relações sociais e serviço social*. op. cit.

ou "revolucionária" da atividade profissional. Ambas as posições partem de uma visão dicotômica e unilateral. A primeira expressa uma visão mecanicista, que sustenta ser o Serviço Social um instrumento exclusivo a serviço de um suposto poder monolítico, estando a profissão fadada, necessariamente, a constituir um reforço exclusivo deste. A busca de uma prática inovadora do Serviço Social seria uma ilusão, não restando à categoria qualquer possibilidade de ser sujeito de sua prática, conferindo-lhe um direcionamento social.

A segunda posição, impregnada por uma perspectiva voluntarista (Assistente Social como *o* agente de transformação), superestima a eficácia política da atividade profissional, ao mesmo tempo em que subestima o papel dos movimentos sociais e das organizações políticas das classes sociais no processo de transformação da sociedade, enquanto sujeitos históricos. Parece também desconhecer a realidade do mercado profissional de trabalho, no qual nos inserimos como trabalhadores assalariados, dependentes de vínculo empregatício com organismos institucionais de caráter predominantemente patronal.

Tais considerações não visam sustentar uma posição conciliatória. Buscam apreender exatamente o oposto: *o caráter contraditório da prática profissional* nas relações sociais.

Quando falo em reprodução das relações sociais, estou me referindo à reprodução da própria sociedade, da totalidade do processo social, da dinâmica tensa das relações entre as classes. Trata-se da reprodução de um modo de vida que envolve o cotidiano da vida em sociedade: um modo de viver e trabalhar de forma socialmente determinada.

A reprodução das relações sociais não se reduz, pois, à reprodução da força viva de trabalho e dos meios materiais de produção. Não se trata, apenas, da reprodução material no sentido amplo: produção, consumo, distribuição e troca de mercadorias. Refere-se à reprodução das forças produtivas e das relações de produção na sua globalidade, envolvendo, também, a reprodução espiritual: isto é, das formas de consciência social, jurídicas, filosóficas, artísticas, religiosas. Mas é também a reprodução das lutas sociais, das relações de poder e dos antagonismos de classes. Este modo de vida implica contradições básicas. Por um lado, a igualdade jurídica dos cidadãos livres é inseparável da desigualdade econômica, derivada do caráter cada vez mais social da produção, contraposta à apropriação privada dos frutos do trabalho alheio (quem produz não é quem se apropria da totalidade do produto do trabalho, da riqueza criada coletivamente). Por outro lado, ao crescimento do capital corresponde a crescente pauperização relativa do trabalhador. Esta é a lei geral da produção capitalista.

Ora, o Serviço Social, como instituição componente da organização da sociedade, não pode fugir a essa realidade. As condições que peculiarizam o exercício profissional são uma concretização da dinâmica das relações sociais vigentes na sociedade, em determinadas conjunturas históricas. Como as classes sociais fundamentais e seus personagens só existem em relação recíproca, pela mútua mediação entre elas, a atuação do Assistente Social é necessariamente polarizada pelos interesses de tais classes, tendendo a ser cooptada pelas que têm uma posição dominante. Reproduz também, *pela mesma atividade, interesses contrapostos que convivem em tensão. Responde tanto a demandas do capital como do trabalho, e só pode fortalecer um ou outro polo pela mediação de seu oposto. Participa tanto dos mecanismos de dominação e exploração como, ao mesmo tempo e pela mesma atividade, da resposta às necessidades de sobrevivência da classe trabalhadora e da reprodução do antagonismo desses interesses sociais, reforçando as contradições que constituem o motor básico da história.* A partir dessa compreensão é que se pode estabelecer uma *estratégia profissional e política, para fortalecer as metas do capital ou do trabalho,* embora não se possa excluir esses atores do contexto da prática profissional, visto que as classes só existem inter-relacionadas. É isso, inclusive, que viabiliza a possibilidade de o profissional posicionar-se no horizonte dos interesses das classes trabalhadoras, a serviço de um projeto de classe alternativo àquele em que é chamado a intervir.

O Serviço Social, como profissão, situa-se no processo de reprodução das relações sociais, fundamentalmente como *uma atividade auxiliar e subsidiária no exercício do controle social e na difusão da ideolo-*

gia da classe dominante entre a classe trabalhadora. Isto é: na criação de bases políticas para o exercício do poder de classe. Intervém, ainda, através dos serviços sociais, na *criação de condições favoráveis à reprodução da força de trabalho*. Por outro lado, se essas relações são antagônicas; se, apesar das iniciativas do Estado visando ao controle e à atenuação dos conflitos, esses se reproduzem, o Serviço Social contribui, ainda, para *a reprodução dessas mesmas contradições que caracterizam a sociedade capitalista*.

Embora constituída para servir aos interesses do capital, a profissão não reproduz monoliticamente necessidades exclusivas do capital: participa também de respostas às necessidades legítimas de sobrevivência da classe trabalhadora, enfrentadas, seja coletivamente, através dos movimentos sociais, seja na busca de acesso aos recursos sociais existentes, através dos equipamentos coletivos que fazem face aos direitos sociais do cidadão.

2.4 Algumas características da prática profissional

A análise da inserção do Serviço Social nos organismos institucionais nos leva a detectar algumas características da prática profissional, que vão conformando um perfil peculiar ao Serviço Social no quadro geral das outras profissões.

O Assistente Social vinculado, no exercício profissional, a organismos estatais, paraestatais ou privados, dedica-se ao planejamento, operacionalização e viabilização dos serviços sociais à população. Exerce funções tanto de suporte à racionalização do funcionamento dessas entidades, como funções técnicas propriamente ditas. Do ponto de vista da demanda, o Assistente Social é chamado a constituir-se no agente intelectual de "linha de frente" nas relações entre instituição e população, entre os serviços prestados e a solicitação desses mesmos serviços pelos interessados. Dispõe do poder, atribuído institucionalmente, de selecionar entre os que têm ou não direito de participar dos programas propostos, discriminando, entre os elegíveis, os mais necessitados, devido à incapacidade da rede de equipamentos sociais de atender a todo o público que, teoricamente, tem direito a eles. Deriva daí a existência e exigência da "triagem" ou "seleção socioeconômica" e das "visitas domiciliares", em que o Assistente Social é chamado a exercer a função de "fiscalizador da pobreza", comparando-a com dados objetivos, evitando que a instituição caia nas "armadilhas" da conduta popular de "encenação da miséria". A sua atuação se dirigirá no sentido de uma ação esclarecedora à população quanto aos direitos e serviços propiciados pelas instituições, e dos mecanismos necessários à sua realização. Assim, ao esclarecimento dos direitos, acrescenta-se a explicitação dos deveres da população em relação à instituição, à aceitação de algo imposto sobre o que não lhe foi dado opinar, numa linha de integração da população aos organismos institucionais, através dos quais se exerce o controle social. Por outro lado, à medida que as instituições assistenciais são palco da luta de classes, da resistência da população às suas condições de vida, o Assistente Social é chamado a colocar-se como anteparo entre a instituição e a revolta ou o inconformismo da população. A estas atividades vem juntar-se outra característica da demanda: a ação de persuadir, mobilizando o mínimo de coerção explícita para o máximo de adesão, ou seja, ele deve levar o usuário a aceitar as exigências normativas da Instituição, ao que se soma a ação "educativa" que incide sobre valores, comportamentos e atitudes da população: sobre o seu modo de ser, de agir e de compreender a vida cotidiana. Por outro lado, a estratégia de individualização dos atendimentos possibilita aliviar tensões e insatisfações, submetendo-as ao controle institucional. Não se pode negligenciar, ainda, a distribuição de auxílios materiais; nessa esfera, as solicitações da população tendem a não ser vistas como direitos, mas como manifestação de carência.

Se estas são algumas características da prática profissional na ótica da demanda, elas não esgotam o trabalho profissional.

O Serviço Social, como uma das formas institucionalizadas de atuação nas relações entre os homens no cotidiano da vida social, tem como recurso básico de trabalho a linguagem. Embora os serviços sociais sejam o suporte material, e as entidades sejam a base organizacional que condiciona e viabiliza a atuação profissional, esta atuação dispõe de características peculiares. Trata-se de uma ação global de cunho socioeducativo ou socializadora, voltada para mudanças na maneira de ser, de sentir, de ver e agir dos indivíduos, que busca a adesão dos sujeitos; incide tanto sobre questões imediatas como sobre a visão do mundo dos clientes. O direcionamento dessa ação não é unívoco, embora, em sua trajetória histórica, a profissão tenha se orientado predominantemente na perspectiva de integração à sociedade. O Assistente Social realiza esta ação a partir das manifestações imediatas das relações sociais no cotidiano da vida dos indivíduos. É no cotidiano que se dá a reprodução das relações sociais: ele é expressão de um modo de vida em que não só se reproduzem suas bases, mas em que também são gestadas as bases de uma prática inovadora. O cotidiano não está apenas mergulhado no falso: está referido ao possível, e desvendá-lo é também descobrir as possibilidades de transformar a realidade. A prática profissional do conjunto da categoria dispõe de condições potencialmente privilegiadas para apreender o conjunto do cotidiano das classes populares, por estar presente nas mais variadas expressões de suas esferas da vida: saúde, educação, lazer, habitação, família etc. Esta proximidade da vida cotidiana, pelo contato estreito e direto com a população, poderá permitir — se aliada a uma bagagem teórica que permita superar o caráter pragmático e empiricista que marca, não raras vezes, a atuação profissional — uma visão totalizadora desse cotidiano e da maneira como é vivenciado pelos agentes sociais.

O profissional interfere, ainda, na vida particular das pessoas, invadindo, de certa forma, sua privacidade. Explicita-se aí a importância das opções políticas do Assistente Social, que podem ser orientadas ou no sentido de solidarizar-se com o projeto de vida do trabalhador, ou no sentido de utilizar o acesso à sua vida privada para objetivos que lhe são estranhos. Isto é reforçado pelo caráter pessoal presente na relação profissional, em que o profissional tende a representar a imagem do "humanitário". O tônus humanista-abstrato do discurso profissional favorece sua cooptação pelo poder, passando este profissional a representar a "face humana" do Estado ou da empresa.

Finalmente, importa destacar que o Assistente Social dispõe de relativa autonomia no exercício de suas funções institucionais, o que se expressa numa relação singular de contato direto com o usuário, em que o controle institucional não é total, abrindo a possibilidade de redefinir os rumos da ação profissional, conforme a maneira pela qual ele interprete o seu papel profissional. A isso se acresce outro traço peculiar do Serviço Social: a indefinição ou fluidez do que é ou do que faz o Assistente Social, abrindo-lhe a possibilidade de apresentar propostas de trabalho que ultrapassem a mera demanda institucional. Tal característica, apreendida às vezes como um estigma profissional, pode ser utilizada no sentido da ampliação do seu campo de autonomia.

3. Novas perspectivas do espaço profissional

3.1 A constituição do espaço profissional: um produto histórico

A análise aqui efetuada considera a prática profissional como resultante da história e, ao mesmo tempo, como produto teórico-prático dos agentes que a ela se dedicam. Já que, nos diversos momentos conjunturais, a correlação de forças entre classes e grupos sociais estabelece os limites e as possibilidades em que pode se mover o profissional, as respostas da categoria não são reflexas e unívocas. São mediatizadas pelas características incorporadas pela profissão em sua trajetória histórica, que vão atribuindo um perfil peculiar a essa profissão no mercado de trabalho. Tais respostas estão ainda condicionadas pela capacidade de análise da realidade e pelo posicionamento político dos Assistentes Sociais, como cidadãos e profissionais, diante da luta pela hegemonia entre as classes sociais que se perfila em cada conjuntura.

Gostaria, pois, de ressaltar que, ao se considerar a prática profissional como socialmente determinada apenas pelas forças dominantes da sociedade, pode-se cair numa perspectiva determinista, segundo a qual nada nos restaria a fazer. No lado oposto, pode-se cair numa visão "heroica" da profissão, quando esta é apenas referenciada aos interesses das classes subalternas, desvinculados de suas relações com o bloco do poder. Além disso, ao se considerar a prática profissional como produto exclusivo dos seus agentes, desconhecendo os condicionantes histórico-conjunturais, corre-se o risco de cair numa perspectiva voluntarista, de declaração de belas intenções que serão subvertidas pela realidade da prática.

Portanto, apreender o movimento contraditório da prática profissional como atividade socialmente determinada pelas condições histórico-conjunturais, reconhecendo, no entanto, que estas são mediatizadas pelas respostas dadas pela categoria — dentro dos limites estabelecidos pela própria realidade —, é condição básica para se apreender o perfil e as possibilidades do Serviço Social hoje, as novas perspectivas do espaço profissional.

O que define, pois, o espaço profissional é a conjugação desses fatores contraditórios. Isso supõe apreendê-lo como um produto essencialmente histórico, resultante:

a) do nível de luta pela hegemonia que se estabelece entre as classes fundamentais e suas respectivas alianças, o que tem desdobramentos nas políticas sociais do Estado, nas organizações institucionais que as implementam, no nível de organização e mobilização popular, entre outros aspectos;

b) do tipo de respostas teórico-práticas, carregadas de conteúdo político, efetuadas pela categoria profissional.

O espaço profissional não pode ser reduzido, portanto, àquilo que normalmente faz o trabalhador social no mercado de trabalho.[10] Compreende o âmbito no qual se situa o Serviço Social como profissão na divisão social do trabalho, que nem sempre é coberto em todas as suas

---

10. Ver Celats. *El trabajo social en America Latina*: balance y perspectivas. Lima: Celats, 1983.

dimensões e possibilidades pela prática profissional. Assim, não se pode reduzir o espaço profissional a uma prática rotineira, burocratizada, empiricista e tarefeira, tal como se constata com expressividade nas instituições. Essa prática não revela mais do que um saber alicerçado no senso comum e na falta de reconhecimento da identidade profissional do Assistente Social.

O espaço profissional não deve ser visto apenas na ótica da demanda profissional já consolidada socialmente: trata-se de, tendo por base um distanciamento crítico do panorama ocupacional, apropriar-se das possibilidades teórico-práticas abertas à profissão pela própria dinâmica da realidade. Em outros termos: é preciso apreender as demandas potenciais gestadas historicamente, contribuindo assim para recriar o perfil profissional do Assistente Social, indicando e antecipando perspectivas, no nível da elaboração teórica, da pesquisa ou da intervenção profissional, perspectivas capazes de responder às exigências de um projeto profissional coletivamente construído e historicamente situado.

Referimo-nos a um projeto profissional que, demarcado pelas condições reais e efetivas do exercício profissional na divisão do trabalho, seja capaz, por um lado, de responder às demandas atuais feitas à profissão a partir da realidade do mercado de trabalho, visto ser o Assistente Social um profissional assalariado, que depende de um contrato de compra e venda de sua força de trabalho especializada com organismos institucionais de caráter predominantemente patronal. públicos ou privados; e, por outro lado, de reconhecer e conquistar novas e criativas alternativas de atuação, expressão das exigências históricas apresentadas aos profissionais pelo desenvolvimento das sociedades nacionais.

Subjacente a estas afirmativas está o fato de ser o desenvolvimento da profissão compreendido como um fenômeno histórico, como um movimento permanente que resulta das determinações da realidade social impostas à profissão pelas relações sociais de produção e pelos processos políticos, num contexto de monopolização e internacionalização do capital nas periferias dos centros hegemônicos mundiais. E que resulta, ainda, da capacidade do profissional de reconhecer e redefinir sua identidade e legitimidade diante das demandas e classes sociais distintas, expressas nas condições do exercício profissional.

No nosso cotidiano de trabalho encontram-se presentes interesses coletivos antagônicos, que não podem ser eliminados, na medida em que expressam o próprio caráter das relações sociais na sociedade capitalista, e perante os quais necessariamente nos posicionamos. Nas sociedades capitalistas, o Assistente Social é um profissional, oriundo predominantemente das "classes médias", contratado basicamente pelo Estado, pelos setores empresariais e outros organismos privados, para atuar nas classes trabalhadoras e, em geral, em seus segmentos mais pauperizados, o que configura um caráter socialmente contraditório à prática profissional.

Dentro dos parâmetros aqui estabelecidos, caberia indagar: qual a relação entre a atuação profissional situada na divisão social de trabalho e a participação popular, na construção de novas perspectivas para o espaço profissional?

3.2 O espaço profissional e a luta pela hegemonia: a questão da "participação popular"

A relação entre atuação profissional e "participação popular" na construção de novas perspectivas para o espaço profissional pode ser traduzida em inúmeras indagações:

Como, a partir do mercado de trabalho, é possível impedir que o processo de participação popular se transforme em um processo de cooptação da organização e de mobilização das classes subalternas na órbita do poder? Em que medida a "participação popular" estimulada pelos Assistentes Sociais, através dos programas de política social, representa uma articulação de segmentos das classes trabalhadoras aos mecanismos de dominação? Existe a possibilidade de respeitar e respaldar os genuínos interesses e necessidades daquelas classes?

Enfim: nas relações entre o Estado e os movimentos sociais, que exigências as lutas das classes subalternas vêm fazendo ao profissional e como estes as vêm respondendo? Creio que são essas algumas das indagações norteadoras de nosso debate.

Na *ótica do poder*, que estabelece a demanda profissional, o interesse está em estimular a *participação controlada*, dentro dos parâmetros da *legalidade* e da *ordem*, integrando as classes subalternas na órbita do poder e de reprodução do capital, ampliando assim as bases para o exercício de sua hegemonia sobre o conjunto da sociedade. A participação nos programas derivados das políticas sociais aparece assim como meio de *antecipar* e *controlar* possíveis insatisfações e/ou focos de conflitos e tensão, que desarticulem ou obstaculizem as iniciativas do bloco no poder.

Se as políticas sociais e os programas delas derivados são respostas a um processo de lutas acumuladas historicamente pelas classes trabalhadoras, na busca de conquista de seus direitos de cidadania, tais programas — ao serem institucionalizados e administrados pelo Estado — são burocratizados, esvaziados de seus componentes políticos, de modo a diluir o conteúdo de classe das lutas reivindicatórias, que são assim "recuperadas" e "apropriadas" pelo bloco no poder. Os programas sociais e a participação social neles preconizados transformam-se, desse modo, em meio de controle das lutas sociais e das sequelas derivadas do crescimento da miséria relativa da população trabalhadora.

Esta perspectiva de participação se fundamenta no fato de os novos métodos de organização da produção e do trabalho individual serem indissociáveis de um modo de viver ou pensar e de sentir a vida; a obtenção de resultados efetivos em um campo está intimamente associado ao êxito no outro. A automatização do trabalho, a subordinação da atividade humana à máquina enquanto capital fixo; a perda do controle do trabalhador sobre o processo de trabalho, coordenado e gerido pelos representantes do capital; a incorporação dos avanços científicos à produção, como meio de potencializar o trabalho, ampliando o tempo de trabalho não pago apropriado pela classe capitalista, a desqualificação progressiva do trabalho — todos estes fatores implicam mecanismos disciplinadores e de vigilância sobre os agentes da produção.

Mas a organização da produção não supõe apenas um controle do trabalhador no interior da fábrica. Implica um novo tipo de socialização do trabalhador e de sua família, que afeta todo o seu cotidiano, de modo a adaptá-lo a um novo modo de vida e aos métodos de trabalho industrial. O capital busca estabelecer meios de tutela e normatização da vida do trabalhador fora da fábrica, invadindo sua vida privada. Procura não apenas conservar um certo equilíbrio psicofísico do trabalhador, mas também ampliar a interferência política e moral por parte do capital sobre o conjunto de sua vida particular. Nesse sentido, o capital tem à disposição o aparato do Estado, além das próprias iniciativas benemerentes levadas a efeito pela classe patronal. A coerção deve ser habilmente articulada com a persuasão e o consenso, que dão forma exterior ao uso intrínseco da força. Trata-se de canalizar esforços no sentido de fazer com que a classe trabalhadora interiorize as normas de vida impostas pelo capital, minando suas iniciativas autônomas de organização enquanto classe. Busca-se fazer com que a vigilância exterior possa ser acoplada à interiorização dos padrões dominantes, transformando assim o controle externo em um tipo de normatização de vida incorporado e proposto pelo próprio trabalhador.[11] No entanto, por mais eficientes que sejam as medidas nessa direção, elas são rechaçadas pelas condições de vida objetivas do proletariado e do conjunto das classes subalternas, nas quais a vivência coletiva do processo de exploração aponta para o questionamento dos mecanismos controladores e para a desmistificação do discurso dominante.

É dentro desse parâmetro que pode ser compreendida a participação social na ótica do poder e da institucionalização e demanda do Serviço Social pela classe capitalista, como uma das "tecnologias" postas a serviço da reprodução da força de trabalho, do controle social e da difusão da ideologia dominante entre as classes trabalhadoras.

---

11. Ver A. Gramsci. "Americanismo e fordismo". In: *Obras escolhidas*. Lisboa: Estampa, 1974.

Mas o significado da política social e da "participação popular" não se esgota nessa versão do ponto de vista do poder, convivendo, ao mesmo tempo, com as estratégias cotidianas das classes subalternas, cujo objetivo é ampliar seu espaço social, cultural e político no cenário da sociedade. Isso confere à participação e aos programas sociais mobilizados para "estimulá-la" um caráter tenso, ambíguo, que incorpora as contradições próprias da vida social.

Como sustenta Rosa de Luxemburgo, ao analisar a questão nacional e a autonomia:

> A moderna cultura espiritual é sobretudo uma cultura da classe burguesa e pequeno-burguesa. A ciência, a arte, a escola e o teatro, a *intelligentsia* profissional, a imprensa, todas estas manifestações culturais estão hoje a serviço da sociedade burguesa, impregnados de seus princípios, de suas aspirações. Não obstante, *tanto as instituições do regime burguês como o próprio desenvolvimento capitalista, de acordo com a dialética da história, são fenômenos contraditórios, armas de duplo fio*: os meios de desenvolvimento e domínio da classe burguesa são simultaneamente e, em igual medida, os meios que contribuem para a superação do proletariado, estímulos para a luta operária e sua emancipação e para a abolição da dominação burguesa.[12]

Captar, portanto, *o caráter tenso da participação social* — não a reduzindo àquilo que é revelado pela ótica e pela prática do poder na busca de constituir e apresentar seus propósitos particulares de classe como universais — é condição para se *estabelecer estratégias e políticas capazes de extrair da participação popular aquilo que ela esconde e, ao mesmo tempo, revela de criador, de crítica e negação da ordem nas suas expressões explicitamente políticas e/ou culturais, que apontam, no interior da própria sociedade burguesa, para a construção do novo.*

Supõe ampliar a noção de "participação popular" para além de sua manifestação explícita como luta de classes direcionada a consti-

---

12. R. de Luxemburgo. *La cuestión nacional y la autonomia.* Cuadernos de pasado y presente, n. 81, México: Siglo XXI, p. 185, 1979.

tuição de formas de poder e direção de classe, para abranger a esfera cultural, que não pode ser alijada da luta pelo poder.

Ianni observa:

> Por dentro da cultura burguesa, desenvolvem-se produções científicas, artísticas e filosóficas, além das estritamente políticas, que apontam para outra forma da sociedade. Realizam-se produções culturais em que se exerce a crítica mais ou menos radical da cultura e do modo de vida burgueses. A reflexão sobre as desigualdades, antagonismos e lutas, em geral, implica a negação do presente.[13]

Estes elementos sugerem que não se trata de estabelecer uma "tipologia de participação": uma a serviço do poder e outra a serviço dos interesses das classes subalternas, o que carregaria necessariamente os vícios de uma análise dualista, tendente a isolar os termos de uma ambivalência. Assim, a participação seria entendida ora como fenômenos da "reprodução social", de "política social", ora como elemento de "transformação social", de "luta de classes". Como se estas dimensões não se entrecruzassem nos fenômenos reais da vida social. Metodologicamente, este perigo é ressaltado por Ortiz, ao analisar os fenômenos de cultura popular:

> Tudo se passa como se os pólos de positividade e negatividade fossem excludentes, heterogêneos, partes antagônicas de um fenômeno idêntico, mas jamais analisado na sua ambiguidade própria. Fragmenta-se a totalidade da ambivalência para apreendê-la enquanto dualidade.[14]

Incorporando esta sugestão analítica, cabe explicitar que a *"participação popular" contém elementos simultaneamente reprodutores e superadores da ordem,* sejam aqueles articulados através da ação das políticas sociais do Estado, sejam os acionados pela direção das organizações

---

13. O. Ianni. *Revolução e cultura.* Rio de Janeiro: Civilização Brasileira, 1983, p. 107.

14. R. Ortiz. *A consciência fragmentada* (Ensaios de cultura popular e religião). Rio de Janeiro: Paz e Terra, 1980, p. 67.

das classes trabalhadoras, visto que ambos sofrem e expressam o impacto das lutas de classe, através de mediações específicas.

Portanto, o caráter controlador e/ou contestador que possa ser atribuído à participação popular não pode ser derivado apenas de seus vínculos com um Estado tido como monolítico, suposto representante exclusivo do poder da burguesia; ou apenas de seus vínculos com os movimentos sociais enfocados como "expressões puras" dos interesses das classes subalternas, como se as organizações das classes trabalhadoras e suas propostas fossem impermeáveis à ideologia dominante.

Tem-se aqui o perigo de ressuscitar velhos equívocos frequentes no movimento de reconceituação: a prática nas "instituições oficiais" tida como necessariamente "conservadora", em oposição àquela nos organismos populares, vista como necessariamente "revolucionária".

Dentro desta perspectiva, a correlação de forças políticas organizadas na sociedade — no nível do bloco no poder ou das alianças efetuadas em torno do proletariado —, que expressa a luta pela hegemonia no interior da sociedade nacional em conjunturas específicas, vai definir e alterar o caráter da "participação popular", isto é, o predomínio ou a subordinação dos componentes próprios e autônomos da classe ante a ideologia e o poder burguês, e possibilitará às classes subalternas afirmarem-se, cada vez mais, como protagonistas políticas. Trata-se do processo de constituição dessas classes como classes políticas no nível de sociedade, o que se manifesta na luta política no cotidiano.

Não resta dúvida de que, do ponto de vista das classes trabalhadoras, a participação social tem outros móveis que convivem e se chocam com aqueles da perspectiva do poder, anteriormente explicitados. *A "participação popular" aparece como forma de expressão coletiva das classes subalternas: a explicitação social, cultural e política de suas necessidades e interesses, através do enfrentamento coletivo de situações de sua vida cotidiana.* Assim, a "participação popular" dá conta não só das *manifestações explicitamente políticas,* voltadas para a construção e/ou solidificação de formas de expressão do poder de classe — via partidos e outros núcleos de organização do poder político —, mas engloba também as *lutas reivindicatórias por melhorias parciais das condições de vida*, que se refletem diretamente nas instituições governamentais, nas fábricas, nos campos, nos locais de trabalho. Essas manifestações, aparentemente isoladas, expressam a luta pela conquista dos direitos sociais e políticos: a luta para criar o espaço da cidadania do trabalhador, que lhe tem sido capturado pelo Estado. A "participação popular" atualiza-se, ainda, no *conjunto das manifestações associativas e culturais* das classes subalternas que revelam o *seu modo de viver e de pensar a vida*: a religiosidade popular, as comemorações festivas e esportivas, os movimentos de mulheres, de negros, as associações de bairro, as atividades organizadas para ocupar o tempo livre resgatado historicamente ao capital, os grupos e as relações de vizinhança etc. Enfim, o conjunto das expressões culturais que tecem o cotidiano dos sujeitos de uma classe social. Essas expressões culturais contêm um componente de solidariedade de classe no qual, embutida nas manifestações da trivialidade repetitiva, fermenta a recusa à alienação do trabalho e da vida, expressa por vezes sob a forma simbólica, utópica — em que a imaginação se expressa como esforço de transcendência do espaço social repressivo —, e resolvendo-se, por vezes, na crítica da sociedade e da história.

Assim, os fenômenos populares não se definem somente pela reposição das condições dadas da vida social, mas encerram um elemento de contestação, de negação do cotidiano, de utopia. O espaço da cultura popular é internamente heterogêneo. A oposição ordem/desordem, criação/repetição, confirmação/negação se insere no universo do cotidiano popular. Porém, "as manifestações não se opõem necessariamente enquanto totalidade dominada à hegemonia da cultura dominante: elas se encontram fragmentadas no momento em que se concretizam como fatos sociais".[15]

O espaço cultural é heterogêneo, no sentido de que nele convivem elementos de cultura hegemônica com o que Gramsci qualificou como "bom senso" ou "instinto de classe", o núcleo "sadio" imerso no sen-

---
15. R. Ortiz. *A consciência fragmentada*, op. cit., p. 51.

so comum. Portanto, as relações entre as manifestações da cultura popular e a sociedade global se definem como relação de poder; embora a hegemonia dos grupos e classes dominantes tenda a delimitar e penetrar no espaço das classes trabalhadoras, ela se depara com focos de resistência e com "focos de utopia" popular, o que demonstra a virtualidade da mudança social.[16]

Os partidos, os profissionais que se solidarizam com as aspirações de emancipação dessas classes, que sentem com elas suas paixões, devem captar este núcleo de contestação que aparece mesclado com ideologias que lhe são estranhas, estimulando-o, desenvolvendo-o, para que os próprios grupos façam dele o motor de sua ação transformadora. Trata-se de uma luta cultural político-ideológica, que é inseparável da organização e mobilização política *stricto sensu*. Cabe também aos profissionais contribuir para que as classes subalternas ultrapassem essa consciência ambígua e fragmentada no sentido de uma prática e de uma consciência mais orgânicas.

Como sustenta Ernesto Cardenal:

> É necessário conduzir as massas e aprender com as massas para educar as massas (...) O papel de intelectual é devolver claramente às massas o que delas recebeu confusamente.[17]

Concluindo, merece esclarecimento a concepção do "novo" no espaço profissional. Refere-se a uma mudança de rota na trajetória do Serviço Social: a ruptura com o conservadorismo nos rumos da renovação profissional. Ruptura com o papel tradicionalmente assumido, de tutela e controle das classes subalternas, papel condizente com a lógica do poder. Renovação que busca fundar a legitimidade da ação profissional para além do Estado e do empresariado, embora reconhecendo a intermediação exercida por organismos de caráter patronal no mercado profissional de trabalho. Implica, portanto, ultrapassar a mera

---

16. Ver R. Ortiz, op. cit., p. 167.
17. E. Cardenal. "Cultura revolucionária, popular nacional, anti-imperialista". *Nicaráuac*, 1 maio/jun. 1980, p. 167.

demanda institucional, ampliando e adensando o espaço ocupacional com propostas de trabalho que potencializem as possibilidades da prática do Serviço Social, redirecionando-a prioritariamente (ainda que não exclusivamente, pelos seus limites sociais) no sentido de torná-la um reforço ao atendimento das reais necessidades sociais e estratégias de sobrevivência — materiais e sociopolíticas — dos grupos trabalhadores atendidos pelo Serviço Social. Supõe o zelo pela qualidade e eficácia dos serviços prestados, a luta pela ampliação de sua esfera de abrangência e pela sua efetiva democratização, alargando os canais de interferência dos usuários na organização e implementação daqueles serviços. Implica, ainda, o respeito às diversas expressões da participação social dos segmentos diferenciados das classes trabalhadoras, o seu modo de vida, de trabalho, suas expressões culturais e manifestações políticas.

A nova natureza da prática não se encontra, portanto, na mera recusa ou no menosprezo das tarefas que são socialmente atribuídas ao Serviço Social, nos quadros da divisão sociotécnica do trabalho. Essa nova natureza está no *tratamento teórico-político atribuído a essa prática* inscrita no contexto do mercado de trabalho. Envolve a explicitação e apropriação efetiva do espaço ocupacional, decifrando as determinações político-econômicas macroscópicas que o atravessam, para impulsionar a construção e implementação de estratégias de ação que imprimam nova direção social ao planejamento e execução de ações demandadas ao Serviço Social. Ações essas redimensionadas por outro modo de pensar, capaz de articulá-las teórica e praticamente às iniciativas voltadas para a criação de uma nova hegemonia na sociedade.

Na direção apontada, a concepção do novo espaço profissional não pode diluir-se no "trabalho das brechas", nos "enganos" e "concessões" de um poder apreendido como supostamente monolítico. O novo está em apropriar-se teórica e praticamente — e, portanto, politicamente — das possibilidades reais e efetivas apresentadas em conjunturas nacionais particulares, resultantes do movimento social concreto; apropriar-se dessas possibilidades, traduzindo-as em respostas profissionais criativas e críticas, dentro dos limites socialmente estabelecidos ao Serviço Social, rechaçando descrenças e ilusões.

A potencialização das possibilidades da prática segundo os parâmetros acima referidos exige um profissional de novo tipo: com sólida formação intelectual, capacitado teórica e historicamente para descobrir, na dinâmica cotidiana da vida na sociedade burguesa, o que nela há de inovação, de criação, de possibilidades tendenciais a serem politicamente impulsionadas pelas forças renovadoras. Profissional crítico, movido por uma recusa radical do pragmatismo, do conformismo e dos voluntarismos que marcaram fortemente o passado da profissão.

Além disso, a apropriação do novo no espaço profissional é socialmente tributária da prática e das opções políticas do Assistente Social em sua vivência pública como cidadão, reforçando as rotas progressistas ou restauradoras no horizonte social.

A estreita articulação entre Serviço Social e política — já que aquele foi gestado e desenvolvido nas teias do poder — pode possibilitar ao profissional renovado afirmar-se como educador político, contribuindo para encurtar distâncias entre a realidade percebida e aquela efetivamente vivida pelos grupos com que trabalha, reduzindo defasagens entre a mistificação do real e o próprio real, entre o desejável e o possível.

III

Dilemas e falsos dilemas no Serviço Social

Prática social: a ultrapassagem do fatalismo e do messianismo na prática profissional*

A compreensão da prática social predominante no meio profissional oscila entre o fatalismo e o messianismo. Aparentemente opostas e excludentes, tais interpretações encontram-se estreitamente articuladas, expressando, de um lado, o reconhecimento da existência de conflitos e tensões sociais; e, de outro, a impossibilidade de enfrentá-los com os próprios meios oferecidos pelo desenvolvimento histórico.

No fatalismo e no messianismo, a prática social aparece travestida de concepções naturalistas e idealistas da vida social, presentes na trajetória do debate intelectual do pensamento social na modernidade.

---

* Pronunciamento efetuado no painel sobre o tema "Prática Social", promovido pela Escola de Serviço Social da UFRJ, em 30 de abril de 1987.

A superação do fatalismo e do messianismo na análise da prática social — com suas derivações no exercício profissional — implica o desvendamento da própria sociedade que gesta essas concepções e sua crítica teórica radical, historicamente constituída. Em outros termos, supõe recuperar a tradição intelectual instaurada por Marx na análise da sociedade capitalista. Mostrar a atualidade, por um lado do método e do arsenal de categorias que permitiram expressar, no nível do pensamento, as condições de existência real dessa sociedade Por outro lado, recuperar a dimensão prática, como "prática-crítica" com explícito caráter de classe.

Essas são condições para se apreender a prática profissional como parte e expressão da prática social, determinada pela divisão social do trabalho.

1. O Serviço Social e a concepção vulgar da prática social

O Serviço Social se institucionaliza como profissão na sociedade brasileira, com o impulso decisivo da Igreja, como um dos recursos mobilizados pelo Estado e pelo capital, justificado ideologicamente pela doutrina social da Igreja, para atuar perante a "questão social". Nos anos 30, reconhecidas as tensões de classe que acompanham o processo de consolidação do mercado capitalista de trabalho, tenta-se institucionalizar um tipo de ação social que, no âmbito das relações Estado/sociedade, tenha como alvo a situação social do operariado urbano e do exército industrial de reserva, no sentido de atenuar as sequelas materiais e morais derivadas do trabalho assalariado.

O Serviço Social é parte de uma estratégia mais ampla do bloco dominante, no sentido de criar um tipo de socialização do operário adequada às condições da nova vida industrial, ao ritmo e disciplinarização do trabalho, que fortaleça, portanto, as bases de legitimidade para o exercício do poder de classe: a dominação político-ideológica, assim como a apropriação econômica. O significado social da profissão na divisão social e técnica do trabalho é assim essencialmente *político*, travestido, porém, de uma aparência de atividades dispersas, descontínuas, de caráter filantrópico, marcadas pelo fornecimento de "benefícios" sociais. Tal aparência formal, que não revela de imediato seu real significado, é fortalecida pelo discurso de tônus humanista-cristão que o Serviço Social incorpora em sua gênese histórica e que, mais tarde, se seculariza e moderniza nos quadros do pensamento conservador europeu e das ciências humanas e sociais, sobretudo em sua vertente empiricista norte-americana. A essas fontes de inspiração intelectual alia-se, na década de 70, o estruturalismo haurido em Althusser e o marxismo vulgar, que vêm temperar uma análise positivista e empirista, acobertada por uma fraseologia marxista. Sem desmerecer as exceções, esta tem sido a tendência predominante do debate profissional e que inspira a análise da prática social.

Essa trajetória vai derivar em um arsenal de mitos hoje presentes na compreensão da prática social e, mais especificamente, da prática profissional. Como componentes dessa "mitologia", poderíamos arrolar os seguintes elementos:

a) a prática social reduzida a qualquer atividade, à *atividade em geral;*

b) a concepção *utilitária* da prática social, traduzida profissionalmente na preocupação com a eficácia técnica, com o resultado imediato e visível, quantificadamente mensurável;

c) a prática social apreendida na sua *imediaticidade,* como um *dado,* que teria o poder miraculoso de revelar-se a si mesma, como coisa "natural". Essa naturalização da vida social e essa coisificação da prática — aparências necessárias e historicamente gestadas na própria sociedade capitalista — são apreendidas unilateralmente como se fossem reveladoras da concretude do real. Assim, as expressões da prática social passam a ser apreendidas em si mesmas de maneira autossuficiente, em um processo de parcialização progressiva da totalidade da vida social.

Tais características vão se desdobrar numa recusa da teoria que fuja a tais parâmetros e na crítica aos chamados "teóricos", tidos como distantes da imediaticidade das expressões da prática profissional. Isso tem como contrapartida a ingênua canonização dos "práticos": ou seja, daqueles que, vivendo em contato físico direto com a vida cotidiana do povo, encontrar-se-iam em condições em si privilegiadas para apreender, explicar e executar a prática profissional, porque mais diretamente envolvidos na vida social.

Vendo na necessária opacidade do real uma cristalinidade imaginária, esses profissionais tornam-se prisioneiros de suas próprias ilusões: a mistificação do real erigida em mistificação da consciência do próprio profissional, que se torna impotente para desvendar e imprimir direção à sua prática profissional, nas condições historicamente dadas da vida social. As suas intenções tornam-se, não raras vezes, subvertidas pelos resultados de suas ações.

Tais distorções na análise da prática social desdobram-se em dois comportamentos diante da prática profissional:

a) de um lado, o *fatalismo,* inspirado em análises que naturalizam a vida social, traduzido numa visão *"perversa"* da profissão. Como a ordem do capital é tida como natural e perene, apesar das desigualdades evidentes, o Serviço Social encontrar-se-ia atrelado às malhas de um poder tido como monolítico, nada lhe restando a fazer. No máximo, caberia a ele aperfeiçoar formal e burocraticamente as tarefas que são atribuídas aos quadros profissionais pelos demandantes da profissão;

b) de outro lado, o *messianismo utópico,* que privilegia as intenções, os propósitos do sujeito profissional individual, num volutarismo marcante, que não dá conta do desvendamento do movimento social e das determinações que a prática profissional incorpora nesse mesmo movimento. O messianismo traduz-se numa visão *"heroica",* ingênua, das possibilidades revolucionárias da prática profissional, a partir de uma visão mágica da transformação social.

Fatalismo e messianismo: ambos prisioneiros de uma análise da prática social que não dá conta da *historicidade do ser social gestado na sociedade capitalista.*

2. A crítica teórica radical – a concepção da prática social em Marx

É preciso apontar aqui alguns elementos fundamentais na construção dessa noção em Marx.

A *prática social é essencialmente histórica:* "é a prática da sociedade baseada na indústria, que permite tomar consciência da prática humana em geral".[1]

Marx reconhece uma só ciência: a da *história,* que engloba tanto a natureza como o mundo dos homens. *Historicidade* aqui é compreendida como o *inteiro vir-a-ser do ser humano: sua produção,* no sentido mais pleno da palavra, por ele mesmo em sua atividade prática.

A produção do homem se dá através do seu *trabalho,* a partir da *natureza* e das *necessidades.* Numa relação conflituosa com a natureza — de unidade e de luta —, pelo *trabalho* ele modifica a natureza que o circunda e apropria-se de seu próprio ser natural, em relação com outros homens. *Produz-se como ser social,* ao produzir os instrumentos de trabalho, as relações sociais, ao *criar* necessidades: objetiva-se nas suas obras e produtos.

O fundamento da prática social é, pois, o *trabalho social;* atividade criadora, produtiva por excelência, condição da existência do homem e das formas de sociedade, mediatizando o intercâmbio entre o homem e a natureza, através do qual o homem realiza seus próprios fins.

Na sociedade capitalista, porém, à medida que o homem *objetiva-se através do trabalho,* exteriorizando suas forças genéricas em relação a outros homens, ele não só se *cria* como *se perde, aliena-se: o conteúdo* de seu trabalho adquire *formas* — a forma mercantil, desdobrando-se na mercadoria e nas relações contratuais — que fazem com que o produto se autonomize como coisa, que domina o próprio produtor. Dissimula as relações sociais reais presentes na produção. É o *fetiche da forma mercantil* que adquire a *fixidez de formas naturais, de coisa,* obscurecendo as relações sociais, mistificando a vida social na sociedade do capital.

Assim sendo, a *prática social não se revela na sua imediaticidade.* O ser social se expressa através de *mediações,* que relacionam forma e essência, tornando-se necessário desvendar as próprias *formas fenomênicas,* como formas de expressão *necessárias,* gestadas na própria sociedade capitalista, para se apreender o núcleo da prática social.[2]

---

1. H. Lefèbvre. *Sociologia de Marx.* 2. ed. Rio de Janeiro: Forense Universitária, 1979, p. 25.
2. G. Lukács. *História e consciência de classe.* Porto: Publ. Escorpião, 1974.

Deriva daí a exigência metodológica de apreender a formação econômico-social (capitalista) na sua totalidade concreta — enquanto reprodução, no pensamento, da realidade apreendida em suas múltiplas determinações, como unidade na diversidade.[3] Apreender como totalidade a sociedade capitalista em seu inerente antagonismo entre forças produtivas e relações de produção.

Importa ter presente que, na concepção de Marx, as relações sociais constituem o núcleo da totalidade social: sua estrutura, intermediando as forças produtivas, a divisão do trabalho e as "superestruturas": instituições e ideologias. Núcleo da totalidade no presente e no vir-a-ser, que abre possibilidades para a reconstituição do indivíduo sob novas bases: a constituição do que Marx denomina a "individualidade social", libertando a objetivação do ser social das travas da alienação.

Essa possibilidade histórica não é dada idealmente. Encontra-se inscrita nos próprios antagonismos da sociedade de classes — na luta de classes — e no antagonismo entre forças produtivas e relações de produção. O proletariado surge, pela posição que ocupa no processo de produção, como a classe social que, ao libertar-se, liberta a humanidade.

Assim, a concepção de prática social é revolucionária, isto é, dispõe de um nítido caráter de classe, apresentando-se como "prática-crítica" — a práxis revolucionária como unidade de transformação do homem e das circunstâncias.[4]

Finalmente, cabe mencionar a relação da prática com a teoria. Aquela se apresenta como fundamento do conhecimento, critério de verdade, e finalidade do conhecimento.[5] Ao discutir a relação da prática com a teoria, não se pode derivar uma leitura empirista do debate de Marx com Feuerbach. Se o critério de verdade está na prática, só é descoberto numa relação teórica com a prática mesma, como o sus-

---

3. K. Marx. *Elementos fundamentales para la crítica de la economia política (Grundrisse) 1857-1858*. 11. ed. México: Siglo XXI, 1980, esp. Introdução.
4. K. Marx. "Teses sobre Feuerbach". In: K. Marx e F. Engels. *Textos*, v. I. São Paulo: Edições Sociais, 1975.
5. A. S. Vázquez. *A filosofia da práxis*. Rio de Janeiro: Paz e Terra, 1968.

tenta a tese VIII: "Toda vida social é essencialmente prática. Todos os mistérios que induzem a doutrina ao misticismo encontram sua solução racional na práxis humana e na compreensão dessa prática".

Definindo a conexão entre filosofia e ação, Marx sustenta que "os filósofos se limitaram a interpretar o mundo: cabe transformá-lo". Essa tese aponta para a unidade indissolúvel entre teoria e prática, estando a teoria a serviço da transformação. Como sustenta Vázquez: "A teoria assim concebida se torna necessária como crítica teórica das teorias que justificam a transformação do mundo e como teoria das possibilidades da ação".[6]

3. A ultrapassagem do fatalismo e do messianismo

Essa concepção da prática social sinteticamente apresentada se gesta no debate de Marx com a melhor herança intelectual do século XIX: o idealismo alemão, os socialistas franceses e a economia clássica inglesa, as "três fontes do marxismo".[7]

Assim, a concepção da prática social em Marx representa a superação dessa herança: ruptura com continuidade. Constitui-se no embate radical contra o materialismo vulgar — ao sustentar Marx que nenhuma atividade humana pode ser compreendida à margem da subjetividade humana — e contra o idealismo — ao sustentar que o objeto não pode ser considerado mero produto da consciência. A superação dessas concepções está centrada na noção de prática social.

Portanto, ressuscitar o fatalismo e o messianismo na prática profissional é repor uma polarização entre a naturalização da vida social e a determinação da vida social pela consciência, já ultrapassada por Marx ao construir a noção de prática social carregada de historicidade.

---

6. A. S. Vázquez, op. cit., p. 163.
7. Cf. V. I. Lênin. "Las tres fuentes y las tres partes integrantes del marxismo". In: *Obras escogidas* (12 tomos). Moscou, Progresso, 1976, v. V, p. 5-10.

A *dimensão política da prática profissional**

1. Os rumos da análise

Como pensar o Serviço Social na contradição capital/trabalho? Parece-me que a análise de conjuntura contida nas várias teses apresentadas a este Congresso nos demonstra com clareza os desafios dessa temática: a necessidade de respostas mobilizadoras por parte da categoria profissional à crise econômico-social da atualidade e a momentos de profundas dificuldades econômica e política, numa etapa decisiva do processo político brasileiro — a etapa preparatória das eleições presidenciais.

O contorno histórico-conjuntural desse momento já foi abordado. Retomo apenas dois pontos que me parecem fundamentais. De um lado, os efeitos da dívida externa, que, favorecendo os interesses do capital monopolista nativo e estrangeiro, socializa os custos para o conjunto dos trabalhadores. A política econômica — concentradora de renda e de capital, traduzida no fracasso do Plano Verão, que apostou no congelamento de preços e salários como meio de ampliação da poupança e do consumo, aliada ao controle do déficit estatal — pretendeu ser um conjunto de medidas eficazes para a contenção dos índices inflacionários e a estabilização da economia.

---

* Palestra proferida no VI CBAS — Congresso Brasileiro de Assistentes Sociais — realizado em Natal, de 10 a 14 de abril de 1989, publicada inicialmente em ANAS. *Serviço social*: as respostas da categoria aos desafios conjunturais. São Paulo: Cortez, 1991.

A ilusão das medidas governamentais hoje é patente: o arrocho salarial, o aprofundamento das disparidades sociais, a insolvência das instituições públicas prestadoras de serviços, a corrupção e os desmandos do poder, o reforço da dependência do grande capital. Enfim, tudo isso aponta para um reforço e aprofundamento da luta social e política, à qual não podemos nos furtar, como Assistentes Sociais.

De outro lado, esse momento de impasses políticos se expressa também no quadro da correlação das forças políticas no nível nacional. Embora a burguesia se mantenha fortalecida como classe, verifica-se um esgarçamento do bloco no poder, com dificuldades para articular sua coesão política interna e assegurar seu consenso de classe no conjunto da sociedade. De uma parte, temos as divisões no interior do bloco no poder, que comprometem sua capacidade de direção, resultante tanto do conflito interno — dada sua composição interclassista —, como dos diferentes interesses das facções no interior de cada classe em face do capital estrangeiro dominante economicamente, mas associado no plano militar-estatal. De outra parte, temos o avanço das lutas das classes subalternas, expresso tanto no crescimento dos partidos de esquerda como no avanço e ampliação da luta sindical e de outras formas de organização dos trabalhadores na defesa de seus interesses corporativos e políticos, que apontam o germe do novo nessa sociedade.

Diante desse quadro, indaga-se: por que situar o Serviço Social no bojo da contradição capital/trabalho? Como vem sendo pensada a concepção política da prática profissional? Quais os mitos e os desafios aí presentes?

Retomo necessariamente o que entendo como o cerne da dimensão política da prática profissional, embora seja considerado por alguns como um discurso genérico — parece-me que assim mesmo ele deve ser reafirmado e enfrentado.

O ponto de partida da análise é que o significado social da prática profissional não se revela de imediato, não se revela no próprio relato do fazer profissional, das dificuldades que vivenciamos cotidianamente. A prática profissional não tem o poder miraculoso de revelar-se a si própria. Adquire seu sentido, descobre suas alternativas na história da sociedade da qual é parte. Assim sendo, é lançando o olhar para mais longe, para o horizonte do movimento das classes sociais e de suas relações nos quadros do Estado e da sociedade nacional, que se torna possível desvelar a prática do Serviço Social, apreender os fios que a articulam às estratégias políticas das classes, desvendar a sua necessidade, os seus efeitos na vida social, assim como os seus limites e suas possibilidades. Apreender, pois, o sentido político-social do Serviço Social supõe ir além da máscara social através da qual essa prática se apresenta na superfície da vida social: como um mero conjunto de ações intermitentes, burocratizadas, dispersas, descontínuas, dotadas de um pseudocaráter filantrópico, marcadas pelo fornecimento dos chamados benefícios sociais, podendo ser realizadas por qualquer pessoa, independente de sua qualificação técnica e intelectual. Parece-me que este mundo é o das aparências necessárias, ainda que sejam meras aparências.

Qual a diretriz analítica que orienta nossa reflexão? É a de que entender a prática profissional supõe inseri-la no jogo das relações das classes sociais e de seus mecanismos de poder econômico, político e cultural, preservando, no entanto, as particularidades da profissão enquanto atividade inscrita na divisão social e técnica do trabalho. Para isso, necessariamente, retomarei algumas ideias já conhecidas, mas que, no meu entender, são pontos de referência para um dimensionamento mais fecundo do debate.

Todos sabemos que o Serviço Social se institucionaliza como profissão rompendo as fronteiras da mera filantropia, como um dos recursos mobilizados pelo Estado, pelo empresariado, com efetivo apoio da Igreja, para atuar na "questão social" num contexto de transição do capitalismo competitivo para o capitalismo monopolista. O processo de formação e desenvolvimento da classe operária urbana, seu ingresso no cenário político, exigindo seu reconhecimento como classe por parte do Estado e do empresariado, exige também outros tipos de intervenção, para além da filantropia e da repressão. É assim que, tendo como alvo o proletariado urbano e o exército industrial de reserva, o Serviço Social se institucionaliza como profissão quando o Estado passa a intervir diretamente nas relações entre o empresariado e a classe operária através da regulamentação jurídica do mercado de trabalho, da legislação social e trabalhista, da organização de uma rede de serviços sociais. O objetivo era disciplinar a reprodução da força de trabalho, controlar suas expressões sociais e políticas e atenuar as sequelas materiais e morais do trabalho assalariado.

Essa breve retomada das determinações históricas da institucionalização do Serviço Social no Brasil quer marcar quatro conclusões decorrentes dessa rápida retrospectiva. Primeira: o Serviço Social se afirma como um tipo de especialização do trabalho como parte de uma estratégia mais ampla do bloco dominante, de uma aliança de classes e frações de classes articulada pelos interesses da propriedade da terra, do capital comercial, industrial e financeiro e das camadas médias a eles identificados. Portanto, o Serviço Social só se torna possível como profissão institucionalizada como parte de uma estratégia do bloco no poder, que articula interesses homogeneizados pelo grande capital. Assim, o Serviço Social se institucionaliza com o propósito subjacente de criar um tipo de socialização do operário adequado às novas condições de vida industrial, ao ritmo e à disciplinarização do trabalho, que fortaleça as bases de legitimidade para o exercício do poder de classe, isto é, para a dominação político-ideológica e a apropriação econômica privada.

A segunda conclusão é que o Serviço Social surge e se expande marcado pela contradição fundamental que organiza a sociedade do capital: o caráter cada vez mais social do trabalho e das forças produtivas contraposto à apropriação privada dos frutos desse mesmo trabalho. Portanto, a atuação do Serviço Social é visceralmente polarizada por interesses sociais de classes contraditórias, inscritos na própria organização da sociedade e que se recriam na nossa prática profissional, os quais não podemos eliminar. Só nos resta estabelecer estratégias profissionais e políticas que fortaleçam alguns dos atores presentes nesse cenário. Assim sendo, a prática profissional tem um caráter essencialmente político: surge das próprias relações de poder presentes na sociedade. Esse caráter não deriva de uma intenção do Assistente Social, não deriva exclusivamente da atuação individual do profissional ou de seu "compromisso". Ele se configura na medida em que a sua atuação é polarizada por estratégias de classes voltadas para o conjunto da sociedade, que se corporificam através do Estado, de outros organismos da sociedade civil, e expressam nas políticas sociais públicas e privadas e nos organismos institucionais nos quais trabalhamos como Assistentes Sociais; trata-se de organismos de coerção e hegemonia que sofrem o rebatimento dos combates e da força das classes subalternas na sua luta coletiva pelo esforço de sobrevivência e para fazer valer seus interesses e necessidades sociais.

Como se situam, nesse quadro, as respostas dos Assistentes Sociais? Os resultados, as estratégias da prática profissional tem-se orientado para fortalecer o poder de que classe na sociedade? Parece-me que aí está o cerne do debate sobre a dimensão política da prática profissional: *a relação da profissão com o poder de classe*. Decifrá-lo implica decifrar a complexa rede de relações de poder que hoje conforma a sociedade brasileira, tanto aquelas que se articulam em torno do bloco no poder como aquelas que estão articuladas em torno das alianças das classes subalternas hegemonizadas pela classe operária.

2. A busca da ruptura

Se a profissão cresce e se desenvolve na intimidade do poder dominante, por ele cooptada e a seu serviço — contando, naturalmente, com a conivência e anuência da maioria dos profissionais —, a partir dos anos 60, no bojo do Movimento de Reconceituação, verifica-se a gestação de uma trajetória de ruptura com as marcas de origem conservadoras da profissão. Ou seja, procura-se reorientar o potencial da prática profissional no horizonte dos interesses daqueles que participam da sociedade através do seu trabalho. O que verificamos hoje? Quais são nossas aspirações, nossos dilemas, nossas buscas, ao repensarmos a dimensão política da prática profissional? Parece-me que há algo que mobiliza a todos nós, ou pelo menos a grande maioria da categoria: a busca de se atribuir à prática profissional uma *nova qualidade*, apontando novos rumos tanto no âmbito da *análise teórica* da sociedade e da profissão, em consonância com o movimento histórico concreto da sociedade nacional, quanto no *exercício da prática* cotidiana no âmbito do mercado de trabalho. Exercício profissional que solidifique laços vivos de solidariedade com os interesses dos segmentos majoritários da população, que se traduza em alternativas profissionais que os fortaleçam como sujeitos políticos coletivos que, nas suas particularidades e diferenças, têm uma esperança e uma utopia a construir na história do presente. Alternativas profissionais que representem a inserção e o apoio possível de amplos setores da categoria profissional, na luta pela criação de um novo bloco histórico que conduza ao surgimento de uma nova hegemonia no conjunto da sociedade.

Qual o desafio com que nos defrontamos? Como avançar nessa direção numa crise e no âmbito do mercado de trabalho, construindo um fazer profissional de nova qualidade, capaz de, alicerçado no presente histórico e com olhos no futuro, potencializar os germes do novo que já estão presentes na dinâmica do processo social? Quais os desafios, portanto? Enfrentar essa questão supõe enfrentar também nossas ilusões. Supõe romper com uma dupla visão que vem marcando o nosso debate e nossa prática profissional: a visão fatalista e a messiânica.

Com que ilusões temos de romper? Como elas se configuram? Há uma exigência de romper com uma visão pessimista, fatalista, perversa do Serviço Social, calcada numa visão determinista da lógica do capital, esvaziada de sua dinâmica contraditória, do seu movimento, da sua possibilidade de superação. O veio determinante dessa análise é a ótica do poder, mas de um pseudopoder monolítico em que o Assistente Social se vê asfixiado, nada lhe restando fazer a não ser denunciar ou lamentar. Nessa visão perversa, temos o profissional acomodado, que procura dar conta de uma maneira ativista, burocratizada e rotineira de inúmeras e diversificadas tarefas que lhe são atribuídas; o limite de seu horizonte profissional é, no máximo, ser um bom tecnocrata, aperfeiçoar formal e burocraticamente seu fazer cotidiano. Reforça, assim, a dimensão tutelar e paternalista do Serviço Social, tornando-se o Assistente Social um mero espelho da instituição patronal, como mais um agente que concretiza as estratégias de classe.

Mas esta visão perversa do Serviço Social não atinge só o profissional acomodado. Corre o risco de atingir também o profissional que se quer progressista, que se autoidentifica como de esquerda, que incorpora um discurso protecionista do trabalhador, que denuncia as arbitrariedades e os desmandos do poder, mas só aposta na pressão extrainstitucional, no coletivo, no "movimento", como se a luta de classes estivesse espacialmente determinada. Como se a luta de classes não afetasse o cotidiano da vida social, as organizações institucionais, as relações de poder que aí estão inscritas. Nessa perspectiva, parece que luta de classe só tem espaço na arena da política *stricto sensu*, nos partidos, no parlamento, como se a vida social e cotidiana, para além da esfera estrita da política, fosse imune às lutas de classes e frações de classes, aos seus confrontos e alianças, aos seus conflitos e soluções negociadas.

Mas há outra ilusão ainda muito presente: a visão messiânica e a-histórica do Serviço Social; deslocada do solo da história, de cunho voluntarista e subjetivista, ingênua quanto às possibilidades revolucionárias da profissão, muitas vezes embalada por um discurso com propostas e veleidades críticas. Marcada por uma visão mágica da transformação social, que passa a ser reduzida a uma questão de princípios. Muitas vezes, esse discurso se reduz ao compromisso individual do Assistente Social, como se a nossa vontade e propósitos individuais fossem unilateralmente suficientes para alterar a dinâmica da vida social, caindo, não raras vezes, numa concepção basista da condução do exercício profissional.

O que há de comum nessas duas tendências, nessas duas formas de ilusão? O ponto comum é a recusa da história, em que posições contrárias do ponto de vista de seus princípios se encontram nos resultados da ação: o fortalecimento e o revigoramento da herança conservadora do Serviço Social, porque não permitem, de fato, a criação de alternativas profissionais novas. O que ocorre principalmente na última concepção? Abstrai-se dos determinantes objetivos do que é uma *profissão* na divisão social do trabalho, com demandas objetivas a responder, às quais não podemos nos furtar. Demandas estas concretizadas na política institucional, nos programas de trabalho que nos são solicitados, que espelham estratégias e respostas do bloco no poder no enfrentamento da "questão social". Se certas demandas não podem ser eliminadas, o que se exige do profissional que se propõe a ser crítico? De um lado, um preparo *teórico* e *político* para enfrentar essas demandas. Articular as solicitações imediatas que nos são apresentadas no atendimento às questões da saúde, habitação etc., às implicações históricas macroscópicas em que se situam. Ou seja, a capacidade de articular o particular com o geral. De outro lado, a *pesquisa criadora da realidade* com a qual trabalhamos, que nos possibilite ultrapassar o discurso da mera denúncia, para a elaboração de propostas competentes e eficazes para melhorar a qualidade dos serviços prestados e criar mecanismos que propiciem a crescente participação da população no controle desses serviços.

Exige-nos, ainda, um *atento acompanhamento do movimento das classes sociais,* em que incluo não apenas as classes subalternas, mas também as iniciativas orgânicas e estratégias da burguesia e das classes trabalhadoras; e um acompanhamento mais próximo dos movimentos sociais, de modo que possamos incorporar algumas de suas propostas e demandas nos programas no espaço institucional e fazer valer o apoio institucional ao fortalecimento e autonomia desses mesmos movimentos.

Uma outra questão decisiva é a *compreensão* dos *liames do poder institucional,* reforçando alianças que possibilitem reorientar as políticas institucionais, sensibilizando-as para as demandas reais e potenciais das classes que conformam o público de nosso trabalho. Isso supõe dar densidade histórica, competência intelectual e técnica às nossas pretensões de vontade. Exige recursos teóricos e um horizonte político para decifrar a dinâmica conjuntural, os sujeitos coletivos aí presentes e suas relações com a profissão. Exige que os Assistentes Sociais sejam mais que meros técnicos executores, que possam ousar enfrentar a realidade e os desafios de um profissional que também é um intelectual.

Essa busca de novos caminhos não pode, no entanto, ser a reedição de velhos equívocos. Velhos equívocos que estão presentes entre nós ao lado de inúmeros ganhos desde o Movimento de Reconceituação. Daí o rigor da crítica dos descaminhos, das ilusões, de modo a preservar a vinculação orgânica entre *profissão, conhecimento* e *história*. Refletir sobre o que há de ilusório no debate profissional é uma exigência para romper as amarras da ilusão, resguardando a utopia que move a criação do novo no presente e no devir histórico. Afinal, desde Marx sabemos que "A exigência de abandonar as ilusões sobre a sua situação é a exigência de abandonar uma situação que necessita de ilusões". Então, para sermos fiéis a esta lição de Marx, cabe pesquisar os caminhos para sair desta situação que nutre as nossas ilusões.

3. A construção de novos caminhos

Quais os caminhos que estão sendo hoje gestados no debate profissional para se atribuir uma nova qualidade à prática do Serviço Social? Quais as vias de retorno aí contidas? O que é necessário avançar para elucidar com maior eficácia prática e clareza teórica as implicações políticas do nosso exercício profissional?

A análise da dimensão política da prática profissional cruza-se hoje, no cenário-latino-americano, necessariamente com um debate da maior importância, um debate que está sendo qualificado como do "Serviço Social Alternativo".[1] Parece-me que este é um dos caminhos

---

1. No momento em que se publica esta palestra, meus pontos de vista sobre o "Serviço Social Alternativo" estão registrados no texto: M. V. Iamamoto e J. P. Netto "Serviço social alternativo": Elementos para a sua problematização. Rio de Janeiro: Nupess/UFRJ, Série Textos para Debate, n. 1, 1989, reproduzido nesta coletânea, p. 131-158. A polêmica em torno do tema pode ser acompanhada através dos seguintes documentos: A. Maguiña et al. *La búsqueda del trabajo social alternativo como fenómeno histórico*. Lima, Celats, jan. 1988 (mimeo.), 23 p.; A. Maguiña et al. *En la búsqueda del trabajo social alternativo como un fenómeno histórico*. Lima, Celats, ago. 1988 (mimeo), 36 p.; M. O. S.

para estabelecer parâmetros que permitam situar a atuação profissional e para fazer avançar a busca de alternativas numa direção que, em amplos traços, poderíamos chamar de progressista.

Esta proposta é de extrema importância, mas resvala por alguns descaminhos. Quais as bases do que se qualifica como Serviço Social Alternativo? Reconhece-se que a busca do Serviço Social Alternativo não é algo novo, não é um modismo, está presente no debate profissional desde os anos 1960, mas que hoje se apresenta sob novas formas. A questão-chave deste debate é a de que as alternativas profissionais não são gestadas exclusivamente no campo intraprofissional, pois elas estão intimamente articuladas e dependentes do processo histórico de nossas sociedades nacionais e que, portanto, não são dadas apenas por uma posição voluntarista, mas por sua dependência das possibilidades históricas.

Essa discussão é extremamente pertinente e tem a intenção de pensar as alternativas considerando as particularidades da profissão na divisão social do trabalho, considerando o Assistente Social como um trabalhador assalariado que tem um vínculo institucional. Os entraves dessa análise, porém, também estão presentes. Qual a tese-chave do Serviço Social Alternativo? A de que o Serviço Social só pode se propor como alternativo à medida que se constitui uma alternativa popular para a ordem social. O alternativo é, pois, o que levanta o "projeto popular" em relação ao projeto que é hoje dominante. A profissão só pode se propor como alternativa, portanto, na medida em que articular, facilitar e reforçar o desenvolvimento desse projeto social organizado em torno dos interesses populares, como convocatória de nova hegemonia. Os profissionais tornam-se alternativos quando sua prática se torna orgânica ao "projeto popular alternativo". Em suma, o alternativo é o "projeto popular".

O que há de problemático, de ilusório nessa formulação aparentemente tão coincidente com nosso debate? Se o conteúdo vital da

---

Silva e J. B. Lopes. *O desenvolvimento do projeto profissional alternativo do serviço social no Brasil*: Debates e Perspectivas. São Luís, 1988 (mimeo.), 37 p.; M. O. S. Silva e J. B. Lopes. *O desenvolvimento do "serviço social alternativo" no Brasil*: debates e perspectivas. São Luís, set. 1989 (mimeo), 62 p.

noção do alternativo é dado pelo "projeto popular", o que há de problematizar? Em primeiro lugar, a dificuldade de qualificação do povo e do popular: nessa formulação, tendem a ser homogeneizados numa identidade ideal em torno de *um* projeto social alternativo de cunho socialista revolucionário, deixando em segundo plano a heterogeneidade do campo popular. Ora, o campo popular, que engloba as camadas médias, o proletariado, o campesinato, parcelas do *lúmpen*, contém tensões internas que não podem ser facilmente reduzidas a seus componentes anticapitalistas e, mais ainda, eles não podem ser identificados com uma proposta socialista revolucionária. O povo, em si, como uma totalidade, não é revolucionário.

Segunda dimensão problemática: a ideia de *um* projeto social popular, que se opõe a *um* projeto dominante no âmbito latino-americano. Corre-se aí o perigo de fazer tábula rasa das particularidades nacionais no que se refere à formação da sociedade civil e do Estado nos diferentes países da América Latina, assim como do debate das esquerdas e dos partidos políticos que demarcam propostas diferenciadas nos quadros nacionais e continental.

Essas dificuldades se complexificam quando rebatem para o nível de análise da profissão. Qual é a lógica que preside a argumentação? Como o conteúdo do alternativo está dado pelo projeto popular e como este supõe a ultrapassagem do capitalismo — um projeto socialista revolucionário —, o caráter do alternativo em nível profissional passa a depender diretamente dos rumos da revolução na América Latina e de uma teoria da revolução que nunca é explicitada entre nós. Assim, a revolução torna-se diretamente o parâmetro central para avaliar alternativas profissionais. Isso nos parece, no mínimo fora de lugar, por diluir as especificidades profissionais. Daí decorrer a perda de fronteira entre profissão e partido político, entre exercício profissional e militância. Isso tem se traduzido, inclusive, no nosso debate mais cotidiano, na controvertida identificação do Assistente Social como o intelectual orgânico do proletariado — noção construída por Gramsci e que não pode ser mecanicamente transferida para o âmbito profissional.

Analisar as relações entre profissão e partido supõe acentuar as suas diferenças para elucidar as suas relações, e não diluí-las numa identidade. Profissão não é partido, embora articule-se com uma dimensão política da prática profissional. Corre-se ainda o risco de o projeto social popular alternativo tornar-se um buraco negro, que tudo e nada explica; e o alternativo no nível da profissão tornar-se vítima dessa armadilha, o sucedâneo do clichê a que foi reduzida a transformação social no discurso profissional, esvaziada de sua densidade histórica, correndo paralela e sobreposta ao movimento histórico social concreto. Como o projeto social alternativo passa a ser objeto das mais variadas qualificações — porque ainda não está qualificado —, corremos o risco de entender como alternativo aquilo que cada grupo de profissionais formula como tal. Aí é que pode ocorrer uma inversão total, a subordinação da revolução à profissão.

É fundamental um *avanço* nesse debate; não se trata de recusá-lo, mas de redefinir-lhe os termos, a fim de que a busca de uma alternativa não se reduza a uma petição de princípios. Se o processo social abre possibilidades para a ação profissional em cada conjuntura, as alternativas não se darão mecanicamente: são fruto da capacidade teórica e política dos profissionais de se apropriarem dessas possibilidades históricas e de traduzi-las em alternativas profissionais. O VI Congresso de Assistentes Sociais, nesse sentido, estabelece alguns temas fundamentais que avançam nessa direção, ou seja, a de compreender e construir uma prática de nova qualidade sem diluir suas particularidades enquanto profissão.

Temos ainda um outro desafio: entender e decifrar nosso próprio discurso profissional no âmbito da cultura brasileira, do pensamento brasileiro. E, necessariamente, procurar perceber a diversidade interna das classes sociais, superando nosso discurso muitas vezes monolítico, reconhecendo as contradições fundamentais e avançando na sua diversidade interna enquanto processo de trabalho e universo cultural.

Finalmente, uma questão essencial a ser discutida é a relação entre questão nacional, cultura e classes sociais. Como recuperar a diversidade interna e as particularidades dos sujeitos com os quais e para os quais trabalhamos, que nos demandam profissionalmente? Entender essa questão supõe avançar na questão da cultura. O ponto de partida dessa compreensão é o de que o processo de desenvolvimento capitalista e as formas que ele assume são também um processo cultural, com derivações na constituição do modo de vida das diferentes classes e seus segmentos. É também um processo de constituição da sociedade nacional, na sua diversidade, nos seus traços particulares, englobando aí não só a configuração das classes como sujeitos políticos, mas as disparidades regionais, a formação de um patrimônio cultural e linguístico, a miscigenação racial, as religiosidades, as diferenças da constituição do masculino e do feminino, as lutas pela conquista da cidadania — enfim, a questão nacional implica a questão da cultura. Desvendar a dimensão cultural presente no processo de constituição sociopolítica das classes sociais é fundamental para ultrapassar uma análise estritamente estrutural, mas também para entender as particularidades através das quais as classes sociais conformam a sua experiência formativa em formas culturais.

A questão da cultura se encontra necessariamente atravessada pelas particularidades do processo político brasileiro, qualificado por alguns como uma "contrarrevolução burguesa permanente", ou seja, um processo político em que os dilemas da sociedade nacional têm sido presididos por decisões de cima para baixo, pelo alto, com a exclusão dos segmentos majoritários da população. É o que o professor Florestan Fernandes qualifica de uma *democracia restrita*, da democracia dos oligarcas à do grande capital. Se o Estado foi cooptado historicamente pelo bloco no poder, estabeleceu-se um divórcio crescente entre Estado e classes subalternas, sujeitas tanto à repressão centralizadora do Estado quanto ao arbítrio dos chefes políticos e regionais. Trata-se de uma história política em que o liberalismo adquiriu tonalidades próprias: não se construiu sobre a universalidade da figura do cidadão, mas é um liberalismo de raízes oligárquicas, estamentais, marcadas pelo passado escravocrata e pela política de base municipalista calcada no poder local e pessoal, cuja manifestação típica é o coronelismo, que indica uma hipertrofia do poder privado no compromisso de troca de proveitos com o poder público.

Esta história política é calcada no mando e não no mandato: nela, a ideologia do favor e do arbítrio tem sido a mediação quase universal. Quais os resultados desse processo, no que ele nos interessa?

Antes de mais nada, esta história tem sido a história da recusa do reconhecimento da cidadania das classes subalternas, a história da construção de impedimentos e bloqueios às iniciativas para uma real participação política, que resultasse na criação de canais orgânicos e sólidos para a expressão dessas classes como sujeitos políticos coletivos. Dado que a participação das classes subalternas foi tão tolhida historicamente, e que ela não se concretiza apenas nos canais orgânicos de participação política (partidos, sindicatos), para onde foi o protesto? O protesto não se expressa apenas na esfera da política *stricto sensu*, tendo sido muitas vezes canalizado para a esfera das práticas culturais das classes trabalhadoras, como *locus* privilegiado da resistência e da prefiguração de formas de vida que fogem aos parâmetros da sociedade oficial. Daí um desafio que temos, pela característica muito peculiar de nossa prática: o de decifrar o potencial político da cultura que preside o modo de vida e de trabalho das classes subalternas como um componente vivo e ativo da luta de classes e da constituição destas, mesmas classes no processo de luta. Muitas vezes, o enfrentamento das relações de poder é metamorfoseado na aparência da resignação sociopolítica e da violência contida. Há um simbolismo de protesto que deve ser decifrado, presente nas expressões culturais, que não se revelam na linguagem cristalina da política, mas que se estruturam como um questionamento implícito, muitas vezes travestido numa forma opaca das expressões culturais, que escondem o conteúdo de recusa à humanidade do trabalhador, dilapidada no cativeiro da terra e no trabalho formalmente livre. Este me parece ser também um desafio para o Serviço Social, bem como para os partidos que se dispõem a falar em nome dos trabalhadores, qual seja, o de reconhecer e recuperar estas expressões de recusa cifradas e contidas, embutidas na vivência prática desses grupos, contribuindo para sua transfiguração na esfera da política, na luta pela democratização da vida social em contraposição à nossa herança política autoritária.

Sendo a cultura, como nos diz Marilena Chaui, um jogo interno de conformismo e resistência, a recuperação da questão nacional e da cultura nos permite romper o caminho das visões deterministas e voluntaristas, apreender as particularidades culturais que atravessam as classes sociais, resgatar o potencial criador já contido na prática cotidiana das classes subalternas, assim como fazer a crítica dos elementos conformistas, alienados e alienantes que aí comparecem, introduzindo novas mediações no nosso debate sobre a dimensão política da prática profissional: a questão da mulher, a questão racial, das disparidades regionais entre outras, o que supõe um estímulo e uma vocação à pesquisa.

É essa reavaliação da dimensão política da prática profissional e de seu vínculo com a cidadania de classe e com o aprofundamento da democratização ampla da vida social que pode nos conduzir a novas luzes na efetivação de um exercício profissional de nova qualidade, que contribua para o processo de construção de um novo bloco histórico na sociedade, com a hegemonia daqueles que criam a riqueza e dela não se apropriam.

"Serviço Social Alternativo": elementos para a sua problematização*

O presente texto quer ser *uma* contribuição — e apenas levantar algumas pistas críticas e polêmicas e, pois, necessariamente inconcluso e aberto a novos desenvolvimentos — ao debate em torno do "Serviço Social Alternativo", tal como vem formulado em elaborações de um conjunto de companheiros do *Centro Latinoamericano de Trabajo Social* (Celats).[1] Esta contribuição incorpora ainda alguns elementos da discussão que se desenrolou nos encontros realizados em Natal (RN), em outubro de 1988,[2] inclusive aportes de companheiros da Executiva da *Associação Brasileira de Ensino de Serviço Social* (ABESS).[3]

---

* Texto redigido em 1989, em colaboração com José Paulo Netto, e divulgado inicialmente pelo Mestrado em Serviço Social da Universidade Federal do Rio de Janeiro através do Núcleo de Pesquisa da Escola de Serviço Social — Nupess, Série Textos para Debate n. 1, março de 1989. Agradeço ao Prof. Dr. José Paulo Netto a autorização para publicá-lo.

1. O material dos companheiros do Celats foi apresentado em pelo menos duas versões:

a) A. Maguiña et al. *La búsqueda del trabajo social alternativo como fenómeno histórico.* Lima, Celats, jan. 1988 (mimeo.), 23 p.;

b) A. Maguiña et al. *En la búsqueda del trabajo social alternativo como un fenómeno histórico.* Lima, Celats, jan. 1988 (mimeo.), 23 p.;

O texto de janeiro de 1988 (um "documento de trabalho") e o de agosto do mesmo ano (uma "síntese de uma proposta para o debate") são diferentes, mas também apresentam uma continuidade substantiva; citaremos o primeiro documento como *Celats, 1988* e o segundo como *Celats, 1988, v. 1.*

2. Trata-se, respectivamente, do *Seminário nacional sobre o projeto pedagógico em serviço social*, promovido naquela capital (13 a 15 de out. 1988) pela Abess, e do *Seminário Latino-Americano sobre "El proyecto pedagógico en trabajo social",* lá realizado (17 a 21 de out. 1988) sob os auspícios do Celats.

3. Tais aportes, que contaram com a colaboração do Prof. José W. Germano, foram consignados em *paper* divulgado no primeiro dos encontros citados na nota anterior, sob a responsabi-

O referido debate não é estranho ou alheio às preocupações que se verificam nos meios acadêmicos e profissionais brasileiros; ao contrário: ele vem se processando entre nós, nomeadamente desde que, em abril de 1987, instituiu-se a "Comissão de Articulação do Serviço Social Brasileiro para a América Latina", composta por representantes da Abess, da *Associação Latino-Americana de Escolas de Serviço Social* (Alaets), da *Associação Nacional de Assistentes Sociais* (Anas), do *Conselho Federal de Assistentes Sociais* (CFAS) e da *Secretaria de Estudantes de Serviço Social da União Nacional dos Estudantes* (Sessune). Por outra parte, na *XXV Convenção Nacional da Abess* (Fortaleza, setembro de 1987) foram indicadas duas companheiras (as professoras Maria Ozanira da Silva e Silva e Josefa Batista Lopes) para coordenarem, em nível nacional, em nome da Abess e do *Centro de Documentação e Pesquisa em Política Social e Serviço Social* (Cedepss), um programa de pesquisa sobre o "Serviço Social Alternativo" no contexto das particularidades brasileiras.[4]

Dois pressupostos elementares estão na raiz deste texto. O primeiro refere-se *à importância intrínseca* dos materiais elaborados pelos companheiros do Celats e o segundo deriva da necessidade de *fazer avançar*, com rigor teórico e nível acadêmico, o debate que aqueles materiais compulsoriamente põem (ou repõem) na ordem do dia.

A relevância imanente dos materiais é inequívoca: na já histórica tradição construída pelo Celats — que se manifesta no estímulo e na organização progressista das discussões mais pertinentes aos setores avançados da categoria profissional em escala continental —, os documentos articulam temáticas e problemas muito importantes para o universo do Serviço Social, que abarcam desde a for-

---

lidade da Abess, do Centro de Ciências Sociais Aplicadas e do Departamento de Serviço Social da Universidade Federal do Rio Grande do Norte (Natal, out. 1988, mimeo, 6 p.).

4. A proposta inicial das duas companheiras está formulada num longo documento (M. O. S. Silva e J. B. Lopes. *O desenvolvimento do projeto profissional alternativo do serviço social no Brasil*: Debates e perspectivas. São Luís, 1988, mimeo, 37 p.) que, com matizes distintos, retoma o essencial da elaboração dos documentos do Celats.

mação até às possibilidades da intervenção profissional.[5] Esses materiais traduzem um evidente esforço no sentido de, a partir de inquietudes e dilemas dos profissionais, pesquisar vias e caminhos que permitam vislumbrar novas formas de intervenção. Existe, ademais, uma clara sensibilidade diante de um fenômeno central: no final dos anos 1980, ponderavelmente modificados os parâmetros da reflexão sobre as sociedades latino-americanas (e modificados porque estas revelam cenários e problemas emergentes), também se requerem perspectivas e prospecções novas para o Serviço Social. Parece-nos que, diante disso, a elaboração dos companheiros do Celats expressa uma intencionalidade renovadora que honra os melhores empenhos do que há de mais dinâmico e vivo no Serviço Social em nossos países.

A consequência desta apreciação é clara: pela própria natureza do seu esforço, a elaboração que apresentam exige dos profissionais comprometidos com a renovação crítica do Serviço Social uma cuidadosa atenção, para que o trabalho da equipe do Celats possa ser aperfeiçoado e, sobretudo, para que a sua inspiração se objetive em novos aprofundamentos e desdobramentos. A reflexão em torno da(s) proposta(s) que nele se formula(m) é imperativa, se se quiser que o projeto profissional aí envolvido resulte da convergência de contribuições embasadas em substratos teóricos sólidos, sistemáticos e congruentes. O princípio da reflexão coletiva que os documentos em pauta reclamam é nítido: a *unidade* em torno de um projeto profissional não se constrói sobre a base de *identidades* articuladas como acomodações teóricas, mas preservando e aprofundando *diferenças* que, a partir de determinações teórico-culturais e ídeo-políticas explicitadas, estruturem um *campo comum* de objetivos, estratégias e táticas.

---

5. Recorde-se que a noção de "Serviço Social Alternativo" tem rebatimentos diretos no "Projeto Pedagógico" correspondente, cujo correto encaminhamento está hipotecado à inteira clarificação daquela noção. É de observar que, nos encontros de Natal, destacou-se — e esta questão transcende os limites deste nosso trabalho — que *não* há congruência e compatibilidade entre os tratamentos que, documentalmente, estão sendo concedidos pelo Celats a estas duas linhas de elaboração e pesquisa.

Esta reflexão crítica — tanto quanto a elaboração iniciada pelos companheiros do Celats — não pode ter êxito se não for produto de um debate coletivo e organizado, contando não só com protagonistas da categoria profissional, mas com interlocutores de outras áreas.

1. Para a crítica de alguns supostos do "Serviço Social Alternativo"

A noção de "Serviço Social Alternativo" tem um suporte elementar na articulação que deriva, segundo os companheiros do Celats, da circunscrição do *popular*. Determinar o *campo popular* é fundamental para a construção do respectivo *projeto* e para a sua inserção no âmbito das classes sociais e de seus projetos. Os problemas de fundo e os dilemas substantivos para essa determinação decorrem da vulnerabilidade de um dos constitutivos centrais da proposta global do "Serviço Social Alternativo". E a nossa hipótese — que procuraremos desenvolver e clarificar a seguir — é que tais problemas e dilemas existem e viciam a argumentação que os companheiros elaboram.

1.1 O reducionismo analítico

Depois de uma série de observações teórico-metodológicas genéricas, os companheiros do Celats acabam por dar a povo — categoria de cuja reconstrução teórica depende *inteiramente* a sua sustentação do "Serviço Social Alternativo"[6] — a seguinte caracterização: "Povo, então, é uma categoria ampla. De acordo com Sojo, pode-se dizer que

---

6. "O Serviço Social Alternativo parte do reconhecimento de que a 'alternativa' é a posta pelo projeto popular em face do projeto social que é dominante hoje" (Celats, 1988, p. 1); "(...) O Serviço Social só pode propor-se como 'alternativo' na medida em que se constitui como parte de uma alternativa popular para a ordem social" (Celats, 1988, v. 1, p. 12). E de observar que, no plano formal, registra-se entre os dois documentos uma curiosa diferença: enquanto o primeiro

é o conjunto de todos os segmentos subordinados (o proletariado também) que, nesta condição, são funcionais ao capitalismo" (Celats, 1988, p. 5).[7] Esta *categoria ampla* não é posta, *em princípio*, como homogênea; ao contrário, remete "a um todo diferenciado (não apenas classes, mas etnias, nacionalidades, religiões, jovens etc.)" (Celats, 1988, p. 6).[8] Acentuada esta *diferenciação*, era de esperar a inferência da *heterogeneidade* que ela implica. Mas não é com esta que se depara o leitor dos companheiros do Celats; antes, no andamento imediato da sua argumentação, ocorre que a diferenciação é logo *esbatida*: os autores avançam a tese de que aquele "todo diferenciado" se articula mediante uma *identidade* que "procede do projeto popular que sintetiza a luta contra a exploração e a dominação e pugna por construir uma hegemonia que responda a seus interesses e aspirações particulares" (Celats, 1988, p. 7).[9] E, o "projeto popular", instância da qual "procede" aquela "identidade", não é, segundo os companheiros do Celats, algo indefinido ou problemático: ele "aponta, e contém em si, a proposta de uma sociedade alternativa", "é revolucionário" "é nacional e continental" e tem por meta (com a remissão a Galper) a criação de "uma sociedade humana e igualitária que, em seu estádio mais avançado, leve à abolição das classes" (Celats, 1988, p. 12-13; Celats, 1988, v. 1, p. 24-25).

Observemos, inicialmente, o *conteúdo* que se atribui ao "projeto popular". Pelo que acabamos de referir, não pode haver dúvidas de que a "sociedade alternativa" que os companheiros do Celats nele encontram é a secular programática da transição ao comunismo — sinteticamente, aquele "projeto popular" é visualizado como um *projeto socialista revolucionário*. Se esta leitura é pertinente — e estamos

---

se inicia com a discussão do *popular*, no segundo este debate é posposto à elaboração dos lineamentos do "Serviço Social Alternativo".

7. No documento posterior, há uma ligeira — *mas não desprezível* — modificação desta passagem: "Povo, então, é uma categoria ampla. De acordo com Sojo, pode-se dizer que é o conjunto de todos os segmentos subordinados, *em particular o proletariado*, que nesta condição são funcionais ao capitalismo" (Celats, 1988, v. 1, p. 19; grifos nossos).

8. As mesmas cautelas aparecem no documento seguinte (Celats, 1988, v. 1, p. 20).

9. Curiosamente, no documento posterior, *desaparece* desta passagem a categoria de *hegemonia* (Celats, 1988, v. 1, p. 20).

convencidos de que o é —, ela apresenta dois problemas teórico-políticos da máxima relevância: 1.) a relação dos componentes daquele "todo diferenciado" com a revolução socialista; 2.) a relação deste "projeto popular" com o "projeto proletário". O exame atento dos documentos dos companheiros do Celats mostra que estes dois problemas *não* foram minimamente resolvidos.

A categoria de *povo* assumida pelos companheiros do Celats (cf. *supra*) obriga a levar até o fim o seu caráter *policlassista*: o "todo diferenciado" a que eles fazem explícita referência inclui, em nossos países, se o discurso tem alguma relação com a realidade, o proletariado (urbano e rural), as camadas médias tradicionais (como a pequena burguesia) e modernas (categorias de técnicos assalariados) e o campesinato, bem como o lúmpen-proletariado e outros grandes agregados humanos que se aproximam das condições de vida deste último. Parece claro que, na atualidade latino-americana, mesmo consideradas as suas diversidades, todos estes "segmentos" são "subalternos" e "funcionais" ao capitalismo, como querem os companheiros do Celats. Entretanto, está longe de ser pacífico que deste denominador comum (subalternidade e funcionalidade) emerja um *mesmo* projeto *anticapitalista* — para não dizer socialista revolucionário. Uma coisa é afirmar-se, à base de processos sócio-históricos que se desenvolvem de há muito na realidade latino-americana, que entre vários destes "segmentos" pode-se soldar *uma unidade tático-estratégica, centralizada pelo proletariado, com projeções ídeo-políticas revolucionárias* (o que se nos afigura legítimo) e outra, muito diferente, é assegurar a sua *identidade num projeto socialista revolucionário* (tese que, conforme entendemos, encontra-se nos textos dos companheiros do Celats). Sustentar esta última posição supõe secundarizar ao limite as tensões e contradições efetivamente existentes naquele "todo diferenciado" e hipostasiar as suas linhas de convergência, deslocando a unidade possível para uma identidade ideal. O procedimento analítico dos companheiros do Celats vai justamente neste sentido: de uma parte, eles tendencialmente visualizam a mobilização dos "segmentos subalternos e funcionais" como *unidirecional,* voltada para questionar o *status quo* na ótica da sua ultrapassagem revolucionária;[10] de outra, e decorrentemente, elaborando aquela identidade ideal, eles *equalizam* a "oposição" às classes dominantes num só projeto — o "projeto popular", com o conteúdo já visto.[11]

Em síntese, e atendo-nos exclusivamente ao que é substantivo,[12] o eixo da argumentação dos companheiros do Celats padece de um medular *reducionismo*, que se expressa sob diferentes modalidades. Os feixes de tensões, colisões e contradições que atravessam o *campo popular*, dado o caráter compósito, heteróclito, policlassista do povo, são reduzidos às suas impulsões anticapitalistas; e estas impulsões, a seguir, são reduzidas àquelas que apontam para a superação progressista (a "sociedade alternativa") da ordem capitalista — donde a coerência *formal* da argumentação, a *identidade do campo popular* provindo do *projeto revolucionário*. Esta redução em dois níveis — adiante veremos outra expressão — é *ilegítima* e *improcedente*: há fortíssimos indícios (tanto na diversa experiência histórica latino-americana, quanto na experiência de todo o mundo contemporâneo) de que nem todos os "segmentos subalternos e funcionais" ao capitalismo tendem ao anticapitalismo e, menos ainda, que projetam a sua ultrapassagem revolucionária (pense-se, especialmente, nas utopias regressivas de setores camponeses ou na sedução que o fascismo exerce sobre estratos das camadas médias, tradicionais e modernas).

---

10. Escrevemos *tendencialmente* porque, ao lado de formulações como as que citamos acima, comparecem outras, que matizam esta postura; cf. p. ex., em Celats, 1988, o último parágrafo do item 1.3 (p. 12; em Celats, 1988, v. 1, a passagem está na p. 24). Mas perpassa os documentos uma angulação segundo a qual, em última instância, as "massas" encontrarão o "caminho certo": "Seriam as 'massas indiferenciadas' de que falava Marx suscetíveis de serem ainda reduzidas a 'massas de manobra' pela reação, mas cujo senso comum desenvolve e contém o 'bom senso' que lhes permite avançar no contexto da prática social aproximando sua consciência a níveis mais elaborados, capazes de imbricar-se com movimentos sociais mais diferenciados" (Celats, 1988, p. 5; Celats, 1988, v. 1, p. 18).

11. Quanto a este ponto, os documentos em tela são *inequívocos*: em nenhum deles se mencionam projetos populares, no plural — tudo se passa como se houvesse *um único*, no singular, projeto popular.

12. E isto porque há inúmeros argumentos e passagens procedentes em ambos os documentos; na nossa problematização, é compreensível que nos detenhamos sobre aqueles pontos acerca dos quais discrepamos — e que, estes sim, nos parecem *substantivos*.

1.2 A diluição das lutas de classes

Igualmente precário é o tratamento que, nos textos em tela, se oferece da relação entre o "projeto popular" e o "projeto proletário". Aqui também, à parte observações genéricas das quais é impossível discordar,[13] o que se verifica é que os companheiros do Celats *não conseguem diferenciá-los*. Eis a sua formulação central: "O projeto popular prefigura em diversos graus o projeto proletário, mas só é popular na medida em que assim o faça, acumulando forças e apontando neste sentido" (Celats, 1988, p. 6; Celats, 1988, v. 1, p. 20). Não nos parece fácil interpretar esta passagem. Tudo leva a concluir que o "projeto popular", amadurecido no processo de constituição do "movimento popular",[14] acaba por se converter no "projeto proletário", já que depois se afirma que "a mobilização de cada segmento particular do povo se constitui como tal quando enfrenta, nesta situação particular, a relação com a luta do proletariado: quando refere essa tarefa local ao projeto da classe que é o que lhe dá significado e sentido (porque a localiza na mudança do conjunto)" (Celats, 1988, p. 7).[15] No limite — e a interpretação dos textos é aqui muito difícil, uma vez que eles, quanto a este aspecto, são nebulosos — parece que o "projeto popular" se resolve no "projeto proletário", ou que os dois se identificam quando o proletariado se investe do estatuto de *classe para si*.[16] Esta resolução ou

---

13. Do seguinte tipo: "O projeto proletário tem um papel insubstituível na transformação da América Latina" (Celats, 1988, p. 6; Celats, 1988, v.1, p. 19); "Além do mais, a luta essencial e profunda é entre dois sistemas sociais: capitalismo e socialismo" (Celats, 1988, p. 6; Celats, 1988, v. 1, p. 19-20).

14. Este processo, que envolve o "povo" e as "classes" que o compõem, é tratado igualmente nos dois documentos (Celats, 1988, p. 5-6; Celats, 1988, v. 1, p. 19).

15. No documento posterior, a redação é mais apurada: "A mobilização de cada segmento diferenciado do povo se constitui como tal quando enfrenta, a partir da sua situação particular, a relação com a luta do proletariado: quando vincula suas lutas ao projeto da classe que lhe dá significado e sentido (porque a localiza na mudança do conjunto)" (Celats, 1988, v. 1, p. 20).

16. Nesta perspectiva, é óbvio que o problema ganha outra dimensão: nele passa a sobressair a questão da *hegemonia*. Como os próprios documentos esclarecem, a questão "que surge, em consequência, é a da hegemonia do proletariado no conjunto do povo" (Celats, 1988, p. 6; Celats, 1988, v. 1, p. 20). Mais precisamente: "O projeto social alternativo deverá impor-se mediante a hegemonia, ou seja, persuadindo outros setores de classe para que adiram a ele, me-

identificação está hipotecada ao protagonismo do proletariado, visto como o "segmento do povo que resume em sua condição de classe a vontade popular de libertar-se do jugo do capital" (Celats, 1988, p. 7; Celats, 1988, v. 1, p. 21). Entende-se agora, portanto, porque o "projeto" do *campo popular* (a "sociedade alternativa") é a programática da transição ao comunismo: os companheiros do Celats tendem a promover, numa prospecção histórica, a identificação do "projeto popular" com o "projeto proletário" — de fato, *o projeto social* "alternativo".[17]

Há, porém, uma outra faceta a explorar nesta coexistência e posterior simbiose de "projeto popular" e "projeto proletário" — relação entre *povo e classe*,[18] e aqui já transitamos para um problema macroscópico da elaboração dos companheiros do Celats. Apesar da sua remissão aos "clássicos" do marxismo para a discussão das classes sociais e da sua referência formal classista aos movimentos dos segmentos "subalternos e funcionais" ao capitalismo, toda a sua argumentação acerca do movimento popular utiliza as classes como determinações *histórico-abstratas*. Corretamente, ambos os documentos pontuam que "desvios positivistas conduziram, em muitos casos, a considerar que a teoria clássica das classes sociais era insuficiente para dar conta da complexidade dos processos sociais contemporâneos" (Celats, 1988, v. 3; Celats, 1988, v. 1, p. 17); no entanto, *ambos reiteram esta consideração, ao diluir as lutas de classe (subalternas) no movimento popular*: as classes aparecem menos como totalidades concretas em movimento contraditório do que como tipos ideais weberianos, com os seus processos prático-históricos dissolvidos no movimento popular que, esse sim, dispõe de concreticidade. Só assim se pode compreender quer o reducionismo que instaura a já aludida equalização no *campo popular* (que então surge como um agregado policlassista cujas tensões são ignoradas), quer a dificuldade de determinar as distinções entre os "projetos"

---

diante um processo de convencimento no qual se ganhem amplos setores" (Celats, 1988, p. 13; estranhamente, esta passagem *não* comparece no documento posterior).

17. É o que parece depreender-se da alínea *e* do final do item I.1. do primeiro documento (Celats, 1988, p. 7) e do item II.1. do segundo (Celats, 1988, v. 1, p. 20-21).

18. Relação que os próprios documentos reconhecem como problemática a ser entendida "quando vemos a dinâmica social" (Celats, 1988, p. 5; Celats, 1988, v. 1, p. 19).

"popular" e "proletário". Esta problemática de fundo é enfatizada quando os documentos diferenciam, na determinação da classe, uma dimensão paradigmática — a classe "entendida como projeto político" — e uma empírica — "entendida como conglomerado que vive uma situação basicamente similar no processo de produção" (Celats, 1988, p. 12; Celats, 1988, v. 1, p. 24).

A diluição das lutas de classes, contudo, não se dá apenas no âmbito do povo — ela é *global,* uma vez que o mesmo reducionismo que equaliza o *campo popular o* põe em confronto com um outro protagonista insuficientemente clarificado: as "classes dominantes", que (também equalizadamente) devem identificar-se no "projeto social que é dominante hoje" (Celats, 1988, p. 1; Celats, 1988, v. 1, p. 2). Surpreende, aliás e sob todos os aspectos, este procedimento dos companheiros do Celats: *a tematização intensiva do "projeto popular" sem a determinação elementar do que se opõe a ele* — e tanto mais que é sabido que os projetos dos protagonistas sócio-históricos, assim como os próprios protagonistas, se definem e se redefinem na dinâmica dos conflitos, tensões e contradições.[19] O reducionismo equalizante que constituiu o *campo popular* com uma *identidade* provinda do "projeto" que se lhe atribui opera simetricamente na constituição de um *campo não popular,* cuja composição policlassista histórico-concreta também é minimizada e que, hipotética e igualmente, se identificaria por obra de um "projeto não popular" (ou antipopular) — o "dominante hoje".

Linhas atrás, assinalamos que este gênero de imposição não tem implicações somente de ordem teórica (com um procedimento analítico redutor e equalizante), mas acarreta consequências de natureza imediatamente *política.* Não cabe aqui, numa polemização predominantemente teórica, avançar tais consequências; no entanto, há que aludir rapidamente a elas. Trata-se, em resumo, do complexo de questões estratégicas e táticas que derivam do desenho segundo o qual há

---

19. E o procedimento é tanto mais surpreendente quando se leva em conta que, ao tematizar — no plano histórico-abstrato — a formação das classes, os companheiros insistem (inclusive remetendo-se a Thompson) em que elas "se constituem no processo de seu confronto, ou seja, no desenvolvimento da luta de classes" (Celats, 1988, p. 4; Celats, 1988, v. 1, p. 17).

dois projetos societários em confronto no cenário latino-americano, sustentados por *duas* articulações policlassistas (o *povo* e as *classes dominantes*). Assim posto o problema da *revolução latino-americana* — porque é disso mesmo que se trata, dada a funcionalidade sócio-histórica que os companheiros do Celats atribuem ao "projeto popular" —, parece inevitável que ela se resolva por um enfrentamento bipolar, de caráter explosivo, obscurecendo-se as ricas e concretas alternativas de *arcos e sistemas de alianças político-sociais* que interessam ao "povo". Ainda que a questão da hegemonia venha tangenciada intermitentemente, como já notamos, ela se esbate quando se constata a ponderação que os documentos em tela conferem à gravitação da *excludência* dos "projetos".[20]

1.3 O simplismo na análise conjuntural

O rebatimento global e potenciado deste procedimento analítico surge com toda a força quando os companheiros do Celats se enfrentam

---

20. Excludência que tem, para os companheiros do Celats, implicações de enorme alcance teórico — e tanto que, no segundo documento, eles são levados a ensaiar a criação de "um novo conceito de bem-estar" (Celats, 1988, v. 1, p. 27 ss.). Não há dúvida de que é urgente uma crítica das concepções vigentes do bem-estar, nos seus fundamentos teóricos, culturais e ideológicos; entretanto, a criação de um "novo conceito", à base, nomeadamente, da concepção de povo esposada pelos companheiros do Celats não é problemática apenas porque comprometida pelos dilemas teóricos que apontamos — no extremo da caricatura, de fato, ela pode induzir os incautos a rearticular arsenais heurísticos, instrumentos operativos e padrões de socialidade conforme a ótica do "popular"; sabe-se, por experiências históricas não muito remotas, o viés de anticapitalismo romântico, de obreirismo ou de obscurantismo que pode percorrer e enformar tais intentos.

Uma análise desse "novo conceito de bem-estar" nos levaria muito longe. Cabe somente consignar aqui que, no seu esforço para explicitá-lo, os companheiros do Celats reiteram alguns dos traços pertinentes ao conjunto da sua argumentação. Aí repontam o *maniqueísmo* (o conceito "burguês" é *mau*, o "popular" deve ser *bom*), uma concepção *imediatista, pragmática* e *instrumental* da elaboração teórica (os "instrumentos conceituais alternativos" aparecem como função do "reconhecimento da importância determinante da luta protagônica dos setores populares" — cf. Celats, 1988, v. 1, p. 32), uma noção *simplista* da ordem capitalista (expressa no efetivo desconhecimento da questão central da *desigualdade* e sua inversão na retórica liberal) e uma *análise paupérrima* de questões tão complexas como as referenciadas pela *assistência*.

com a contemporaneidade histórico-política da América Latina. É então que se pode constatar a capacidade de leitura da realidade apresentada pela sua grade interpretativa, que sobressai no primeiro dos documentos de que estamos cuidando.[21]

Essa postura dos companheiros do Celats não é arbitrária — com efeito, oferecer uma sintética panorâmica da conjuntura histórico-política da América Latina é-lhes fundamental como quadro de sustentação objetiva da viabilidade do "Serviço Social Alternativo".[22] O quadro que nos oferecem, todavia, é muito pobre. Para começar, a análise procura centrar-se na "contradição povo-Estado", chamando-se a atenção para o traço "napoleônico" deste último em nossas latitudes;[23] nada haveria a polemizar se, a partir deste traço genérico, se avançasse para desvendar as *estruturas estatais particulares* no marco continental, capturando-se a sua inserção nas lutas de classes e a sua complexa funcionalidade de classe (a articulação da vontade política dominante entre os parceiros nacionais e a sua imbricação com os interesses imperialistas). É esse avanço que não ocorre: fica-se na epiderme de uns poucos processos histórico-políticos localizados (sobretudo o cenário centro-americano, que, por este privilégio, parece possuir um estatuto de indiscutível representatividade) e os protagonistas por excelência da arena política (sejam os *partidos*, sejam os *sujeitos políticos "potenciais"* — cf. Celats, 1988, p. 18) são tematizados lateralmente. Na verdade, não se concretiza a "contradição povo-Estado"; limitando-se a uma aproximação impressionista do

---

21. Cf. a seção II: "Uma aproximação histórica à contradição Povo-Estado no presente latino-americano" (Celats, 1988, p. 14-21). No documento posterior, detalhe significativo, esta seção foi suprimida.

22. Por isso mesmo, a supressão assinalada na nota anterior é problemática: sob todos os pontos de vista, o "Serviço Social Alternativo" supõe uma leitura dos processos histórico-sociais em curso na América Latina — e é sempre bom que tal leitura apareça explicitada.

23. Não cremos que esta caracterização (o Estado "napoleônico") seja inteiramente improcedente; mas cabe observar que os estudos sobre a relação Estado-sociedade civil, em nossos países, realizados por pesquisadores marxistas sérios, têm privilegiado alternativas crítico-analíticas muito mais fecundas (como as da "via prussiana"), estranhamente ignoradas nos documentos em tela.

hic et nunc latino-americano,[24] a tentativa de análise empreendida não capta efetivamente nem o *caráter diferenciado* dos processos ocorrentes no continente,[25] nem, por consequência, os liames profundos que instauram a sua *unidade*.[26] Há mais, entretanto: não há nesta tentativa de análise nenhum cuidado em fundar as observações pertinentes aos processos em curso no continente na sua relação com as *estruturas sociais*, mesmo dos países a que os companheiros do Celats se referem expressamente.[27] Ora, precisamente por não dedicarem qualquer atenção a este nível da realidade social, os companheiros do Celats podem prosseguir adiante com um esquema analítico que não distingue, na configuração continental, nem regiões nem blocos de países, em que os protagonistas sociopolíticos parecem ser o *povo*, o proletariado e as *classes dominantes* e em que a problemática central

---

24. Em que há, sem dúvida, assertivas indiscutíveis ("[...] América Latina não voltará à situação dos anos 55-70" — Celats, 1988, p. 17), mas inseridas numa moldura global que as banaliza.

25. Em várias passagens, os companheiros do Celats acenam com a *realidade* das diferenças ("[...] Os povos do continente se traçam objetivos diversos, conforme a correlação da força existente em cada um deles [...] "— Celats, 1988, p. 14). No entanto, como não as tratam analiticamente, essa proclamação permanece uma simples petição de princípios.

26. No primeiro documento, esta unidade não recebe nenhum tratamento cuidadoso — antes, ela é verdadeiramente suposta. Diferente é a impostação do texto posterior; neste, expressamente, há dois parágrafos destinados a realçar a "unidade dentro da diversidade". Mas a conclusão é canônica: como o que "configura um panorama mais ou menos comum de situação e luta popular" não são as correlações de forças das classes em presença, os projetos em confronto e as particulares mediações políticas nos específicos marcos nacionais, mas as formas gerais de expressão da crise econômico-social emergente na década passada, segue-se que "as *circunstâncias básicas* em que o povo deve desenvolver a luta pelo seu projeto *sejam bastante homogêneas em quase todo o continente*" (Celats, 1988, v. 1, p. 14; grifos nossos). O argumento mereceria uma análise mais detida; por agora, basta assinalar que os supostos decisivos permanecem: como o "projeto popular", com o conteúdo que lhe é atribuído pelos companheiros do Celats, defronta-se com dados de realidade em geral similares ("queda do valor real dos salários; crescimento do subemprego; corte nos orçamentos de políticas sociais" etc.), está posta a base que o unifica em escala continental. Aparece aqui, mais uma vez, o reducionismo equalizante já mencionado — as concretas mediações político-sociais que, nos marcos nacionais, refratam as lutas de classes são efetivamente dissolvidas.

27. Cabe notar que os companheiros intentam a referida "aproximação histórica" *sem* tematizar minimamente os processos que se verificam no México, na Venezuela, na Colômbia, na Argentina e no Brasil. Não nos parece que estas omissões sejam acidentais e episódicas, especialmente dada a ênfase na continentalidade das projeções.

das *políticas sociais* (*fulcrais* para o Serviço Social) não recebe nenhuma consideração substantiva e explícita.[28]

As dificuldades encontradas pelos companheiros do Celats para captar a riqueza e a complexidade dos processos em curso na América Latina — e aqui nos limitamos a indicar somente as suas evidências mais flagrantes[29] — expressam, antes de mais nada, as limitações do seu arsenal heurístico como instrumento para uma *análise de realidade*. De fato, o que importa na sua abordagem da contemporaneidade latino-americana não é só o que resgatam, *mas o que deixam de apreender* — o caráter diferenciado e a especificidade de processos econômico-sociais e histórico-políticos, cuja unidade, transcendendo os quadros problemáticos estruturais comuns, se repõe sempre como se se encontrasse *in statu nascendi*. Dadas as características do seu procedimento analítico, também neste passo os companheiros do Celats tendem a reduzir e a diluir as *particularidades* (nacionais e regionais) latino-americanas numa generalidade de parcas potencialidades heurísticas.[30]

---

28. Há várias hipóteses para esclarecer a ausência desta consideração (a que retornaremos) — desde a *concepção de Estado* que é sinalizada nos textos (que não parece lhe conferir funções coesivas e integradoras significativas) até a simples concepção de *instituição* neles presente (Celats, 1988, p. 20). No entanto, os companheiros do Celats expressam uma *vontade* acerca da profissão que é muito pertinente para explicar a lacuna apontada: no quadro de crise e transição vivido pela América Latina, "devemos (...) pensar em um Serviço Social que se baseie menos nos recursos estatais (...) e mais nos recursos da sociedade civil" — claro que, segundo os companheiros do Celats, "sem renunciar (...) ao confronto com o Estado" etc. (Celats, 1988, p. 17).

29. Pensamos que uma análise mais detida revelaria a minimização efetiva que, na ótica em tela, compromete a dimensão das lutas *democráticas* e *nacionais* que se travam no continente, bem como a já indicada subalternização de instrumentos e métodos político-organizativos com que já conta o *campo popular* (partidos e sindicatos, espaços legislativos e executivos nos sistemas de governo etc.). Ao mesmo tempo, tal análise evidenciaria que a abordagem da própria crise econômico-social experimentada contemporaneamente pela América Latina sofre de um *catastrofismo* que, no extremo, supõe a impossibilidade da manutenção (ou da construção) de ordens burguesas legitimadas no continente.

30. Sabe-se que, na ótica marxiana, a determinação das particularidades histórico-sociais é função da reconstrução teórica da concreticidade, mediante a captura das mediações que configuram a sua processualidade; neste sentido, é ilustrativo ler, nos documentos em tela, que "não se deve menosprezar as mediações, mas, tampouco, não se deve aprisionar-se nelas" (Celats, 1988, p. 6; Celats, 1988, v. 1, p. 20).

Se a linha de problematização e a polêmica que esboçamos aqui possui pertinência, as aporias que nela se contêm não fazem referência a este ou àquele aspecto determinado do conjunto de argumentos enfeixado na proposta do "Serviço Social Alternativo" — antes, ferem alguns de seus componentes axiais. Com efeito, se questionarmos pela raiz a concepção que os companheiros do Celats sustentam acerca do *povo*, do *projeto* que lhe atribuem, das suas relações e articulações (teóricas e prático-políticas) em face das classes sociais, do Estado e da contemporaneidade latino-americana, *é impossível deixar de pôr em questão a própria proposta profissional do "Serviço Social Alternativo"* — precisamente porque nela rebate o inteiro peso dos dilemas que sumariamente indicamos. É o que faremos a seguir.

2. Para a crítica do "Alternativo" no nível da profissão

Uma das preocupações que, a nosso ver, vem polarizando o debate contemporâneo do Serviço Social é, sem dúvida, a busca de atribuir uma *nova qualidade à prática profissional,* seja no âmbito da *análise teórica* da profissão no quadro das particularidades nacionais, seja no âmbito da *recriação do exercício profissional cotidiano,* nos marcos do mercado de trabalho. Esta busca coletiva se nos afigura como amplamente representativa dos anseios de expressivas parcelas da categoria profissional, que almejam uma ruptura com a herança conservadora de que o Serviço Social é caudatário — herança que se traduz nos veios positivistas e irracionalistas que atravessam historicamente a análise da profissão e/ou nos estigmas paternalistas e tutelares que vêm selando o fazer profissional inscrito no horizonte dos interesses sociais e culturais dominantes na sociedade.

Esta *busca de ruptura* — que alimenta o debate progressista do Serviço Social latino-americano desde a década de 60 e que vem contando com o impulso decisivo do Celats e da Alaets — é agora catalisada por estas entidades em torno da proposta do "Serviço Social Alternativo".

Uma inquietação que subjaz a esta proposta, e à qual hipotecamos a nossa solidariedade, parece ser a procura de resposta a uma questão de fundo: como avançar, hoje, no contexto das particularidades nacionais de nossos países e no âmbito do mercado de trabalho, na formulação de alternativas profissionais inseridas no horizonte da democratização da vida social. Essas alternativas representam a inscrição e o apoio possíveis, por parte de amplos setores da categoria profissional, à luta pela constituição de um novo bloco histórico, que conduza à criação de uma nova hegemonia no conjunto da sociedade, em que aqueles que trabalham sejam reconhecidos e fortalecidos como sujeitos políticos coletivos que dispõem de perspectivas para construir uma nova sociedade.

Interessa-nos que *esta busca de novos caminhos para a profissão não se traduza na reedição de velhos equívocos, presentes no debate latino-americano do Movimento de Reconceituação;* há que evitar que a discussão do "Serviço Social Alternativo" se converta numa reiteração nostálgica dos velhos dilemas. E aqui nos referimos explicitamente a uma questão central: a retomada de uma visão messiânica e heroica da profissão, ingênua quanto às possibilidades revolucionárias do Serviço Social e deslocada do solo da história (embora muitas vezes embalada por um discurso com propósitos e veleidades críticas, presidido por uma concepção mágica da "transformação social", reduzida a petição de princípio e implicando uma diluição das diferenças entre papel profissional e militância política).

Refletir sobre o que há de *ilusório* no debate sobre o "Serviço Social Alternativo" é uma exigência que, sem prejuízo das utopias que animam a criação do novo no presente e no devir histórico, se apresenta para romper com as amarras da ilusão. Aprendemos com um velho pensador alemão: "A exigência de abandonar as ilusões sobre essa situação é a exigência de abandonar uma situação que necessita de ilusões".[31]

---

31. K. Marx. *Critique de la philosophie du droit de Hegel.* Paris: Aubier, 1971. p. 53.

2.1 O "alternativo" como categoria teórica e histórica

Se se apresenta como objeto de discussão o "Serviço Social Alternativo", imediatamente surge uma indagação quanto à noção mesma de "alternativo". Reconhecendo as múltiplas interpretações possíveis de conferir a esta noção, os esforços dos companheiros do Celats se orientam no sentido de *precisá-la*. O caminho seguido é o de partir do próprio *discurso* da categoria profissional, posto que em "distintos países da América Latina cada vez mais se vem fazendo referência a um Serviço Social Alternativo" (Celats, 1988, v. 1, p. 2). Aliás, a generalização do uso da qualificação "alternativo" é hoje um fato que extrapola o Serviço Social, atingindo outras atividades culturais, intelectuais e profissionais.

O que merece ser questionado é exatamente esta incorporação de um discurso generalizado pelo senso comum, em que uma noção aí presente é imediatamente erigida em *categoria teórica*, à qual cabe apenas atribuir densidade e precisão. Este procedimento deve ser questionado do ponto de vista metodológico, uma vez que as categorias teóricas que iluminam a análise histórico-concreta não podem ser confundidas com aquelas que aparecem na superfície do discurso sobre o real e que, aparentemente, dão conta das suas determinações e processualidade. Esta indicação salientada por Marx na célebre "Introdução" de 1857,[32] norteia a sua reflexão sobre o método da economia política, cujo movimento consiste em partir do todo vivo e descobrir, através da análise, relações gerais abstratas determinantes, expressas em categorias cada vez mais simples, capazes de iluminar a reconstrução do real no nível do pensamento, apreendendo-o como uma totalidade rica em determinações e relações diversas.

Não nos parece metodologicamente correto atribuir à noção de "alternativo" a estatura de categoria teórica, com potencial explicativo para dar conta da busca de novos caminhos para a prática profissional.

---

32. K. Marx. *Para a crítica da economia política e outros escritos*. São Paulo: Abril Cultural, 1982, p. 3-21. (Col. Os economistas).

Questionamos, pois, o suposto de que, sendo esta uma categoria fecunda para a análise, trata-se apenas de "precisá-la". Do nosso ponto de vista, as veredas a serem trilhadas naquela busca supõem, ao contrário, descobrir outras categorias de maior potencialidade heurística, capazes de elucidar os liames subjacentes que conferem concreticidade à noção do que, aqui, se denomina "alternativo". É necessária a desmontagem teórica dos supostos analíticos embutidos na noção mesma do "alternativo" e seu sentido no bojo da profissão, tais como são veiculados nos documentos ora em discussão.

Além das observações acima referidas, de caráter metodológico, a ideia do "alternativo" na trajetória do debate do Serviço Social tende a ser associada à perspectiva, tão difundida por certo tipo de literatura nos anos 70, de uma prática profissional "fora" do mercado de trabalho, "clandestina", de costas para o Estado e as organizações empresariais. Prática pretensamente situada mais além do arcabouço institucional — tido como mero reprodutor das relações de dominação — e, portanto, alheia aos organismos públicos e privados (de caráter patronal) que predominantemente contratam o assistente social e criam as condições para a institucionalização da profissão.

Vale registrar que os companheiros do Celats têm a expressa intenção de descartar esta interpretação, denunciando os descaminhos teóricos presentes no debate profissional mais recente. Resta verificar se tal intenção é confirmada no resultado global da sua análise ou se esta conduz, por atalhos tortuosos, à infirmação daquela intenção explícita.

A análise do "alternativo", no âmbito da profissão, tem como ponto de partida a premissa de que "a busca do Serviço Social Alternativo só se pode fazer *à luz de processos históricos*. Dos processos históricos que, em sua constituição, definem as alternativas que se abrem em cada etapa e em cada conjuntura nos diversos países latino-americanos" (Celats, 1988, v. 1, p. 2). Sendo extremamente rica e fecunda a diretriz de se atribuir densidade histórica à busca de alternativas profissionais, cabe, no entanto, ressalvar que se os processos históricos moldam as dinâmicas conjunturais que se abrem em nossos países, eles não rebatem sem mediações nos rumos da ação profissional, plasmando *diretamente* alternativas profissionais. Em outros termos: não são os processos históricos que definem, em cada conjuntura, as alternativas profissionais — se assim fosse, cairíamos numa "personificação reificada" da história. O que a dinâmica histórica põe e repõe, objetivamente, são *possibilidades* para a ação profissional, que só se traduzirão em alternativas reais na órbita profissional *quando apropriadas e elaboradas por atores profissionais ao estabelecerem estratégias de ação que se configurem como respostas intelectuais e técnicas às demandas emergentes naquele campo de possibilidades.*

Ressaltar esta questão, aparentemente óbvia, torna-se pertinente para se evitar a queda, em nome da história, numa visão determinista e reflexa das alternativas profissionais que, excluindo as mediações que peculiarizam a profissão no processo social global, exclui *os próprios sujeitos da ação profissional.*[33]

2.2 *A crítica da crítica ao debate recente da profissão*

Com o claro intuito de fazer com que as considerações sobre o "Serviço Social Alternativo" incorporem as contribuições e ultrapassem os equívocos mais flagrantes presentes na trajetória teórica recente do Serviço Social latino-americano, os companheiros do Celats submetem esta última ao crivo da sua crítica.

O ponto de partida da reflexão é que a preocupação com o "Serviço Social Alternativo" "não é algo novo", "não é uma moda" ou "uma intervenção extravagante da profissão". É "uma temática que tem tradição no Serviço Social e que, como outras, aparece com conteúdos novos na América Latina, dadas as circunstâncias originais" em que

---

33. É significativo que os documentos em tela não façam qualquer menção a uma caracterização sociocultural da categoria profissional. Pode-se supor que a busca do "Serviço Social Alternativo" — que é "histórica" — apresente resultados independentes dos sujeitos que a realizam?

se processa (Celats, 1981, v. 1, p. 3). A análise dos percalços desta "tradição" remete ao multifacético Movimento de Reconceituação e ao contexto continental dos anos 1960. São denunciados os traços *voluntaristas* e *vanguardistas* afirmados naquele período e expressos na visão idealista de que a construção de uma identidade distinta do Serviço Social era resultante, fundamentalmente, *da vontade e do compromisso do profissional singular,* pondo em segundo plano as implicações históricas daquela construção. Articulando-se a este veio da crítica, acentua-se a pouca relevância dedicada ao contexto institucional e às relações de poder, no marco dos quais se forja a ação profissional (e a decorrência deste "lapso" na análise é a desconsideração da condição de trabalhador assalariado do Assistente Social).

A lucidez e a perspicácia de tais observações, no entanto, são contrariadas pela afirmativa que se segue:

> Nesta profissão, a vontade de compromisso é muito mais importante que em outras, que operam mais distanciadas da experiência direta das necessidades populares (sic). Desde as suas origens, não há Serviço Social coerente sem esta vontade de compromisso (sic); daí que esta vontade, liberada de todo 'ismo', deva ser recuperada na proposta alternativa que hoje buscamos" (Celats, 1988, v. 1, p. 4-5).[34]

Reconhecer que existe uma "mística", uma utopia que envolve historicamente a nossa profissão (traduzida seja na "vontade de servir", na "missão", no "engajamento", no "compromisso" etc., o que a torna uma "profissão vocacional",[35] não utilitária, guiada por valores "nobres"), é um veio analítico profícuo para explorar o universo simbólico do Serviço Social, profissão em que a "vontade política" dos seus

---

34. Ainda sobre o citado voluntarismo, acrescentam os companheiros do Celats: "Esta posição voluntarista não foi exclusiva do Serviço Social. Nos anos sessenta, o componente subjetivo assumiu grande importância. Valores como a 'consequência', o 'compromisso' adquiriram especial relevo em distintos ambientes" (Celats, 1988, v. 1, p. 4).

35. Cf. J. Verdès-Leroux. *Trabalhador social. Prática, hábitos, ethos e formas de intervenção.* São Paulo: Cortez, 1986; M. V. Iamamoto. *Legitimidade e crise do serviço social (Um ensaio de interpretação sociológica da profissão).* Dissertação (Mestrado) — Esalq/USP, Piracicaba, 1982. (mimeo.)

agentes é um fator ponderável na medida em que atuam nas malhas das relações sociais cotidianas, mergulhadas no político (apesar dos axiomas de neutralidade que presidiram a formulação do discurso sobre o seu fazer). Surpreende-nos, porém, a interpretação dos companheiros do Celats: seria a *proximidade física* com as "necessidades populares" o elemento desencadeador da "vontade de compromisso" dos assistentes sociais? Mais: estaria a "coerência" profissional (coerência em face de quê?) subsumida exclusivamente à "vontade de compromisso"? Não se cai aqui nas garras do idealismo que parece motivar a crítica que se pretende realizar?

Segundo os companheiros do Celats, em meados dos anos 1970, com a crise capitalista que começa a assolar a América Latina, observa-se a "negação drástica da proposta voluntarista", alimentada teoricamente pela influência do estruturalismo de cunho althusseriano e das explicações de viés economicista que pensam a profissão como mera "função do processo de acumulação capitalista, através de seu apoio à reprodução da força de trabalho" (Celats, 1988, v. 1, p. 5). Para ultrapassar esses descaminhos incorpora-se a contribuição gramsciana, especialmente o conceito de hegemonia, que "permitiu entender mais claramente a iniciativa do Estado (em particular das políticas sociais) em termos relacionais" (Celats, 1988, v. 1, p. 6). Mas, surpreendentemente, segundo a inédita interpretação dos companheiros do Celats, a "emergência de uma segunda aproximação" (leia-se: da abordagem gramsciana) *"não nega* — mas complexifica — a anterior" (leia-se: estruturalista, de viés economicista) (idem). *Tal leitura implica estabelecer como meras diferenças de níveis de complexidade referências teóricas (Althusser e Gramsci) qualitativamente diversas e, em alguns aspectos, excludentes.*

As últimas interpretações emergentes em fins dos anos 1970, atreladas ao contexto de *crise*,[36] já trazem para as Ciências Sociais a ênfase nas temáticas dos "movimentos sociais" e da "constituição dos

---

36. A crise do capitalismo e suas expressões no continente recebe sempre um tratamento difuso por parte dos companheiros do Celats, mas perpassa toda a sua proposta do "Serviço Social Alternativo". Um tal tratamento, que remete à crise em termos dos seus efeitos mais aparentes, não se mostra apto para iluminar a sua problemática de fundo.

sujeitos políticos coletivos", enquanto ao Serviço Social se impõe a discussão sobre o *popular*, ainda em esboço (Celats, 1988, v. 1, p. 7).[37] Segundo os companheiros do Celats, tais temáticas são respostas ao fato de que o "Estado limita a sua presença na sociedade (por contração de recursos e pela ideologia neoliberal) e abandona um espaço no qual brotam as organizações de base que, assumindo distintas tarefas, parecem fortalecer a identidade popular" (Celats, 1988, v. 1, p. 7).

De acordo com esta explicação, a emergência da força do "popular" deve-se ao Estado, aí erigido como o protagonista principal que, supostamente, ao limitar a sua intervenção na sociedade civil, abre o espaço possível para o movimento social, que resulta da contração de recursos e da ideologia neoliberal. Resta-nos, diante disto, indagar por onde passa a fidelidade ao movimento histórico real neste tipo de argumentação. E a derivação desse raciocínio tropicalista é a defesa de uma diretriz estratégica para o "Serviço Social Alternativo": "Devemos, portanto, pensar em um Serviço Social que se baseie menos em recursos estatais — que não existem e não tornarão a existir (*sic*) — e mais em recursos da sociedade civil" (Celats, 1988, p. 17); e isto mesmo que, como querem os companheiros do Celats, não se renuncie ao confronto com o Estado, exigindo-lhe que assuma sua responsabilidade social, canalizando os poucos recursos existentes para fortalecer o povo organizado.

2.3 O reducionismo na qualificação do Serviço Social

Como pré-requisito para "precisar" a noção de "Serviço Social Alternativo", os companheiros do Celats procuram responder à indagação: o que é o Serviço Social?

---

37. Não se explica esta segmentação dos campos temáticos de pesquisa e produção acadêmica entre as Ciências Sociais e o Serviço Social. E ela nos parece um tanto estranha, uma vez que a preocupação com os movimentos sociais é hoje um dos eixos polarizadores do debate profissional no Brasil e nos demais países do continente, expresso tanto na literatura especializada como nas temáticas de eventos significativos — recorde-se, por exemplo, o último Seminário Latino-Americano de Serviço Social, realizado na Colômbia (Medellín, julho de 1986), cujo tema foi: "Movimentos Sociais, Educação Popular e Serviço Social" (seus materiais foram publicados pelo próprio Celats, em seus "Nuevos Cuadernos").

A premissa é a de que o Serviço Social latino-americano no seu envolver, tem sido prisioneiro do *mundo da pobreza*.

O Assistente Social é, talvez, o *único* profissional que atua no círculo limitado — embora cada vez mais amplo, apesar de seus esforços — das populações que carecem dos recursos básicos para atender às suas necessidades primárias (Celats, 1988, v. 1, p. 8; o grifo é nosso).

Ainda que outros profissionais atuem neste universo atendem também a demandas de setores economicamente solventes, o que, segundo os companheiros do Celats, não ocorre com o Assistente Social.

Embora não se questione o cruzamento histórico da profissão com o que genericamente pode ser qualificado como *pobreza*, é no mínimo discutível a sua atuação exclusivamente neste "círculo", entendido enquanto "populações que carecem dos recursos básicos para atender às suas necessidades primárias", eliminando de sua órbita de ação os "setores economicamente solventes". Mesmo considerando o intenso processo de pauperização relativa que grassa nos segmentos majoritários das classes trabalhadoras do continente, aliado a elevados índices de pobreza absoluta (contrapartida dos processos de concentração/centralização de renda e capital), um fato não pode ser ignorado: a crescente centralização, pelo Estado, das políticas sociais, ainda que sua execução possa ser repassada para a chamada iniciativa privada. Tais políticas, sendo o maior campo de absorção dos profissionais, *são extensivas ao conjunto dos segmentos assalariados, que não podem ser homogeneizados como populações desprovidas de recursos básicos para atender as suas necessidades primárias.*

Na tentativa de detectar características que peculiarizem a profissão, os companheiros do Celats ressaltam duas dimensões que se complementam e se definem mutuamente:

A) O traço mais evidente do Serviço Social (não necessariamente o mais importante) é sua função de *dar "solução a problemas sociais"*. Este é o núcleo básico do que é socialmente atribuído ao profissional: para isto, é contratado. Porém, mais ainda, *o povo espera que o Assistente Social contribua na solução de seus problemas.* B) Ao mesmo tempo e nas mesmas ações, o Assistente Social é um *"educador informal do povo"*. O documento de Chaclacayo afirma: "O Assistente Social presta serviços e/ou administra serviços sociais que são a base a partir da qual se desenvolve uma ação ideológica, política e educativa" (Celats, 1988, v. 1, p. 8-9; grifos nossos).

Existem aí três questões que merecem destaque: a função do Assistente Social de dar solução a problemas sociais, o suposto de que o povo espera dele a solução dos seus problemas e o papel profissional identificado como educador informal do povo — além da suposição subjacente de que as características supracitadas são as responsáveis pela particularidade e/ou especificidade da profissão.

Reconhecendo a pertinência e a relevância, para o debate profissional, da problemática apresentada (detectar as determinações que particularizam o Serviço Social na divisão sociotécnica do trabalho), o procedimento adotado para elucidá-la nos parece colidir com a dimensão da historicidade que se pretende atribuir à análise: extrair da rede de relações que qualificam o fenômeno duas características pontuais que, "em si" e "universalmente", seriam responsáveis por aquela especificidade. Este procedimento tende a reificar certas variáveis — ainda que possam ser constantes na evolução da profissão — deslocadas do processo social, como se, "em si", tivessem potencial explicativo para esclarecer a problemática em tela, aproximando-se mais dos parâmetros positivistas de análise que dos históricos. Aliás, este viés a-histórico se reflete também no conteúdo conceitual com que são trabalhadas as noções privilegiadas. Em primeiro lugar, a característica do Assistente Social de "dar solução a problemas sociais".[38] A noção do *problem solving*, tradicional no

---

38. Importa ressalvar que os companheiros do Celats, embora incorporem como noção-chave na explicação do Serviço Social a "solução de problemas", fazem ressalvas em relação ao conteúdo com que é geralmente utilizada. Com base em Oslak e O'Donnell, esclarecem que, "para os grupos dominantes, a solução de um problema não significa a resolução da necessidade que o engendra; basta-lhes que se dissolva o caráter problemático da reação popular diante da necessidade, o que se consegue desinflando-a a níveis não problemáticos e/ou reorientando a preocupação com seus efeitos noutro sentido" (Celats, 1988, v. 1, p. 9).

Serviço Social norte-americano (e recuperada por Faleiros em sua produção mais recente), é teoricamente prisioneira do arsenal-categoria) da teoria dos sistemas sociais, de raiz neofuncionalista. Apesar de criticada pelos companheiros do Celats por parecer "exageradamente ambiciosa, já que vai muito mais além do que o Assistente Social faz e do que seus empregadores esperam que faça" (Celats, 1988, v. 1, p. 9), a crítica ladeia e passa por fora do elemento que consideramos central — as categorias teóricas só adquirem significado no interior do complexo das construções teórico-metodológicas a que se encontravam vinculadas, não sendo, pois, aleatório o seu emprego. A tentativa de isolá-las do seu universo conceitual de origem, atribuindo um outro significado a elas, mas mantendo-as como categorias de referência, não dilui o vínculo com suas raízes teóricas, confundindo mais que elucidando.

Por outro lado, constata-se uma identificação de conceitos analíticos tributários de referenciais teóricos distintos, como se fossem sinônimos: "solução de problemas" e "prestação de serviços". Os serviços, tais como analisados por Iamamoto,[39] remetem à produção em sentido amplo (produção, distribuição, troca e consumo da riqueza social); aí, a prestação de serviços encontra-se articulada à ação do Estado e às suas estratégias de política social dirigidas ao conjunto das classes trabalhadoras, o que confere determinações macroscópicas à noção. Destarte, ela não pode ser equalizada ao *problem solving*, cuja matriz é o indivíduo que, apresentando dificuldades no seu funcionamento social (sejam anômicas ou patológicas), carece de uma ação técnica para a solução de problemas. Mais grave ainda é atribuir ao "povo" a expectativa de que o Assistente Social contribua na solução de seus problemas — parece haver aí uma inversão das bases sociais efetivas e históricas de legitimação da profissão, que foram calcadas nos blocos de poder.[40]

---

39. Cf. M. V. Iamamoto. "O serviço social no processo de reprodução das relações sociais". In: M. V. Iamamoto e R. Carvalho. *Relações sociais e serviço social no Brasil*. São Paulo: Cortez/Celats, 1982.

40. Cf. Iamamoto, op. cit., na nota 35.

Reducionismo similar ocorre no reconhecimento da dimensão socioeducativa da ação profissional, isto é, a sua inserção privilegiada no campo político-ideológico, derivando desta dimensão a compreensão do papel profissional como "educador informal do povo". Esclarecendo que a "expressão 'educação formal' tem aqui as conotações antes referidas tanto como aquelas apontadas por Iamamoto e Carvalho ao falarem dos efeitos 'socioeducativos' ou 'ressocializadores' da prática profissional", os companheiros do Celats acrescentam ainda que "a educação que o Assistente Social efetua não tem como propósito central transmitir conteúdos, mas iluminar concepções e desenvolver atitudes" (Celats; 1988, v. 1, p. 9). Esta ênfase no aspecto pedagógico é, segundo os companheiros do Celats, herdeira da tradição católica, que o priorizou em detrimento da dimensão técnica, enfatizada pela tradição laica.[41] Importa ressaltar que a dimensão educativa da prática profissional, tal como vem apresentada pelos documentos em questão, aparece inteiramente descolada de qualquer análise das políticas sociais e dos organismos institucionais a partir dos quais se efetiva e que, pelo papel que exercem na luta pela hegemonia, atribuem determinações sociais *àquele* componente educativo. Afigura-se-nos inquietante a ausência da análise das políticas sociais públicas e privadas (que sequer são objeto de discussão), bem como as referências meramente tangenciais aos organismos institucionais.[42]

Portanto, a resposta à questão levantada — elucidar o que é o Serviço Social — é conduzida a uma via sem saída, ao se menosprezarem aqueles níveis de análise que revelam determinações constitutivas do significado social da profissão. Tais omissões na discussão do componente educativo da prática profissional tornam-no ou meramente tributário

---

41. A discussão do veio educativo do Serviço Social, na literatura recente, parece estar mais vinculada à incorporação de noções gramscianas — como inspiração para discutir o papel profissional — do que à tradição católica. Aí merece especial destaque o equivocado emprego da noção de *intelectual orgânico* para explicar o papel profissional.

42. Tais referências aparecem num texto como estratégias operacionais a serem empregadas nas instituições com vistas à implementação da proposta do "Serviço Social Alternativo" e na assertiva de que "as instituições são, no fundamental, aparatos que canalizam uma relação social de dominação de uma classe sobre outra" (Celats, 1988, respectivamente p. 23 e 20). Tais observações, ainda que meramente laterais, foram eliminadas do segundo documento.

da tradição teórico-ideológica católica (sobrevivência de um traço que tem sua origem no passado) ou o conteúdo e efeitos da ação educativa passam a ser derivados do profissional singular (sua visão de mundo, seu projeto profissional etc.), resvalando a explicação para os mesmos desvios voluntaristas que se pretendem ultrapassar. E fica a pergunta não esclarecida: o que é esta dimensão educativa e em que sentido a característica atribuída ao profissional (de educador informal) ilumina a particularidade do Serviço Social na divisão social e técnica do trabalho.

A hipótese com que trabalhamos é bem diversa. Para nós, a particularidade histórica da profissão não é passível de ser apreendida pelo privilégio isolado em duas dimensões — a "solução de problemas" e a "educação informal do povo" — tidas como indissolúveis na ação profissional, mesmo que depuradas das ambiguidades e desacertos teóricos com que são veiculadas. Aquela particularidade é um produto histórico, construída no decorrer do processo de institucionalização e desenvolvimento da profissão no interior das peculiaridades nacionais, resultante de um conjunto de múltiplos determinantes[43] que, ao se relacionarem de maneira singular nesta profissão, vão atribuindo ao seu exercício na sociedade um perfil único. Os múltiplos elementos e relações que foram sendo historicamente filtrados, de forma peculiar, na solidificação deste fazer profissional sintetizam um conjunto de influências que não se encontra totalizado em nenhuma outra profissão, embora vários desses componentes possam estar presentes nelas. O caminho mais fértil e rico para detectar as particularidades do Serviço Social em conjunturas históricas específicas parece-nos ser o de captar o processo social que vai articulando e transformando a feição da profissão num quadro peculiar de determinantes socioculturais que elucidam e conferem sentido às características pontuais a que os companheiros do Celats pretendem atribuir o fenômeno em questão.

---

43. Referimo-nos aqui às *relações históricas*, na intercorrência das quais se gesta e se desenvolve a profissão (como, p. ex., as composições do bloco de poder, as formas assumidas pelo Estado, o perfil das alianças de classes em conjunturas determinadas, as relações da economia e da cultura no marco do monopólio, as medidas acionadas pelo Estado para enfrentar a "questão social", a constituição do mercado de trabalho nacional, a extração de classe da categoria profissional etc.).

3. Conclusão

Já apontamos o que, na argumentação com que os companheiros do Celats pretendem sustentar o "Serviço Social Alternativo", parece-nos improcedente, ambíguo e/ou equivocado. À guisa de algumas *conclusões provisórias* — uma vez que nossa contribuição, segundo supomos, insere-se no marco de um debate mais amplo, que certamente haverá de lançar luzes novas sobre o objeto da polêmica —, pontuaremos os principais nós problemáticos que compareçam na proposta do "Serviço Social Alternativo", retomando, naturalmente, as críticas que sugerimos.

Os elementos principais da proposta construída pelos companheiros do Celats podem ser assim resumidos:

a) "(...) O Serviço Social *só* pode se propor como 'alternativo' à medida que se constitui como parte de uma *alternativa popular para a ordem social*" (Celats, 1988, v. 1, p. 12; grifos nossos);

b) "O Serviço Social Alternativo parte do reconhecimento de que a 'alternativa' é a que levanta *o projeto popular em relação ao projeto social que hoje é dominante,* e consequentemente, afirma que a profissão se torna alternativa na medida em que *articula, facilita e reforça o desenvolvimento desse projeto social organizado em torno dos interesses dos setores populares como convocatória de uma nova hegemonia*" (idem, grifos nossos);

c) uma vez que se considera que os espaços para uma "ação profissional alternativa" são abertos em função da pressão organizada do povo (e não por sua relação sócio-histórica com a elaboração realizada pelos profissionais), tais espaços poderão ser ocupados por profissionais que, sendo competentes, além de comprometidos, "*tornam-se* alternativos na medida em que se somam aos esforços alternativos dos trabalhadores e na proporção em que a prática desses profissionais se torna *orgânica* ao projeto popular alternativo" (idem; o segundo grifo é nosso);

d) "Em suma, o que se pode qualificar como *'alternativo' é o projeto popular*" (idem; grifos nossos).

Vejamos o que há de problemático nesta formulação.

Em primeiro lugar, sobre ela incide o essencial das reservas que já efetuamos: a ingênua oposição de *um* projeto popular a *um* projeto social dominante no âmbito latino-americano, em que se inscreve a análise — fazendo tábula rasa das particularidades nacionais e, entre outros elementos, do debate presente entre os partidos políticos e as esquerdas, que demarcam propostas analíticas e programáticas diferenciadas e conflitantes do quadro latino-americano e de suas perspectivas. A isso se somam as dificuldades apontadas na definição da categoria do *popular*, minimizando a heterogeneidade dos segmentos de classes aí enquadrados em suas relações com os segmentos das diferentes classes que conformam o bloco dominante. Rebatem ainda na qualificação do "Serviço Social Alternativo" as fugidias fronteiras entre o "projeto popular" e o "projeto proletário", a identidade do campo popular como supostamente provinda de um projeto socialista revolucionário e o vazio da análise do Estado e da sociedade civil nos países do continente.

Em segundo lugar, este confuso panorama em que se situam os fundamentos do discurso sobre o "projeto popular alternativo" torna-se ainda mais complicado quando se consideram os seus rebatimentos na análise da *profissão*. Isso adquire nitidez quando se traz à tona a lógica que preside a argumentação: o conteúdo vital da noção de *alternativo* é dado pelo "projeto popular" e, se este implica uma proposta de ultrapassagem do capitalismo (um projeto socialista revolucionário), o caráter da alternativa no âmbito profissional encontra-se diretamente dependente dos rumos da revolução na América Latina — esta se torna o parâmetro central para se avaliar as alternativas profissionais no continente. Em consequência, a profissão passa a ser pensada em *direta relação* com os rumos históricos e com uma teoria da revolução (jamais explicitada, é bom que se diga), para a qual se supõe existir um único projeto, o "projeto popular alternativo". Ora, parece-nos no mínimo *fora de lugar* eleger a revolução como parâmetro privilegiado para se avaliar as alternativas de prática no âmbito do Serviço Social, derivando daí a diluição das especificidades do campo profissional (que se pretende resguardar)[44].

---

44. Quanto a isso são explícitos os companheiros do Celats: "Temos que afirmar, ao mesmo tempo, que a prática de que falamos — tendo sua clara dimensão política — consiste propriamente em uma atividade profissional. A orientação partidária poderia coincidir com este perfil, mas não o constitui" (Celats, 1988, v. 1, p. 15).

Em terceiro lugar, quando se afirma que a profissão se torna "alternativa" na escala em que "articula, facilita e reforça" o projeto popular como "convocatória de uma nova hegemonia" e em que a prática profissional se torna "orgânica ao projeto popular alternativo", o que se apresenta com clareza — apesar dos enunciados em contrário[45] — é a diluição de fronteiras entre *profissão* e *partido,* entre *prática profissional* e *militância política.* Eventuais interconexões entre as duas instituições (profissão e partido), assim como entre exercício profissional e militância política, implicam não a diluição de diferenças entre aquelas instituições e os vários papéis sociais, mas a clara acentuação das suas distinções. Mas, nos documentos em tela, sobressai a absoluta ausência de qualquer referência às instituições próprias da arena da política *stricto sensu* (p. ex., partidos e parlamentos),[46] o que redunda numa superestimação do potencial político do papel profissional, aproximando-se de uma visão messiânica e heroica do Serviço Social.

Em quarto lugar, como o "projeto popular alternativo" aparece nas propostas dos companheiros do Celats como um *buraco negro,* que explica tudo e nada, o "alternativo" no âmbito profissional é vítima da mesma armadilha — recorde-se a conclusão segundo a qual "o que se pode qualificar como alternativo é o projeto popular". Assim, a indagação inicial sobre "Serviço Social Alternativo" fica reposta e sem resposta, porque a problematização que a enforma mostra-se travejada por múltiplos equívocos. O que se constata é um retorno ao ponto de partida: como precisar e qualificar o "Serviço Social Alternativo"? O caminho percorrido leva a um beco sem saída. A noção de cariz mitológico — tal como é apresentada pelos companheiros do Celats — de um "projeto popular alternativo", reificado e esvaziado de historicidade, pode passar a ser o sucedâneo do clichê a que se viu reduzida a noção de "transformação social" na literatura profissional de

---

45. Na linha da preocupação revelada na nota anterior, completam os companheiros do Celats: "Afirmamos, consequentemente, que não se trata de uma práxis militante, mas de uma atividade profissional" (Celats, 1988, v. 1, p. 15).

46. A única referência remete às relações entre as organizações partidárias e as organizações populares de base, para acentuar que suas tarefas se definem mutuamente (Celats, 1988, v. 1, p. 15).

um período recente. O clichê da "transformação social" tem tudo para ser substituído pelo clichê do "projeto social alternativo", correndo sobreposto e paralelo ao movimento histórico-social concreto.

Em quinto lugar, a consequência inelutável de tudo isso é a seguinte: se o "alternativo" depende da *contribuição* que o Serviço Social possa oferecer à *articulação, favorecimento* e *reforço* do "projeto popular" e sendo este um suposto cuja verificabilidade é, no mínimo, problemática, abre-se a possibilidade de o agente (ou a categoria) profissional substituir aquele suposto projeto por *outro,* que passa a ser o "popular". Em outros termos: como o "projeto popular alternativo", tal como vem posto pelos companheiros do Celats, é passível das mais amplas interpretações, o que cada profissional (ou grupo de profissionais) vier a definir como sendo "o projeto popular" passará como a proposta "alternativa"; seu conteúdo aparece então hipotecado às várias leituras, tornando rarefeitos os vínculos de qualquer projeção à dinâmica objetiva das tendências sócio-históricas do processo social latino-americano. Chega-se, assim, à total inversão dos termos da questão: *a proposta da revolução vê-se subordinada à profissão.* O projeto profissional se substitui, tergiversadamente, ao que não é, vale dizer, a um *projeto social.* Dada a inviabilidade de se fundar um projeto social a partir de uma categoria profissional, reafirma-se aqui o cancelamento da fronteira entre profissão e militantismo, franqueando-se todo espaço à ação voluntarista (ética e/ou ideológica) que até agora tem marcado o itinerário histórico do Serviço Social, com a invocação do processo revolucionário escamoteando a urgência de equacionar dilemas profissionais.

Em sexto lugar, cabe apontar para o que se contém no que acabamos de assinalar: os desafios a serem enfrentados para elucidar, no plano teórico, as particularidades históricas da profissão na divisão social e técnica do trabalho tendem a ser substituídos por uma *visão prescritiva, finalista e moralizadora do "alternativo"* — traduzida no primado do *dever ser.* Assim, a petição de princípios ocupa o lugar da análise histórica, procedimento aliás muito familiar ao discurso profissional desde as suas origens.

Em sétimo lugar, e finalmente, há uma vulnerabilidade de monta nas propostas dos companheiros do Celats: *a abstração que se faz da inserção sócio-ocupacional do Assistente Social na estrutura da divisão social e técnica do trabalho,* subproduto do tipo de análise de realidade em que os documentos se assentam. Ao abstrair do seu horizonte aquela inserção, que remete diretamente ao *mercado de trabalho* do Assistente Social, a proposta do "alternativo" tende a resolver as reais condições e limitações do exercício profissional nos rumos atrás assinalados: a petição do *dever ser*. Ela induz, no limite, à requisição do "alternativo" como algo que ladeia e contorna — *algo que é exterior* — as demandas sociais, reais e potenciais, que asseguram o estatuto profissional do Serviço Social.

O eixo comum que dá suporte a todo esse caminhar *paralelo* entre profissão e realidade nas tentativas dos companheiros do Celats parece-nos ser, precisamente, a perda, no decorrer da sua análise e argumentação, da fidelidade a seu pressuposto: "A busca do Serviço Social Alternativo só pode se fazer à luz de processos históricos" — *a história é o grande personagem ausente na cena do "Serviço Social Alternativo".*

Reconhecendo os evidentes esforços dos companheiros do Celats para fazer avançar o debate profissional progressista, queremos reiterar que se torna imperiosa a atenção para que este não deságue na reedição nostálgica de velhos dilemas do Movimento da Reconceituação — desta armadilha, em nosso entender, não escapa a presente proposta do "Serviço Social Alternativo". Donde a frontalidade da nossa crítica, movida pela convicção de que "a crítica não arranca as flores imaginárias dos grilhões para que o homem os suporte sem fantasia e consolo, mas para que se livre deles e colha a flor viva".[47]

---

47. K. Marx Op. cit, na nota 13, p. 53-55.

IV
Formação profissional
A formação profissional do Assistente Social: problematização e perspectivas*

A presente análise se constitui de duas partes: uma, de caráter mais informativo, que configura um quadro aproximativo da formação acadêmica do Serviço Social na América Latina, e, mais especificamente, no Brasil: a outra explicita os supostos analíticos da formação profissional e desenvolve algumas reflexões básicas para a definição do projeto de curso de Serviço Social.[1]

1. Quadro atual da formação acadêmica de Serviço Social

O Serviço Social na América Latina, em 58 anos de existência, compreende aproximadamente 251 programas e/ou cursos de formação profissional, cobrindo todo o continente, à exceção de El Salvador (Cf. Quadro a seguir). Todos os países contam com cursos de nível

---

* Texto redigido em 1982 como parte do processo de revisão curricular da Faculdade de Serviço Social da PUC-SP e publicado inicialmente em *Serviço Social & Sociedade*, São Paulo: Cortez, 1982, n. 14, p. 60-72.

1. Ver M. C. Tobón. "Panorama del trabajo social en América Latina". *Acción Crítica*, Lima, Celats/Alaets, ago. 1982, n. 11, p. 41-51.

Quadro geral do número de escolas de Serviço Social na América Latina (1954-1970 a 1972)*

País	1954 (1)	1970 (2)	1972 (3)	1975 (4)	Anos de Estudo (2)	Título ou Denominação
Argentina	10	51	20	38	4	Assistente Social
Bolívia	1	1	—	3	4	Trabalhador Social
Brasil	23	40	37	48	4	Assistente Social
Chile	6	11	11	13	4	Assistente Social
Colômbia	5	11	10	13	4 e 5	Trabalhador Social
Costa Rica	1	1	1	1	5	Trabalhador Social
Cuba	1	4	—	1	1	Trabalhador Social
Equador	2	5	7	9	3 e 4	Trabalhador Social
El Salvador	1	1	1	1	3	Trabalhador Social
Guatemala	1	4	4	4	3	Trabalhador Social
Haiti	—	1	1	—	3	Assistente Social
Honduras	—	1	1	1	4	Trabalhador Social
México	5	31	37	56	3 e 4½	Trabalhador Social
Nicarágua	—	1	1	1	4	Trabalhador Social
Panamá	1	1	1	1	5	Trabalhador Social
Paraguai	1	1	—	1	4	Assistente Social
Peru	1	10	11	12	4	Assistente Social
Porto Rico	1	1	—	2	6	Trabalhador Social
República Dominicana	—	1	1	1	4	Trabalhador Social
Uruguai	2	2	2	2	5	Assistente Soc. Univ.
Venezuela	2	4	3	3	3 e 5	Trabalhador Social
Total	64	183	149	210		

(1) Consejo Interamericano Económico y Social. Unión Panamericana, 1955.
(2) "Formación para el Trabajo Social". Ezequiel Ander Egg. ECRO Buenos Aires, Argentina, 1975, p. 38.
(3) "World Guide to Social Work". Nova York, 1974. Association of School of Social Work. Nova York, 1974. (4) Informativo Celats n. 6, abril-junho, 1977.
* Cf. R. Castilho. Nota 2.

universitário, e em alguns (México, Venezuela, Colômbia etc.) existem também cursos de nível técnico. No Brasil, toda a formação se dá apenas no ensino superior. A criação de centros de formação acelerou-se nos últimos dez anos, em íntima relação com o processo de intensificação do desenvolvimento do capitalismo nesses países, em sua articulação à divisão internacional do trabalho e com o consequente aprofundamento da "questão social" nas suas peculiaridades nacionais, que passa a exigir profissionais tecnicamente qualificados, demandados pelo Estado e/ou por setores privados na implantação de medidas de política social entre a população trabalhadora. Isto pode ser verificado pela aproximação que se segue,[2] que apresenta em 1975 a existência de 210 escolas de Serviço Social na América Latina. Em sete anos (1975-1982) foram criados cerca de 41 cursos, acrescendo 12% aos já existentes.

O Brasil conta atualmente com 55 cursos de Serviço Social, dos quais 14 integrados a Universidades federais, 4 a Universidades estaduais, 12 a Universidades particulares; 4 estão vinculados a fundações e 21 a escolas particulares isoladas.[3] Em São Paulo, existem hoje 21 faculdades, todas da rede de ensino particular, à exceção de um curso da UNESP instalado em Franca.

Este quadro numérico expressivo tem provocado alta demanda de pessoal qualificado em nível acadêmico, o que vem repercutindo diretamente na criação de programas de pós-graduação em Serviço Social. A abertura de cursos em nível de mestrado foi antecedida pela criação de cursos de especialização para docentes, a partir de 1966, pela Universidade Federal do Rio de Janeiro. Porém, a iniciativa pioneira coube à PUC-RJ e à PUC-SP, que instalaram os primeiros cursos de mestrado do País em 1972, sendo seguidas, em 1976 e 1977, pela Universidade Federal do Rio de Janeiro e pela PUC-RS, respectivamente. Em 1978 e 1979, com a participação de professores qualificados

---

2. R. Castilho. "La formación profesional de trabajadores sociales en América Latina". *Acción Crítica*, Lima, Celats/Alaets, dez. 1980, n. 8, p. 45.

3. Sarifa B. Amman. "Avaliação e perspectivas: serviço social". Documento encomendado pelo MEC, 1982 (mimeo.). Os dados que se seguem são extraídos do referido documento.

nas duas primeiras Universidades, foram abertos cursos de mestrado em Serviço Social na Universidade Federal da Paraíba e de Pernambuco, significando uma descentralização do processo de aperfeiçoamento acadêmico para a região Nordeste.

No segundo semestre de 1981, foi instalado na PUC-SP o primeiro curso de doutoramento em Serviço Social no âmbito latino-americano.

Esses programas de pós-graduação contavam, em junho de 1981, com 442 alunos, a maioria na PUC-SP.

A procura dos cursos de pós-graduação expressa necessidades de superar deficiências técnico-científicas da formação profissional básica, de obter prestígio e estabilidade profissional em um campo em que a oferta dessa mão de obra qualificada vem crescendo, estabelecendo maior concorrência entre os profissionais e, ainda, necessidade de aperfeiçoamento da prática profissional. Os cursos de pós-graduação estão voltados para objetivos de especialização e aprofundamento teórico-científico em torno das distintas manifestações da realidade profissional.[4]

Importa registrar que este recente quadro da formação profissional vem significando um considerável estímulo à pesquisa em Serviço Social, de vital importância para o desenvolvimento da profissão. Recentemente foi aberta uma área no Conselho Nacional de Pesquisa para a pesquisa em Serviço Social (Cód. 070700), o que demonstra um reconhecimento da produção teórica que vem sendo acumulada a partir especialmente dos mestrados, e um estímulo fundamental à produção científica na área, condição básica à elevação do nível de qualidade da formação acadêmica.

Deve-se considerar, ainda, que a formação profissional em Serviço Social tem sua expressão, em nível organizativo, em organismos continentais: a Associação Latino-Americana de Escolas de Serviço Social, que hoje tem sua 2ª Vice-Presidente no Brasil, representada pela Prof.ª Josefa Batista Lopes, da Universidade Federal do Maranhão,

---

4. Diego Palma. "La enseñanza de post-grado en trabajo social: perspectivas". *Acción Crítica*, Lima, Celats/Alaets, n. 11, p. 7-14, ago. 1982.

ex-presidente da Abess; e o Centro Latino-Americano de Trabalho Social, organismo de cooperação técnica internacional, sediado em Lima (Peru), executivo de política daquela entidade.

No Brasil cabe à Abess a tarefa de contribuir para o avanço da qualidade de ensino, incorporando e reconhecendo as diversidades da formação profissional no Brasil e criando mecanismos articuladores que possibilitem tal propósito.

Este panorama da formação profissional aqui brevemente evidenciado aponta para a necessidade de se considerar as questões substantivas envolvidas na qualificação acadêmica dos Assistentes Sociais.

2. A formação profissional: premissas analíticas

A formação profissional aqui referida não se reduz à oferta de disciplinas que propiciem uma titulação ao Assistente Social para responder a uma condição para sua inserção no mercado de trabalho. Se este é um elemento presente no processo de formação, ele o extrapola: trata-se de *preparar cientificamente quadros profissionais capazes de responder às exigências de um projeto profissional coletivamente construído e historicamente situado*. Trata-se, aqui, de um projeto profissional que, demarcado pelas condições efetivas que caracterizam o exercício profissional do Assistente Social diante da divisão social e técnica do trabalho, seja capaz de responder às demandas atuais feitas à profissão a partir do mercado de trabalho e de reconhecer e conquistar novas e potenciais alternativas de atuação, expressão de exigências históricas que se apresentam à profissão pelo desenvolvimento da sociedade em um contexto conjuntural específico. Refere-se a um projeto profissional com uma direção social definida, capaz de articular-se teórica e praticamente aos projetos sociais das classes sociais subalternas em suas relações com as forças atualmente dominantes.

Estas considerações remetem à formação de profissionais qualificados para investigar e produzir conhecimentos sobre o campo que circunscreve sua prática, de reconhecer o seu espaço ocupacional no contexto mais amplo da realidade socioeconômica e política do país e no quadro geral das profissões. Formar profissionais habilitados teórica e metodologicamente (e, portanto, tecnicamente) para compreender as implicações de sua prática, reconstruí-la, efetivá-la e recriá-la no jogo das forças sociais presentes.

Se um dos parâmetros de uma formação profissional alicerçada na realidade deve ser o *espaço ocupacional,* este não pode ser confundido com *o que é feito* predominantemente pelo Assistente Social no mercado de trabalho.[5] Compreende o *âmbito* no qual se situa o Serviço Social, nem sempre coberto em todas as dimensões e possibilidades pela prática profissional. Assim, não se pode reduzir o espaço ocupacional do Assistente Social a uma prática profissional rotineira, burocratizada, empiricista e tarefeira, tal como se constata com expressividade nas instituições, a qual não expressa mais do que um saber alicerçado no senso comum e uma falta de reconhecimento da identidade profissional do assistente social.[6]

Por outro lado, a formação profissional não pode ser vista apenas a partir da demanda já estabelecida socialmente: ela tem a função de, a partir de um distanciamento crítico-analítico do panorama ocupacional, apontar para as possibilidades teórico-práticas da profissão, apresentadas pela própria realidade. Em outros termos, contribuir para recriar o perfil profissional do Assistente Social, indicando e antecipando perspectivas no âmbito da elaboração científica e da intervenção profissional, de acordo com um dever-ser profissional.

Portanto, a preparação para a profissão não pode ser confundida com a preparação para o emprego, devendo um projeto de curso articular dialeticamente as demandas reais àquelas potenciais, que vão contribuir para alterar o panorama profissional vigente. Subjacente a esta afirmativa está o fato de ser o desenvolvimento profissional com-

---

5. Ver Celats. *El trabajo social en America Latina*: balance y perspectivas. Lima: Celats, 1983.

6. Ver Ademir A. Silva et al. "Análise da prática nas instituições. Campos de estágio". *Cadernos PUC*, n. 10. São Paulo: Cortez/Educ, 1981.

preendido como um fenômeno histórico, como um movimento permanente resultante das determinações da realidade social impostas à profissão pelas relações sociais de produção e pelos processos políticos, e da capacidade de o Serviço Social como profissão reconhecer e redefinir sua identidade profissional e legitimá-la ante as demandas das classes sociais, presentes em confronto, nas condições do exercício da prática profissional. No cotidiano do trabalho do Assistente Social, estão presentes interesses coletivos antagônicos que não podem ser eliminados, já que expressam o próprio caráter das relações sociais capitalistas, mas perante os quais ele deve se posicionar: o Assistente Social é um profissional contratado pelo Estado, pelos setores empresariais e outros organismos particulares, de caráter patronal, para atuar entre as classes trabalhadoras, o que configura um caráter contraditório à prática profissional.

Na direção apontada, a formação profissional supõe um sólido suporte teórico-metodológico, necessário à reconstrução da prática e ao estabelecimento de estratégias de ação; supõe, ainda, a preparação no campo da investigação como um eixo privilegiado para o aprimoramento da qualificação científica do Assistente Social e da produção teórica sobre questões pertinentes a seu campo de atuação e à realidade social mais ampla. Esta é uma condição para se permitir ao Assistente Social um diálogo horizontal com a comunidade científica no campo das Ciências Sociais. Neste sentido, a pesquisa passa a ser privilegiada como um dos instrumentos fundamentais da articulação teoria-prática, do conhecimento da realidade nacional, em nível micro e macroscópico, condição básica para a efetivação de um projeto profissional segundo os parâmetros anteriormente explicitados.

A estes dois elementos referidos — uma sólida base teórico-metodológica e uma habilitação no campo da investigação — deve ser acrescido outro requisito: uma experiência prática consistente e diversificada, que contemple tanto o campo de atuação no âmbito das políticas sociais do Estado como entre as organizações populares. Por tratar-se de disciplina de intervenção social, é indispensável considerar-se a dimensão *pedagógica* presente na prática profissional expressa nas relações entre o Assistente Social e a população que trabalha. Isso implica uma especial atenção aos recursos técnico-operativos na efetivação de estratégias de atuação voltadas para os setores majoritários da população.

O fato de segmentos talvez minoritários da categoria, mas expressivos em termos qualitativos, reclamarem hoje uma melhoria do nível acadêmico da formação profissional conflita com a versão oficial do ensino universitário, que privilegia a formação técnica. A análise da formação profissional não pode desconsiderar a crescente perda de qualidade do ensino de 1º e 2º graus e ainda a situação da Universidade brasileira, orientada por uma política educacional inserida em um padrão de desenvolvimento econômico em bases monopolistas e de um regime político altamente centralizado no poder de Estado. Daí deriva uma restrita margem de autonomia da Universidade, mas que não é inexistente. É, inclusive, esta relativa margem de autonomia que torna viável a organização docente e discente, na luta pela sua ampliação. É ela, ainda, que permite que os agentes responsáveis pela formação profissional reivindiquem uma participação direta e decisiva no estabelecimento e na consolidação de um projeto de ensino de nova natureza, que tenha por parâmetro básico a própria realidade brasileira, calcado em sólidas bases teóricas, superando a mera qualificação técnica. Assumir o desafio de concretizar uma proposta profissional consistente e realista implica marcar presença ativa na luta pela democratização da Universidade e do ensino por ela implementado, considerando-a como um campo de forças em que também se expressam os antagonismos de interesses existentes na sociedade.

A concretização desta perspectiva supõe ainda, para os Assistentes Sociais, a superação de uma aparente indefinição da profissão, que vem marcando o seu discurso e sua prática, com derivações diretas na conformação dos currículos. Estes tendem a se expressar como um somatório de disciplinas, as mais diversas e heterogêneas, não consideradas em função de temáticas básicas ou de um eixo articulador no qual cumpre papel decisivo a própria definição do Serviço Social. O debate sobre a indefinição do Serviço Social tem como pano de fundo a disputa por uma parcela da realidade social que seja "própria" ou "exclusiva" dos Assistentes Sociais. Porém esta aparente, indefinição está respaldada no frágil e precário desenvolvimento técnico-científico da profissão, fruto de sua própria trajetória histórica, o que constitui uma das principais limitações para o reconhecimento das funções objetivas cumpridas por essa prática especializada na sociedade, que não depende apenas de seus agentes individuais, enquanto socialmente determinada. Encontra-se associada a uma recusa da categoria em reconhecer sua imagem social como "o profissional da assistência", visto que esta é geralmente analisada a partir dos parâmetros estabelecidos pela própria ideologia assistencialista e não de um instrumental analítico que a desvende em sua significação social e histórica, rebatendo o assistencialismo pela luta em torno da efetivação dos direitos sociais do cidadão e da ampliação da cidadania para as classes trabalhadoras. O entroncamento histórico do Serviço Social com a assistência — seja particular ou pública, centralizada pelo Estado e traduzida em programas de política social — não pode deixar de ser considerado no processo de redefinição da identidade profissional do Assistente Social. Este tende a não reconhecer como próprio o campo da administração e execução dos serviços sociais através de uma prática de cunho educativo. Assim, encontra-se, sempre, na busca de um campo "mais digno", que lhe confira maior *status* no interior da estrutura ocupacional da sociedade.

Este caráter difuso da prática profissional na consciência de seus agentes tem uma série de implicações.[7]

> a) de um lado, favorece a manipulação dos conteúdos veiculados pela prática profissional por parte dos interesses institucionais e uma passividade do grupo profissional, que subordina-se às mais insólitas tarefas, assumindo muitas vezes aquelas que "restam" de outros profissionais;
> b) por outro lado, a qualificação do Assistente Social como "agente de mudança", pelas tendências progressistas da profissão, esconde a não diferenciação de suas funções profissionais, levando muitas vezes à

---

7. Ver Celats. Op. cit.

confusão entre militância política e profissão; não se identifica a peculiaridade profissional deste "dito" agente de mudanças;

c) tal "indefinição" pode ser utilizada, ainda, pelo Assistente Social no seu exercício profissional como uma estratégia para ampliar seu campo de autonomia, inovando e recriando seu papel perante o empregador, no sentido de superar a mera demanda institucional;

d) finalmente, o desvelamento e a superação desta aparente indefinição são condições fundamentais para o estabelecimento de um eixo articulador da formação acadêmica, o que remete à definição do Serviço Social como profissão diante das relações sociais. Trata-se de um elemento indispensável para se definir prioridades no conteúdo programático do currículo.

A identidade profissional se constitui em contextos históricos determinados, adquirindo novas conotações com o processo de desenvolvimento das sociedades nacionais. Se a imagem do apostolado, do "moderno agente da justiça e da caridade"[8] marca o Serviço Social em sua trajetória, com o movimento de revisão da profissão em nível latino-americano (conhecido como Movimento de Reconceituação do Serviço Social) ela é desmistificada, mas não substituída por outra interpretação, o que só vem ocorrendo na literatura especializada mais recente. Tal fato vem determinando uma expectativa confusa em relação à profissão, presente nos recém-ingressados na Universidade e que persiste no decorrer do curso.

Neste sentido, a revisão curricular não pode, deixar de considerar as expectativas dos alunos em relação ao curso como, por exemplo, os motivos que os levam a optar pelo Serviço Social.[9] Almeja-se, através de uma profissão universitária, ascender socialmente e obter meios de sobrevivência através de uma atividade remunerada. Porém, este fator não é suficiente para explicar a procura do curso de Serviço Social,

---

8. Ver Raúl de Carvalho. "Modernos agentes da justiça e da caridade". *Serviço Social & Sociedade*, n. 2, São Paulo: Cortez; s.d., e M. V. Iamamoto e Raúl de Carvalho. *Relações sociais e serviço social no Brasil*: esboço de uma interpretação histórico-metodológica. São Paulo: Celats/Cortez, 1982.

9. Cf. nota 6 citada à pág. 49.

principalmente se se considera o precário *status* da profissão e o baixo nível salarial em face de outras alternativas vigentes no mercado de trabalho, que oferecem melhores possibilidades aos que têm em vista obter postos mais rentáveis na sociedade. Intervém aí outro fator importante: busca-se também uma profissão que veicule vantagens simbólicas, no campo da "solidariedade humana", da "realização pessoal", da oportunidade de realizar uma "vocação", inspirada em motivações religiosas ou claramente políticas. Trata-se de uma profissão que incorpora a mística de "servir", da "ajuda" guiada por valores "nobres" e altruístas, de caráter não utilitário. Outro dado não desprezível é a configuração da procura da profissão como "setor de refugio", em face de outras alternativas de escolhato.[10]

A visão do curso de Serviço Social, idealizada e informada por um discurso humanista deslocado de bases históricas, expressa a escassa claridade do que é a profissão como atividade socialmente determinada na divisão do trabalho. Esta ideologização do Serviço Social dentro da mística de servir incorpora a imagem tradicionalmente plasmada deste exercício profissional e expressa uma frágil identificação com a profissão por parte do aluno que busca o curso de Serviço Social. Este fato pode ser verificado no duplo fenômeno observado: de um lado, tem-se a valorização da profissão segundo princípios ético-morais, e, de outro, verifica-se o precário reconhecimento do fazer profissional ante outras carreiras consideradas de maior relevo na sociedade, como Medicina, Engenharia etc.

Um fator daí derivado, e que deve ser considerado na análise da formação profissional, é que essa representação vaga e fluida do Serviço Social contém, subjacente, um *componente de resistência à organização social vigente,* elaborado, porém, segundo princípios idealistas cristãos, dentro dos marcos do pensamento conservador. Esta recusa é articulada em torno da ideia da ajuda aos pobres e oprimidos, da comunidade,

---

10. Tal fato é também constatado na literatura especializada em nível latino-americano e, em particular, no Peru, através de pesquisa curricular que vem sendo levada a efeito pelo Celats, sob a coordenação do cientista social Carlos Urrutia.

das relações pessoais e diretas, em choque com a estruturação vigente da sociedade à base de relações impessoais e mercantilizadas.

O conservadorismo moderno, que supõe uma forma peculiar de pensamento e experiência prática, é fruto da sociedade de classes. Emerge como um contramovimento, oponente histórico das tendências da ilustração. Reage ao racionalismo, ao pensamento com base no cálculo, necessário à universalização das relações de troca que se impõe quando a mercadoria passa a ser a mediadora por excelência das relações sociais e o lucro, o centro motor da sociedade capitalista. A fonte de inspiração do pensamento conservador provém de um modo de vida do passado, que é resgatado e proposto como ótica de interpretar o presente e como conteúdo viável para a sociedade capitalista. Nesse sentido, os conservadores são "profetas do passado", constatando-se um rapto ideológico de noções reinterpretadas em seu significado original e propostas como "válidas" para se compreender e agir em um contexto histórico diferenciado daquele no qual emergiram. Essas noções são válidas, porém, para os que têm interesse em obscurecer as contradições próprias da sociedade capitalista, interpretando-a de maneira que sobressaia em nível analítico apenas o que favorece a sua própria coesão e reprodução.

> A comunidade se levanta contra a sociedade (para empregar a terminologia de Tönnies), a família contra o contrato, a certeza intuitiva contra a razão, a experiência espiritual contra a experiência material. Todos esses fatores, parcialmente ocultos na base mesma da vida cotidiana, são descobertos subitamente pela reflexão e se luta em favor deles.[11]

O pensamento conservador é incorporado pelo Serviço Social em sua trajetória intelectual: passa da influência do conservadorismo europeu, franco-belga, em seus primórdios, para a sociologia conservadora norte-americana nos anos 1940. Apresenta a solidariedade como princípio ordenador das relações sociais em tensão com os seus fundamentos históricos concretos em uma sociedade de classes. Incorpora a noção de

---

11. K. Mannhein. *Ensayos de sociologia y psicologia social*. México: Fondo de Cultura Económica, 1965. Cap. II: "El Pensamiento Conservador", p. 100-101.

comunidade como matriz analítica da sociedade capitalista e como projeto norteador da ação profissional. Só que a comunidade é erigida como ótica de interpretação da sociedade capitalista, quando aquela já deixou de ter contrapartida histórica, isto é, quando a sociedade encontra-se regida não mais por relações comunitárias, mas conforme os parâmetros da racionalidade burguesa, da reprodução capitalista do capital.[12]

Importa destacar que na base desse conservadorismo existe um componente utópico assimilado pelo Serviço Social, decorrente desse universo teórico, balizado pela filosofia humanista cristã. A *comunidade ressurge aí como utopia*, o que contém um componente de resistência à organização social da sociedade capitalista, componente este anticapitalista, porque antissocietário; sua viabilidade histórica é dada pela superação do capitalismo, pela supressão da mediação coisificadora da mercadoria na relação entre os homens. Segundo Martins,[13] contém um projeto de vida alternativo que busca efetivar, mas que é desprovido de base histórica ao desconsiderar o próprio caráter da sociedade atual. Consequentemente, o que subjetivamente pode ter um caráter de recusa é vivido objetivamente como confirmação da ordem vigente. Enquanto os fundamentos do modo de vida veiculados pela utopia comunitária são redefinidos pelo capitalismo, essas redefinições não são apreendidas pela consciência dos agentes sociais: o que se apreende são os efeitos daquela redefinição que se busca neutralizar.

Esta digressão sobre o pensamento conservador é fundamental para se compreender o universo teórico no qual se situam aquelas motivações iniciais que informam a busca do curso de Serviço Social, enquanto encontram-se permeadas pela utopia conservadora. Dessa forma, não podem ser desconhecidas em um projeto de formação profissional; devem ser, ao contrário, objeto de desmistificação, de elucidação, necessitando ser rebatidas por uma compreensão do significado social e histórico da profissão na sociedade de classes. Mas

---

12. Para um maior aprofundamento das expressões do pensamento conservador no Serviço Social ver: M. V. Iamamoto. *Legitimidade e crise no serviço social*. Um ensaio de interpretação sociológica da profissão. Dissertação (Mestrado) — USP/Esalq, Piracicaba, abril de 1982.

13. J. S. Martins. *Imigração e crise do Brasil agrário*. São Paulo: Pioneira, 1973.

devem também ser redimensionadas, resgatando a dimensão de resistência que contêm subrepticiamente, visto ser este um componente político fundamental para qualquer proposta que se inscreva no horizonte de construção de um novo projeto histórico de sociedade. Em outros termos, trata-se de, partindo desta recusa ingênua da sociedade presente na busca da profissão, reelaborá-la, historicizando-a.

Porém, como foi afirmado, o conservadorismo não está presente apenas na imagem social da profissão: ele encontra-se *enraizado na própria ótica de interpretação da profissão, dominante na formação priofissional brasileira*. A herança conservadora do Serviço Social é atualizada nas últimas décadas, incidindo em mudanças no discurso dos métodos de ação, dentro de uma estratégia de *modernização da instituição Serviço Social* para responder às demandas apresentadas pelo capitalismo monopolista e pelo novo caráter do Estado. Tem-se, de um lado, a preocupação com o aperfeiçoamento do instrumental operativo, com as metodologias de ação, com a busca de padrões de eficiência, sofisticação de modelos de análise, diagnóstico e planejamento; enfim, uma tecnificação da ação profissional acompanhada de uma crescente burocratização das atividades institucionais. De outro, verifica-se uma maior aproximação do discurso profissional aos fundamentos da teoria de modernização presente nas Ciências Sociais. Expressa-se numa prática profissional voltada para a mudança de hábitos, atitudes e comportamentos do trabalhador, tendo em vista sua adequação aos novos ritmos de desenvolvimento. Este tipo de suporte científico mantém-se, não raras vezes, articulado à metafísica aristotélico-tomista que informa a base filosófica da visão do homem e da sociedade, o que permite à profissão atualizar o seu caráter missionário, preservando o seu componente utópico.

A efetivação da proposta de formação profissional anteriormente apontada supõe uma *ruptura teórico-prática com este universo teórico-metodológico*. Supõe, portanto, uma crítica teórica dos fundamentos que orientam as tendências restauradoras presentes no debate profissional, que se opõem ao Serviço Social compreendido numa perspectiva crítica. Supõe a identificação destas tendências, desvelando-as a partir de um conhecimento profundo e conectando-as com as Ciências Sociais e com as situações sociopolíticas a que respondem. O que deve ser afirmado é que a construção de um projeto de formação profissional deve superar o nível de mera ideologização da profissão, da denúncia das correntes tradicionais, para uma compreensão rigorosa do ponto de vista teórico-metodológico das correntes de pensamento vigentes na interpretação da profissão.

Deve-se somar a isso uma análise política que permita ultrapassar o mero enunciado dos princípios e leis gerais da vida social, identificando-os em situações particulares no jogo das forças sociais presentes em nível conjuntural e expressas nas condições imediatas do exercício profissional. Essas são condições essenciais para se avançar na conhecida falta de articulação teoria-prática e no estabelecimento de estratégias de ação, possíveis de serem efetivadas, garantindo-se que o resultado da prática não subverta as intenções que a movem.

Tais considerações remetem diretamente à responsabilidade do corpo docente, no sentido de assumir o ensino como um desafio permanente ao aprofundamento teórico-metodológico rigoroso. Esta é uma das condições para se avançar na superação das debilidades de ensino e das marcas de origem da profissão presentes na formação profissional incorporadas no bojo do Serviço Social "tradicional" ou "clássico".

Finalizando, importa ressaltar que os pressupostos para a formação profissional aqui enunciados exigem uma íntima articulação entre a formação acadêmica, o exercício profissional no mercado de trabalho e a organização sindical dos Assistentes Sociais, unificados por um projeto coletivo de profissão cuja efetivação supõe:

a) uma sólida formação teórico-prática desse profissional, referenciada à realidade brasileira e que aponte para a superação das debilidades de sua prática e para a construção de alternativas de ação condizentes com a direção social apontada para o exercício profissional;

b) a força organizada da categoria na defesa dos interesses específicos deste tipo de trabalhador assalariado especializado, na articulação com outras categorias profissionais, e na consolidação de uma legitimidade para a profissão entre as classes subalternas.

A questão da metodologia no Serviço Social: indicações para o debate*

O objetivo desta exposição é *problematizar* algumas das questões polêmicas que estão permeando o debate sobre a concepção de metodologia no ensino do Serviço Social e que vem delineando diferentes posições sobre o tema, rebatendo, inclusive, na estruturação das disciplinas curriculares.

A primeira, que me parece ser uma questão de fundo, é a *existência ou não de uma metodologia no Serviço Social*, que se encontra em estreita dependência da maneira como nós interpretamos o estatuto da profissão na divisão social do trabalho.

A segunda questão diz respeito à diferença, que vulgarmente vem sendo estabelecida, entre *metodologia do conhecimento* e *metodologia de ação*. A crítica subjacente ao debate que a Abess e parcelas da categoria profissional vêm instaurando sobre a temática é a de que a questão teórico-metodológica daria conta das grandes correntes do pensamento social, da dimensão "epistemológica", e que seria necessário contemplar "outra" dimensão: a de "ação profissional propriamente dita", que exigiria uma "metodologia específica". O resultado

---

* Pronunciamento efetuado na XXV Convenção Nacional da Abess, realizada em Fortaleza, em setembro de 1987, no painel: "O Ensino da Metodologia no Serviço Social: Problematização e Perspectivas". (Pesquisa Abess — Programa de Estudos Pós-Graduados da PUC-SP).

é a dicotomia entre metodologia do conhecimento e metodologia da ação, o que nos leva ao velho dilema da relação teoria e prática; velho, mas sempre um desafio.

A terceira questão que aparece no debate é a *distinção entre concepções teórico-metodológicas e as estratégias, técnicas e procedimentos da intervenção profissional*. A meu ver, o reconhecimento da importância do tema não implica, necessariamente, atribuir uma estatura de "metodologia" ao processamento da ação, visto que, a partir de qualquer referência teórico-metodológica, existe a necessidade de se lançar mão de estratégias e procedimentos para a implementação do fazer profissional.

Finalmente, uma quarta questão apresentada é o *perigo da formalização das teorias sociais*: reduzi-las a abordagens classificatórias, mecanicistas, esvaziando-as de sua natureza e de seu potencial explicativo, atitude que reforça o empirismo na prática profissional. Cabe estar atento para a qualidade do tratamento analítico que as diferentes vertentes teórico-metodológicas vêm tendo na docência do Serviço Social. Corre-se o risco de estar sendo substituída, no campo do ensino da metodologia, a tradicional tricotomia do "caso", "grupo" e "comunidade" pela estéril abordagem formalista das vertentes teórico-metodológicas (funcionalismo, materialismo histórico-dialético e fenomenologia), reeditando velhos formalismos, embora sob novos disfarces.

Como enfrentar essas questões?

É preciso inicialmente considerar que problematizar a chamada "metodologia do Serviço Social" supõe, como pressuposto, esclarecer o significado dessa profissão na sociedade. Não começarei a análise pelo veio teórico-epistemológico, mas pelo *veio histórico*. Pensar o estatuto da metodologia no Serviço Social implica, pois, num primeiro momento, indicar elementos que possam definir o significado da profissão na sociedade. É necessário, por um lado, explicar historicamente as determinações sociais que a qualificam na divisão social do trabalho e que atribuem a esse tipo de trabalho na sociedade algumas peculiaridades. Por outro lado, é importante também recuperar e elucidar as raízes teóricas das quais o Serviço Social é caudatário, que vêm informando a maneira de ler a sociedade e de ler a profissão nessa sociedade. Ou seja, é importante detectar os fundamentos e a crítica dos modos de pensar a profissão historicamente incorporados e que se encontram estreitamente imbricados à herança intelectual e cultural do pensamento social na modernidade, especialmente na sua vertente conservadora e positivista.

Passemos à primeira questão: o Serviço Social tem ou não uma metodologia própria? Como qualificar a metodologia no Serviço Social e a polêmica que subjaz ao tema? Vou tentar situar e recuperar o estatuto da profissão na divisão social do trabalho, como *primeiro pressuposto* para encaminhar a problemática.

O Serviço Social se institucionaliza como profissão na sociedade brasileira, como um dos recursos mobilizados pelo Estado, pelo capital, com o apoio decisivo da Igreja, informado pela sua doutrina social, para atuar perante a "questão social". Nos anos 30, reconhecidas as tensões de classe que acompanham o processo de constituição e consolidação do mercado capitalista de trabalho, o Serviço Social se institucionaliza como um tipo de ação social que, no âmbito das relações Estado/sociedade civil, tem como alvo a situação do proletariado urbano e do exército industrial de reserva, no sentido de atenuar as sequelas materiais e morais derivadas do trabalho assalariado.

Há, portanto, uma determinação básica a considerar: *o Serviço Social cresce e se expande na nossa sociedade como parte de uma estratégia mais ampla do bloco dominante para uma ação entre o proletariado.* Essa estratégia visava criar um tipo de socialização do operário adequada às condições da nova vida industrial, ao ritmo e à disciplinarização do trabalho que fortalecesse as bases de legitimidade para o exercício do poder de classe: a dominação político-ideológica e a apropriação econômica. O Serviço Social surge e se desenvolve como profissão na divisão social do trabalho com algumas características, a saber: como parte de uma *estratégia de classe,* de um projeto para a sociedade que preside suas origens e seu desenvolvimento, o do bloco no poder; surge também como um *tipo de ação social* que é *essencialmente política,* mas que aparece travestida da aparência de atividades dispersas, burocráticas, descontínuas, de caráter filantrópico, marcadas pelo fornecimento de "benefícios sociais". Essa aparência formal dá aos próprios Assistentes Sociais e à sociedade a impressão de sermos um profissional que faz o que todos podem fazer. Essa aparência formal reifica a prática, não sendo capaz de dar conta do significado sociopolítico da profissão, que só é desvendado na sua imersão na dinâmica da vida social: no processo de desenvolvimento monopolista e das forças sociais em luta.

O segundo pressuposto é o de que pensar a profissão implica, ainda, elucidar a trajetória intelectual do Serviço Social, que estabelece parâmetros para a sua apreensão na sociedade.

Do ponto de vista da herança intelectual — do modo de ler e conceber a sociedade e, nela, a profissão —, o Serviço Social cresce no universo cultural do pensamento humanista-cristão e, mais tarde, vai se secularizar e se modernizar nos quadros do pensamento conservador europeu — do anticapitalismo romântico, que tende a ler a sociedade como uma grande comunidade, em que as classes sociais desaparecem da análise — privilegiando-se a ótica da harmonia, da solidariedade no ordenamento das relações sociais. Mais tarde, incorporamos a herança das ciências humanas e sociais, especialmente na sua vertente empiricista norte-americana. A essas fontes de inspiração intelectual alia-se, na década de 70, no auge do movimento de reconceituação, o estruturalismo haurido em Althusser, entre outros, e também o marxismo vulgar, que vêm temperar uma análise de cunho marcadamente positivista e empiricista da sociedade, mas acalentada por um discurso dito marxista, aparentemente progressista e radical.

Essa herança intelectual nos traz alguns vícios de interpretação, que hoje rebatem na análise sobre a metodologia: o pensamento formalista — a formalização no trato da teoria e do método —; uma tendência empiricista e, portanto, descritiva e classificatória da vida social, que tende a não estimular a abstração como recurso heurístico fundamental para desvendar a sociedade; e, finalmente, uma forte marca do a-historicismo — a recusa da história, traduzida na busca de entender o Serviço Social em si e para si mesmo.

Tais transferências nos conduzem a uma conclusão fundante nessa análise: a de que o Serviço Social não se afirma como necessário na sociedade como um *ramo do saber,* no quadro da divisão de trabalho entre as ciências. Mesmo que referendássemos a autonomia dos campos científicos das disciplinas das Ciências Sociais, o Serviço Social não surge tendo como prevalência o saber na sua função social. Surge, sim, como um tipo de especialização do trabalho na sociedade que carrega em si um suposto de explicação da vida social como base para a ação, para a intervenção no processo social.

Isso nos dá elementos para situar uma das polêmicas presentes na compreensão da metodologia nessa área profissional. Existe hoje no debate uma posição que, ao contrário do que estou sustentando, reconhece ser o Serviço Social um ramo específico do saber, com potencial científico autônomo. Estaria, assim, apto a erguer uma teoria própria, à medida que é considerado como uma disciplina particular no elenco das Ciências Sociais. As derivações são claras: se o Serviço Social fosse uma ciência, com um campo autônomo de saber, isso implicaria a necessidade de delimitar um objeto teoricamente definido, como campo peculiar do processo de investigação desse ramo científico. E, ainda, a preocupação de sistematizar padrões científicos organizados em um corpo teórico particular. Dentro dessa perspectiva, trata-se, consequentemente, de envidar esforços na construção de uma *teoria* e de uma *metodologia "próprias",* pertinentes a essa configuração teórica da profissão. Como o Serviço Social é uma disciplina de *intervenção,* tratar-se-ia de uma "metodologia da ação profissional", articulada aos elementos teóricos que atribuiriam uma especificidade a essa disciplina, como parceira das Ciências Sociais.

Um outro ponto de vista apresenta derivações distintas na interpretação da "metodologia". Sustenta que o Serviço Social se institucionaliza como profissão, não em função de sua legitimidade na divisão de trabalho entre as ciências, mas sim como um exercício profissional demarcado pela divisão social e técnica do trabalho: como um tipo de especialização do trabalho que objetiva uma intervenção no processo social, respaldada numa análise teórico-crítica da sociedade presente.

Dentro dessa perspectiva, o móvel não é buscar uma metodologia "própria" do Serviço Social. Entende a metodologia como um modo de conhecer o ser social historicamente dado — a sociedade burguesa —, o qual orienta uma modalidade de se intervir na vida social, segundo projetos sociopolíticos (que não são imunes à luta de classes, às correlações de forças políticas), respondendo a demandas profissionais postas pela sociedade. Nessa linha de raciocínio, ressalta-se a importância de sustentar uma perspectiva teórico-metodológica que, não sendo propriedade privada do Serviço Social ou de qualquer outra disciplina particular, afigura-se como uma matriz de explicação da vida social, dispondo de um acervo heurístico para ler a sociedade e para iluminar a ação nessa sociedade. Parece-me estar aí um dos fulcros centrais da polêmica.

Outra questão anunciada, e que atravessa o debate, é a conhecida segmentação entre a *metodologia do conhecimento e a metodologia da intervenção*. Encontram-se aí inúmeras encruzilhadas e desvios nas concepções de metodologia. Reservas são feitas àqueles que privilegiam as grandes matrizes teórico-metodológicas, sejam de corte histórico, positivista ou irracionalista, argumentando a enorme distância que se constata entre aquelas concepções teórico-metodológicas e a prática imediata. As metodologias da ação responderiam à necessidade de preencher esse vácuo. O tratamento desse aspecto chega, por vezes, em nível caricatural, quando não se estabelecem nas análises as mediações devidas, e passa-se mecanicamente de um alto nível de abstração a situações extremamente singulares.

Quais as fontes dessa separação entre metodologia do conhecimento e metodologia da ação?

Gostaria, simplesmente, de pontuar dois problemas: em primeiro lugar, a relação teoria e prática; em segundo, a elucidação do estatuto da metodologia, aqui abordado dentro de parâmetros fornecidos pelo pensamento marxiano.

Ao se dicotomizar metodologia do conhecimento e metodologia da ação, o que se encontra subjacente é o antigo e crucial problema das relações entre a razão (o conhecimento) e a realidade (a prática social), que remonta a um dos eixos do debate filosófico do século XIX.[1] A busca de ultrapassagem da dicotomia entre o conhecer e o agir encontra-se intimamente vinculada à crise da metafísica clássica, instaurada por Hegel na virada do século e consolidada por Marx na defesa da unicidade entre razão filosófica e realidade social. Traduz-se na luta pela superação da filosofia especulativa (metafísica), reorientando-a nos rumos da realização da filosofia: a razão se imiscuindo na realidade e transformando-se em história.

No pensar a relação teoria e prática, o que se entende por prática? Quando falo de prática, não me refiro à de natureza utilitarista, imediata, ou exclusivamente à prática do Assistente Social, muitas vezes impropriamente qualificada de "práxis do Serviço Social". A noção de prática social ou de "práxis" passa por outros parâmetros muito mais determinantes.

A premissa que deve ser explicitada (não pretendo desenvolver o tema, mas situar algumas referências) é a de que a prática social é *essencialmente histórica*. Não é qualquer prática, mas aquela da sociedade baseada na indústria, da sociedade capitalista em sua fase monopolista. É buscando compreender essa maneira de ser, de organizar, de trabalhar coletivamente numa sociedade que Marx privilegia a ciência da história. Ela engloba o mundo dos homens na sua relação com a natureza, pois é através do trabalho que o homem se produz como ser social, em uma relação de unidade e luta com a natureza. Produz instrumentos de trabalho, produz relações sociais, produz necessidades sociais. Objetiva-se nas obras e nos produtos.

O fundamento da prática social é, pois, o trabalho social, o trabalho coletivo: atividade criadora por excelência, através da qual o homem se objetiva exteriorizando as suas forças genéricas na relação com outros homens. Todavia, na sociedade em que vivemos, o trabalho não só cria o homem; no trabalho, ele também se perde, se aliena. O conteúdo do seu trabalho, atividade potencialmente criativa, adquire a

---

1. Retomo aqui, resumidamente, algumas observações constantes no texto: *Prática Social*: a ultrapassagem do fatalismo e do messianismo na prática profissional, incluído nesta coletânea, p. 113-118.

forma social necessária — a forma mercantil —, que dissimula as relações sociais, coisificando-as.

A partir dessa rápida incursão sobre a prática social, pretendo acentuar algumas ideias-chave, a saber: a prática social não se revela na sua imediaticidade. A sociedade capitalista cria uma positividade, pela mediação da mercadoria, que faz com que a realidade não se revele automaticamente. Criam-se formas sociais que obscurecem, mas ao mesmo tempo permitem o desvelamento dos conteúdos fundantes da vida social. Assim sendo, a prática social não se dá a conhecer na sua forma imediata: o ser social se expressa através de mediações (categoria-chave a ser considerada na análise). Deriva daí a necessidade e a exigência metodológica de se apreender a sociedade capitalista nas suas múltiplas determinações e relações, como uma totalidade. Mas não a totalidade da razão na acepção hegeliana, e sim a totalidade histórica das classes sociais, em seu processo, em seu movimento.

Nesse contexto, como pode ser pensada a teoria? A teoria implica a reconstrução, no nível do pensamento, desse movimento do real, apreendido nas suas contradições, nas suas tendências, nas suas relações e inúmeras determinações.

No que se refere à relação teoria e prática, gostaria ainda de acentuar alguns aspectos. É comum afirmar que, nessa relação, a prática se apresenta como o fundamento do conhecimento, como critério de verdade e como finalidade do próprio ato de conhecer.[2] Sendo tal assertiva procedente, importa não derivar daí uma leitura empiricista da relação teoria e prática, supervalorizando o poder autorrevelador da própria prática: se o critério de verdade está na prática, essa verdade só é descoberta numa *relação teórica* com a prática mesma; Marx diz o seguinte: "Toda vida social é essencialmente prática. Todos os mistérios que desviam a teoria para o misticismo encontram sua solução racional na práxis humana e na compreensão dessa práxis".[3]

---

2. A. S. Vázquez. *Filosofia da práxis*. Rio de Janeiro: Paz e Terra, 1968.

3. K. Marx. Teses sobre Feuerbach. In: K. Marx e F. Engels. *Textos 1*. São Paulo: Edições Sociais, 1975, p. 120.

Refletir sobre essa questão supõe recusar o empiricismo e assumir o desafio intelectual, teórico-crítico, de desvendar a prática social como condição para conduzir e realizar a prática profissional, imprimindo-lhe uma direção consciente. Nessa perspectiva, a teoria não está desvinculada da ação. A teoria afirma-se assim como *crítica teórica* das elaborações que explicam a dinâmica da sociedade. Há um embate necessário com o acervo da produção intelectual acumulada. Entretanto, a teoria afirma-se, também, como *teoria das possibilidades da ação*. Assim, se ela é condição para explicação do real, é também condição para desvendar as possibilidades de ação no processo social. Com essa compreensão, esvazia-se a reivindicação de uma dupla metodologia: uma que daria conta da esfera do conhecimento e outra, da ação. Essa segmentação dualista evoca uma viagem restauradora, retornando aos antecedentes da crise de metafísica clássica, que dividiu filosofia e história, conhecimento e ação.

No meu entender, o que está em jogo é uma perspectiva teórico-metodológica que, iluminando as possibilidades de ação, atualiza-se na apropriação de movimento do real, densa de historicidade. A teoria não se "aplica" ao real, mas fornece parâmetros para uma análise criativa que recupere as especificidades do processo de formação da sociedade nacional, dos movimentos e inflexões conjunturais, dos atores e forças políticas aí presentes.

Parece-me, portanto, que não se pode fazer um "corte" entre os "níveis" da teoria social, das análises de conjunturas e da prática profissional. Ora, a teoria social de Marx não pode ser reduzida a um mero método de conhecimento, a uma epistemologia. Ela traz embutido um ponto de vista de classe, um projeto societário presidido pela força criadora do trabalho, que é essencialmente histórico e se plasma no acontecer da vida social.

Trabalhar nessa perspectiva teórico-metodológica supõe enfrentar o desafio de, a partir das grandes leis e tendências da sociedade burguesa, decifrar as particularidades históricas do movimento atual. Sem isso, não há como entender e conduzir criticamente a ação profissional.

Outro aspecto que merece destaque é a explicitação da noção de metodologia coerente com a concepção de teoria acima explicitada. Inicialmente, reafirmaria a ideia de que a perspectiva teórico-metodológica não pode ser reduzida a pautas, etapas, procedimentos de fazer profissional. A questão teórico-metodológica diz respeito ao modo de ler, de interpretar, de se relacionar com o ser social; uma relação entre o sujeito cognoscente — que busca compreender e desvendar essa sociedade — e o objeto investigado. Encontra-se estreitamente imbricada à maneira de explicar essa sociedade e os fenômenos particulares que a constituem. Para isso, implica uma apropriação da teoria — uma capacitação teórico-metodológica — e um ângulo de visibilidade na leitura da sociedade — um ponto de vista político, que, tomado em si, não é suficiente para explicar o social. É importante ressaltar isso porque, no Serviço Social, vem-se discutindo muito a importância de que o profissional tenha um "compromisso político", que (para além dos voluntarismos com que vem sendo interpretado) sugere a necessidade de se ter um ponto de vista de classe na análise da sociedade e no exercício da profissão nessa sociedade. Porém, se ele indica uma direção a ser imprimida à prática, não é suficiente para desvendar essa prática no jogo das relações de poder político-econômico, das relações do Estado com o movimento das classes sociais. Tal exigência não depende apenas de uma *opção político-moral*, mas supõe uma formação que exige competência *teórica*.

Enfrentar a questão da metodologia, nos termos sugeridos, implica romper com as marcas de origem do Serviço Social, com um tipo de leitura de sociedade que preside a tradição intelectual de que o Serviço Social é caudatário, e essa ruptura implica superar o ecletismo. Quando falo em superar o ecletismo não estou assumindo uma posição dogmática que redunde em estreitamento do debate. Ao contrário, considero fundamental que a polêmica sobre as diferentes concepções teórico-metodológicas se solidifique no meio acadêmico-profissional, numa perspectiva pluralista, o que não se confunde com o ecletismo. Enquanto o pluralismo implica o embate e o debate de diferentes posições, o ecletismo expressa-se como conciliação no plano das ideias, fruto, inclusive, da tradição de conciliação política predominante em nossa formação histórica e social.[4]

Romper com o ecletismo exige uma consciência teórica que não resulta diretamente da luta de classes; se a consciência teórica tem suas raízes nas relações econômicas e na luta de classes, ela exige uma interlocução com o conhecimento científico historicamente acumulado.[5] Essa interlocução parece ser, inclusive, um pré-requisito para superar certa trajetória que marca o Serviço Social: já fomos tidos como missionários nas origens; já fomos tidos como técnicos, e hoje lutamos pela condição de intelectuais (e pesquisadores) com competência técnica, e não apenas de um técnico com verniz intelectual. Cumpre romper com o estigma e a condição de mero técnico, ou seja, de alguém preocupado unilateralmente em dominar um único aspecto específico da realidade, que constitui seu âmbito de ação imediata, e em racionalizar a prática aí desenvolvida. Pouco interessa ao técnico a relação de sua prática com a totalidade do processo histórico: ele está envolvido nos seus "próprios assuntos", perseguindo neles o máximo de eficácia e êxito possíveis. Habituado a pensar em termos de experimentação e treinamento, delega a preocupação com a totalidade para os filósofos, historiadores e políticos. Atento ao "pedaço" da realidade que lhe foi atribuído, reafirma o velho dito de Adam Smith: "Cada um que cultiva seu próprio jardim contribui para o florescimento do jardim de todos".[6]

A ruptura com a visão e a condição do técnico, bem como a procura de inscrição da prática do Serviço Social nos quadros complexos da totalidade social, afirmam o estatuto de um profissional que quer entender sua prática e entender-se na globalidade do processo social. E isso representa um recurso indispensável para não nos tornarmos

---

4. Ver C. N. Coutinho. Cultura e democracia no Brasil. In: *A democracia como valor universal e outros ensaios*. 2. ed. Rio de Janeiro: Salamandra, 1984, p. 121-161.

5. Ver V. I. Lênin. A espontaneidade das massas e a consciência da social democracia. In: *Que fazer?* Lisboa: Estampa, 1974, p. 47.

6. Ver P. Baran. "A Missão do Intelectual". *Ângulos*, 18 (1965-1966), p. 33-40.

profissionais cooptados. Segundo Coutinho,[7] "o processo de cooptação não obriga necessariamente o intelectual cooptado a colocar-se diretamente a serviço das classes dominantes enquanto ideólogo: ou seja, não o obriga a criar ou a defender apologias ideológicas diretas do existente. O que a cooptação faz é induzi-lo — através de várias formas de pressão, experimentadas consciente ou inconscientemente — a optar por formulações culturais anódinas, neutras, socialmente assépticas. O 'intimismo' à sombra do poder lhe deixa um campo de manobra ou de escolha aparentemente amplo, mas cujos limites são determinados precisamente pelo compromisso tácito de não pôr em discussão os fundamentos daquele poder a cuja sombra é livre para cultivar a própria 'intimidade'. Segundo o autor, esse processo pode conviver inclusive com um "inconformismo declarado, com um mal-estar subjetivamente sincero diante da situação dominante. (...) O intelectual cooptado pode experimentar seu isolamento como uma danação da qual não pode se libertar".

De que recursos dispomos para nos defendermos da cooptação?

De um lado, é preciso adensar a análise das relações do Serviço Social com o poder de classe: o Estado, as classes e suas lutas, decifrando as implicações sociopolíticas macroscópicas do fazer profissional cotidiano. Localizar nesse quadro as determinações históricas e culturais que se plasmam no Serviço Social e seus efeitos sociais, rechaçando assim as ilusões e o "mal-estar subjetivo" do profissional cooptado.

De outro lado, é necessário estimular a maturação da consciência teórico-crítica do Assistente Social, procurando conferir um estatuto culto à profissão, possibilitando-lhe partilhar da história do conhecimento socialmente acumulado. Essa é a condição para evitar que reapareçam hoje, no debate profissional, impasses já superados na história do pensamento social na modernidade.

---

7. C. N. Coutinho. *Cultura e democracia no Brasil*. Op. cit., p. 136.

Competência e formação profissional*

O objetivo de minha intervenção é problematizar a questão da competência teórico-metodológica na formação profissional e na prática profissional cotidiana, efetuando um rápido balanço dos avanços obtidos no debate que hoje é travado, dos descaminhos trilhados e dos desafios que se descortinam. Pretendo tão somente pontuar alguns aspectos que se encontram presentes no panorama desse debate, demarcando parâmetro para sua análise e indicando, ao mesmo tempo, possíveis pistas para sua ultrapassagem. Dentre estes, cabe ressaltar: em primeiro lugar, o debate sobre a *competência* — normalmente reduzida ao discurso articulado pelas regras da burocracia e da organização — *e seu contraponto crítico*; em segundo lugar, sugerir indicações para um balanço no campo do Serviço Social sobre a polêmica teórico-metodológica, suas conquistas e lacunas. Merecem aí destaque: os desafios da crítica teórica e a ultrapassagem do ecletismo; o voluntarismo da prática, isto é, a ilusão do compromisso e seu produto: o profissional mistificado e da mistificação. E, finalmente, a busca de reconciliação da profissão com a realidade.

---

* Pronunciamento efetuado na mesa-redonda: "A Formação do Assistente Social e o Exercício Profissional: a Questão da Competência Teórico-Metodológica" — Convenção Nacional da Associação Brasileira de Ensino em Serviço Social (Abess), Florianópolis, outubro de 1989.

1. A questão de competência

1.1 A competência reduzida ao discurso articulado pelas regras do mundo da burocracia e da organização

Quando se fala em competência teórico-metodológica, é preciso definir a competência de que se trata. Ela tem sido predominantemente interpretada a partir de um discurso que acentua seu caráter tecnocrático e conservantista: o "discurso competente", tal como tratado por Chaui[1]. A competência como estratégia de ocultamento e dissimulação do real; a representação imaginária do real a serviço da dominação na sociedade de classes, confundindo-se com a linguagem instituída, institucionalmente permitida e autorizada. Estamos diante da ideologização da competência, determinada pela burocracia e pela organização, que não só afeta o Estado, mas atravessa a sociedade civil, perpassando as burocracias empresariais, hospitalares, sindicais e partidárias, entre outras. A organização é vista como dotada de uma racionalidade imanente ao social, que se manifestaria sob diferentes formas. Essa racionalidade é reificada e as contradições e diferenças são anuladas. A competência é aí personificada no discurso do administrador burocrata, da autoridade fundada na hierarquia que dilui o poder sob a aparência de que não é exercido por ninguém. O poder aparece como se emanasse de uma racionalidade própria do mundo organizado, acoplado a um discurso neutro da cientificidade. São as exigências burocrático-administrativas que têm de ser cumpridas obedecendo a formas de ação pré-traçadas, que devem apenas ser executadas com eficácia.

O resultado é claro: legitima-se, assim, a subordinação do profissional, do usuário, dos sujeitos sociopolíticos, em nome da competên-

---

1. Ver M. Chaui. *Cultura e democracia* (O discurso competente e outras falas). 3. ed. 1982; 4. ed. rev. ampl., São Paulo: Cortez, 1989.

cia sancionada pelos cargos da hierarquia institucional, ritualista e oca no seu conteúdo.

1.2 O contraponto do discurso competente

Não é, pois, dessa competência que estamos falando, mas do reverso dessa competência: o discurso capaz de desvendar seus fundamentos conservantistas e tecnocráticos. Esse discurso é competente quando é *crítico*, ou seja, quando vai à raiz e desvenda a trama submersa dos conhecimentos que explica as estratégias de ação. Essa crítica não é apenas mera recusa ou mera denúncia do instituído, do dado. Supõe um diálogo íntimo com as fontes inspiradoras do conhecimento e busca elucidar seus vínculos sócio-históricos, localizando as perspectivas e os pontos de vista das classes através dos quais são construídos os discursos: suas bases históricas, a maneira de pensar e interpretar a vida social das classes (ou segmentos de classe) que apresentam esse discurso como dotado de universalidade, identificando novas lacunas e omissões.

A competência assim definida, fruto da formação e do exercício profissionais, implica:

a) um diálogo crítico com a herança intelectual incorporada no discurso do Serviço Social e nas autorrepresentações do profissional, deslindando ao mesmo tempo as bases sócio-históricas desse discurso e as teorias de que se nutre. Supõe uma abordagem para além do Serviço Social, cuja porta de entrada para a profissão passa pela história da sociedade e pela história do pensamento social na modernidade, construindo um diálogo fértil e rigoroso entre a teoria e a história;

b) um redimensionamento dos critérios de objetividade do conhecimento para além daqueles promulgados pela racionalidade da organização e da burocracia, privilegiando sua conformidade com o movimento da história, isto é, da sociedade e da cultura. A teoria como expressão, no campo do pensamento, da processualidade do ser social, apreendido nas suas relações e múltiplas determinações, isto é, como "concreto pensado"[2]. Esse conhecimento se constrói no contraponto permanente com a produção intelectual herdada, incorporando-a criticamente e ultrapassando o conhecimento acumulado. Exige um profissional culturalmente versado e politicamente atento ao tempo histórico; atento para decifrar o não dito, os dilemas implícitos no ordenamento epidérmico do discurso autorizado pelo poder;

c) uma competência estratégica e técnica (ou técnico-política) que não reifica o saber fazer, subordinando-o à direção do fazer, recusando os espontaneísmos, os voluntarismos, os determinismos e demais "ismos" que cindem o exercício profissional, desviando as rotas desejáveis da ação. Em outros termos, é preciso estabelecer os rumos e estratégias da ação a partir da elucidação das tendências presentes no movimento da própria realidade, decifrando suas manifestações particulares no campo sobre o qual incide a intervenção profissional. Uma vez decifradas, essas tendências podem ser acionadas pela vontade política dos sujeitos, de forma a extrair estratégias de ação reconciliadas com a realidade objetiva, de modo a preservar sua viabilidade, reduzindo assim a distância entre o desejável e o possível.

> Quando se compreende que as instituições existentes são injustas e irracionais, que a razão se transformou em estupidez e flagelo (Goethe), esse é indício de que nos métodos da produção e nas formas de troca operaram-se silenciosamente transformações com as quais já não se quadra um regime social adaptado às condições econômicas mais antigas. Ao mesmo tempo significa que os *meios de eliminar as anomalias postas a descoberto existem forçosamente* — em estado mais ou menos desenvolvido — nas novas *relações de produção. Esses meios, pois, têm de ser, não inventados pelo espírito, mas descobertos com sua ajuda, nos fatos materiais de produção.*[3]

---

[2]. K. Marx. *Para a crítica da economia política*, São Paulo: Abril Cultural, 1974, v. XXXV, p. 107-138. (Col. Os Pensadores.)

[3]. F. Engels. "Anti-Dühring" In: Netto, J. P. (Org.). *Engels,* São Paulo: Ática, p. 146-147, 1981.

2. A polêmica teórico-metodológica: conquistas e lacunas

2.1 Indicações para um balanço do debate

Ao se pretender indicar elementos para um balanço do debate teórico-metodológico que vem se travando hoje no Serviço Social, a partir de textos publicados pela literatura especializada, verificam-se dois grandes campos de preocupações, explicitados a seguir.

De um lado, a preocupação em travar o debate assentado nas peculiaridades que presidem a imersão do Serviço Social na divisão social e técnica do trabalho. Entre as determinações daí derivadas, sobressai a característica de ser uma profissão que não emerge com a função social precípua de produzir conhecimentos, construindo um campo "próprio" de saber. Não partilhando do concerto das ciências, a profissão não construiu uma "teoria própria"; dispõe, isso sim, de uma *história*. E é essa história que a particulariza enquanto um tipo de especialização de trabalho coletivo, gestada nos entrecruzamentos da intervenção do Estado na sociedade civil como resposta às exigências da expansão monopolista do capital, através do recorte das políticas sociais. Atuando no campo da prestação dos serviços sociais e, em especial, da assistência pública e privada, o Serviço Social se conforma no confronto com as estratégias de apropriação/distribuição da riqueza e de dominação/subordinação que se verificam no âmbito das relações de poder entre as classes sociais, cuja dinâmica tensa vai configurando e conformando o espaço ocupacional do Assistente Social em quadros conjunturais específicos.

De outro lado, verifica-se, no bojo da polêmica teórico-metodológica, um significativo avanço na explicitação das bases ontológicas e epistemológicas da teoria social (crítico-dialética), assim como dos fundamentos das Ciências Sociais, no esforço para clarificar questões pertinentes ao campo profissional: a existência ou não de uma metodologia própria do Serviço Social; os dilemas do método do conhecimento e do método da ação, sua unidade ou diferencialidade; os parâmetros para análise de conjunturas e a análise das correlações de forças políticas; a reinterpretação, pela via gramsciana, da dimensão pedagógica da prática profissional, enquanto partícipe da luta pela hegemonia; os embates da relação teoria e prática e a questão da sistematização da prática.[4] Esses são alguns dos temas significativos que dão o contorno atual do debate sobre a questão teórico-metodológica, a partir das diretrizes político-acadêmicas estimuladas pela Abess, das pesquisas sobre o ensino e, ainda, do decisivo aporte de intelectuais oriundos desse terreno profissional, expressando a riqueza e a vitalidade da polêmica emergente, norteada por uma perspectiva calcada na herança crítico-dialética.

2.2 A busca da particularidade: a recusa do praticismo e do teoricismo estéreis

O debate suprarreferido, nos marcos de uma profissão com um passado eivado pelo pragmatismo e pelo utilitarismo, representa um avanço significativo no estabelecimento de bases para o seu repensar crítico. Estabelece parâmetros teoricamente sólidos, porque fundamentais, ao recuperar o que há de mais criativo, do ponto de vista do método e da teoria social crítico-dialética, como pano de fundo para o enriquecimento das interpretações de situações sociais a partir das quais atua o Serviço Social, assim como das próprias particularidades profissionais. Tal observação ressalta mais claramente quando examinamos a polêmica atual como parte de uma caminhada no horizonte de ruptura com o praticismo estéril em que se vê mergulhado, ainda hoje, o exercício profissional cotidiano. Apresenta um arsenal de elementos na luta contra a recusa da abstração, contra o apego à imedia-

---

4. Ver a respeito, especialmente: *Cadernos Abess*, n. 1, O processo da formação profissional do assistente social, São Paulo: Cortez, 1986 e *Cadernos Abess,* n. 3, A metodologia no serviço social, São Paulo: Cortez, 1989.

ticidade dos dados, restringidos aos particularismos da descrição do real, aos localismos das situações de intervenção. Enfim, situa-se no embate contra a folclorização do real e a redução do enquadramento da metodologia ao mero acompanhamento das sequências empíricas da ação profissional.

Em alguns casos, corre-se o risco de cair no extremo oposto — o teoricismo estéril —, distanciado da prática profissional cotidiana. A essa percepção, responderia com firmeza: o exame da teoria é indispensável para o estabelecimento de pressupostos fundamentais da análise do Serviço Social; esse exame implica necessariamente outros desdobramentos, mas não é absolutamente estéril. O grande fruto desse debate parece-me ser o de permitir lançar as bases, polêmicas e plurais, das múltiplas interpretações no âmbito da tradição marxista (tão recentemente incorporada no Serviço Social), confrontando-se e contrapondo-se, teórica e politicamente, às tendências conservadoras e restauradoras que vicejam no meio acadêmico e prático do Serviço Social, travestidas de aparências modernizadoras. Foram lançados alicerces mais sólidos para um novo patamar do debate, que fertilize um mergulho mais fundo na *história* — da sociedade e da profissão —, desentranhando daí desafios e sugestões de pesquisas criadoras, que provoquem um aprofundamento:

a) das particularidades das problemáticas sociais que contextualizam a ação profissional, como as expressões das políticas sociais públicas e privadas, e, em particular, a assistência e a seguridade sociais; das análises dos processos de trabalho; das manifestações culturais que mediatizam as expressões dos diversos segmentos das classes subalternas; da violência institucionalizada, seja pelo Estado, seja pela rede de banditismo social e suas repercussões no ordenamento da vida cotidiana etc.;

b) das estratégias e táticas da ação profissional nos meandros das relações de poder institucional, recuperando, ao analisar a dimensão técnico-política do Serviço Social, os desvios dos quais frequentemente se torna prisioneira a ação dos atores profissionais: o basismo, o democratismo, o autoritarismo, o utilitarismo etc.;

c) do papel e das mudanças verificadas no mercado profissional de trabalho — esse desconhecido! —, resultantes das políticas de ação do Estado no reforço à expansão monopolista e em resposta às crises;

d) do acompanhamento cuidadoso de conjunturas histórico-críticas que demarcaram reorientações significativas na vida social e profissional, recuperando aí características regionais, atores, processos e conflitos.

Entre muitas outras possibilidades, essas apontam para a necessidade de atribuir *densidade histórica*, nos quadros da sociedade nacional, às situações sociais que atravessam a prática do Serviço Social, evitando tanto o pragmatismo como o teoricismo estéreis. Supõe articular situações profissionais à dinâmica macroscópica da sociedade — suas leis, tendências e configurações conjunturais —, aliadas a um diálogo pluralista, mas rigoroso, com o conhecimento acumulado, estabelecendo o *solo histórico* da profissão, de cujo deslindamento depende a construção de alternativas profissionais imersas na dinâmica do processo social.

2.3 Os desafios da crítica teórica e a ultrapassagem do ecletismo

Uma das manifestações mais férteis com que se defronta hoje o debate profissional, e que demonstra o seu amadurecimento político-acadêmico, parece-me ser a *prática da polêmica pública*; a essa se une a *batalha contra o ecletismo* — seu reconhecimento como condição de sua ultrapassagem — instaurando a crítica teórico-ideológica das produções no panorama profissional.

Identifico, aqui, trabalhos publicados e ainda inéditos, que podem ser exemplos sugestivos do que vem ocorrendo nesse processo de maturação intelectual por que passa o Serviço Social, fecundando a polêmica com atores e/ou autores que cruzam o campo profissional. Ingressando na arena do debate, os textos passam a apontar omissões e reduções, assim como conquistas e avanços que, na ótica dos autores, travejam algumas das produções contemporâneas do Serviço Social. Instaura-se a *crítica teórico-política* aberta, tão raramente alimentada numa profissão que até pouco tempo fazia questão de preservar seu caráter "doméstico" e "familiar", acentuando mais a coesão que o embate de ideias.

Além do debate já referido sobre a questão teórico-metodológica, entre os que se propõem a adotar o marxismo, caberia ressaltar, dentre os textos publicados, o balanço efetuado por Vicente de Paula Faleiros sobre o Movimento de Reconceituação,[5] abrindo uma polêmica corajosa e fértil com a literatura latino-americana, incluída parcela da produção nacional. Apresenta uma ampla revisão crítica dos impasses teórico-políticos do Movimento de Reconceituação e seus desdobramentos atuais nas interpretações do Serviço Social.[6]

Dentre os trabalhos ainda inéditos que, a meu ver, representam exemplos sugestivos de crítica rigorosa na luta contra o ecletismo, faria rápida menção a duas pesquisas, que apresentam importante contribuição à qualificação do debate teórico-metodológico. A primeira é a tese de doutoramento de José Paulo Netto,[7] que trata do processo de renovação do Serviço Social no Brasil no contexto da autocracia burguesa, processo esse analisado a partir de elaborações representativas de profissionais da área. A partir do cenário do surgimento do Serviço Social como profissão nos marcos da ordem burguesa na "idade do monopólio", problematiza o sincretismo teórico-ideológico que vem presidindo sua prática. Acentua os dilemas e reducionismos da renovação profissional nas décadas de 60-80, nos quadros da política cultural da ditadura, abrangendo a perspectiva modernizadora (CBCISS), a reatualização do conservadorismo pelas vias da fenomenologia e a intenção de ruptura inspirada na tradição crítico-dialética.

---

5. V. P. Faleiros. "Confrontos teóricos do movimento de reconceituação do serviço social na América Latina". *Serviço Social & Sociedade*, São Paulo: Cortez, n. 24, p. 49-69, ago. 1987.

6. Nesse ensaio, como em outros, a análise teórica sobre a profissão expressa no livro *Relações sociais e serviço social*, cit., é alvo de certas reservas e críticas, demonstrando que, ao fecundar a polêmica, aquele livro vem cumprindo um dos objetivos de sua publicação.

7. J. P. Netto. *Autocracia burguesa e serviço social*. São Paulo: PUC-SP, 1989, 2 v.

Esse me parece ser o trabalho de maior fôlego e amplitude produzido até hoje na literatura profissional. Rigorosamente crítico — e, em consequência, provocativo —, procede a uma revisão abrangente de parcela significativa das elaborações intelectuais do Serviço Social brasileiro.

A segunda pesquisa a que gostaria de fazer referência situa-se no desdobramento do debate teórico-metodológico no campo do ensino. Trata-se da dissertação de mestrado de Consuelo Quiroga,[8] que analisa a "impregnação positivista que mina, no sentido de invadir às ocultas todas as esferas da vida social, entranhando uma das concepções 'não positivistas' da sociedade — o materialismo histórico-dialético —, o que, na concepção aqui veiculada, o deforma e compromete a sua própria significação. O sentido de 'invasão às ocultas' está, também, relacionado aos docentes que veiculam a proposta marxista, através de suas disciplinas, sem a percepção, em sua maioria, dessa impregnação assimilada por eles acriticamente".[9]

Duas dessas "impregnações" são exploradas na pesquisa: o marxismo reduzido à explicação do desenvolvimento da sociedade como produto reflexo da infraestrutura material sobre a superestrutura, supervalorizando a determinação econômica; e o marxismo reduzido à mera "teoria do conhecimento", diluindo os componentes crítico-revolucionários da reflexão marxiana.

Os resultados da pesquisa efetuada com docentes dos cursos de graduação que trabalham o ensino da metodologia no eixo dos marxismos, em universidades públicas e católicas da região leste da Abess, são no mínimo preocupantes. Preocupantes no que diz respeito às desfigurações sofridas, no seu repasse docente, por uma das concepções teórico-metodológicas presentes no debate.

Essas duas pesquisas citadas, nas suas peculiaridades, são exemplares no trato com a herança teórico-cultural que preside o Serviço

---

8. C. Quiroga. *Uma invasão às ocultas*. Reduções positivistas no ensino do marxismo e suas manifestações no serviço social. Belo Horizonte: UFMG, 1989.

9. Idem, ibidem, p. 6.

Social contemporâneo e na denúncia dos sincretismos que vêm marcando presença na literatura e no ensino profissionais. Reafirmam caminhos férteis da elaboração intelectual: o retorno às fontes clássicas, a precisão na análise e a incorporação das teorias, a não concessão às lacunas constatadas na difusão dos conhecimentos que empalidecem o potencial explicativo e os contornos histórico-sociais das teorias nas quais se busca calçar a profissão.

2.4 O voluntarismo na prática profissional: a ilusão mágica do compromisso

As dificuldades que vêm sendo sentidas no desvelamento da realidade sócio-histórica e no uso criador dos conhecimentos acumulados têm sido "compensadas" e "substituídas" por um álibi "salvador": o discurso "mágico" do compromisso com a classe trabalhadora. Este torna-se o substitutivo mágico da exigência de análises teóricas e históricas concretas "de situações concretas". Esvaziado desses componentes, a intenção do compromisso — embora indicando um rumo político desejável para a ação — redunda na restauração do velho idealismo que atribui à vontade a capacidade de mover a realidade. É o velho discurso travestido de roupagem modernizada, em tinturas aparentemente progressistas.

O mero anúncio do compromisso com as classes subalternas — critério recorrentemente tido como básico para identificar a prática profissional renovada — confunde, não raras vezes, proselitismo político e profissão. No intuito de trazer à tona as implicações políticas do exercício profissional, aquele discurso se esvazia quando se torna incapaz de desvelar as relações de dominação e apropriação que contextualizam a prática profissional cotidiana no mercado profissional de trabalho. Degenera, pois, em um discurso caricato que, ao pretender hipertrofiar a dimensão política do Serviço Social, relega a condição de trabalho assalariado especializado, com todas as suas derivações, que é o que demarca as fronteiras propriamente profissionais.

Redunda, muitas vezes, numa distância entre intenção e resultado: os encaminhamentos e produtos da prática subvertem a radicalidade da intenção política que a move, esvaziando-a das possibilidades de obter os efeitos práticos desejados. Politiza-se um discurso que não pode gerar, por si só, a alteração da qualidade da ação profissional e de seus resultados.

Ao adquirir essa dimensão mágica, o discurso do compromisso tem como contrapartida uma ação que menospreza a preocupação com a qualidade dos serviços sociais prestados, pouco investindo na melhoria dos programas institucionais e na ampliação da rede de abrangência daqueles serviços, como se não interferissem no padrão de consumo ou na qualidade de vida das famílias trabalhadoras. Esquece-se, ainda, que os serviços sociais, públicos e privados, são parte da pauta de reivindicações de várias categorias profissionais, estando presentes inclusive em cláusulas de acordos coletivos de trabalho.

Outra contrapartida da fetichização do compromisso é o precário investimento na formulação de propostas (ou contrapropostas) efetivas às políticas instituídas pelas organizações públicas e privadas, procurando ampliar assim a satisfação de interesses dos usuários.

O "mito" do compromisso — ao não redundar em resultados materiais e organizativos efetivos, devido ao seu deslocamento das condições reais e particulares do exercício profissional — gera um discurso incapaz até de decifrar as artimanhas do poder institucional, tornando-se estéril na constituição de uma "nova sociabilidade" e de uma "nova cultura política", a partir de situações cotidianas, que representem a "negação da anticultura política da sociedade de massas".[10]

O voluntarismo traduzido no discurso mágico do compromisso tem como *produto a metamorfose do profissional que se propõe crítico* — mas que descola a criticidade da competência — *em um profissional mistificado e da mistificação*. Tende, assim, a cair nas artimanhas da competência articulada pelas regras da burocracia e da organização, restando-lhe apenas a *ilusão do compromisso* com a população usuária.

---

10. F. Oliveira. Além da transição, aquém da imaginação. *Novos estudos Cebrap* 12, jun. 1982.

A busca de reconciliação da profissão com a dinâmica da vida social, preservando a competência crítica, tanto no âmbito da formação como do exercício profissional, implica necessariamente envidar esforços no estreitamento das relações entre *qualificação acadêmico-profissional e realidade do mercado de trabalho.*

O que está em questão não é a subordinação utilitária da qualificação profissional às oscilações do mercado, mas *uma sintonia necessária* entre a formação e as demandas sociais objetivas apresentadas à profissão, salvaguardando a aliança entre a análise histórica do Estado e da sociedade contemporâneas — que permita decifrar as demandas profissionais e as tendências de mercado de trabalho — e a construção teórico-prática de respostas profissionais críticas em face desse mercado. Respostas solidamente elaboradas no campo teórico e das estratégias técnico-políticas, capazes de reconhecer e atender àquelas demandas para transcendê-las, reencontrando e recriando o Serviço Social no tempo histórico.

Repensando o ensino da prática*

A questão do ensino da prática em Serviço Social representa um aspecto dos mais polêmicos no debate contemporâneo sobre a formação profissional: se, por um lado, tem se apresentado como uma das preocupações centrais que vêm presidindo a estruturação do ensino desde os seus primórdios, por outro, apesar de ampla e reincidentemente debatido, pouco se tem avançado no amadurecimento de propostas que representem um salto substantivo no processo de qualificação teórica e técnico-política de profissionais.

Muitas vezes considerado como o "patinho feio" no debate acadêmico, tem sido encarado como área residual, pouco valorizada, que dispensaria maior formação intelectual por parte dos docentes, pela sua proximidade imediata com a experiência cotidiana. Tido, portanto, como uma problemática de segunda categoria, decorrente dos estigmas praticistas com que vem sendo analisado, o ensino da prática tem sido relegado aos "porões" dos processos de reestruturação curricular, deixando-se de lado as exigências acadêmicas presentes nas disciplinas "teóricas", que demandariam maior nível de abstração e maior exploração bibliográfica.

---

* Texto escrito em janeiro de 1990, a partir de discussões coletivas efetuadas no Departamento de Métodos e Técnicas da Escola de Serviço Social da UFRJ. Divulgado inicialmente pelo Núcleo de Pesquisa da Escola de Serviço Social (Nupess), sofreu revisões na versão original para a presente publicação.

Essa visão, carregada de equívocos, tem redundado no não enfrentamento frequente dos desafios do ensino da prática, que vem se apresentando como *caixa de ressonância dos dilemas dos cursos*. Sendo um dos pontos-chave de estrangulamento da formação profissional nas suas dimensões intelectuais e pedagógicas, o ensino da prática *sintomatiza* as fragilidades mais profundas da organização e da qualidade do ensino, da capacitação docente, da pesquisa e da extensão no âmbito universitário.

A complexidade da questão pode ser vislumbrada ao identificarmos que seu real deslindamento envolve problemas cruciais: a relação entre Universidade e mercado de trabalho; as particularidades da profissão na divisão social e técnica do trabalho em seus vínculos com as políticas sociais públicas e privadas; o domínio teórico-metodológico capaz de permitir vislumbrar em microssituações as determinações essenciais da vida social; as complexas relações entre teoria e realidade; entre as políticas de ensino, pesquisa e extensão no âmbito curricular; as relações entre os atores do processo de ensino-aprendizagem — docentes, estudantes e profissionais — na sua diferencialidade quanto a visões e expectativas perante a sociedade e a profissão. Esses, portanto, dentre muitos outros aspectos, entrecruzam-se na análise do tema em questão.

Tendo tais referências como preliminares, o propósito destas reflexões é, em primeiro lugar, mapear algumas implicações presentes no ensino da prática na sua relação com a trajetória do Serviço Social; e, em segundo, pontuar alguns dilemas e falsos dilemas detectáveis na estruturação desse nível de ensino, apontando possíveis pistas para a sua superação.

1. O ensino da prática na trajetória profissional

O ensino da prática se *impõe* ao Serviço Social dadas as particularidades de uma profissão que contém, como característica de sua constituição, uma dimensão de interferência imediata no real, de ação na sociedade. Não tendo sido institucionalizado com o fim precípuo de pensar o real, de produzir explicações sobre a sociedade, o Serviço Social se afirma, no Brasil na década de 1930, como uma forma de *ação social*, no quadro das relações Estado e sociedade civil, mediatizado pelas políticas sociais patronais, públicas e privadas. Tendo como alvo o proletariado e o exército industrial de reserva, é chamado a intervir no sentido de atenuar as sequelas do trabalho assalariado e de contribuir para criar um tipo de socialização do operariado adequada às novas condições e ao ritmo do trabalho industrial.

A profissão traz, pois, em suas raízes, o selo de legitimidade de classe, como um dos instrumentos a serviço da dominação político-ideológica e da apropriação econômica, isto é, como um tipo de ação social essencialmente política, ainda que travestida de aparência técnico-burocrática e filantrópico-moralizadora.

Assim sendo, o desafio do ensino de prática acompanha historicamente a trajetória profissional, suas continuidades e rupturas. A indagação que se apresenta, hoje, pode ser assim formulada: como responder academicamente às exigências de formação para a prática profissional sob novos parâmetros históricos e político-intelectuais? Como tratá-la, no âmbito do ensino, não como uma questão menor, mas como elemento-chave na qualificação de futuros profissionais, o que supõe uma ótica de interpretação da sociedade e da própria profissão?

É importante observar que se trata do ensino de prática nos quadros das *particularidades da profissão;* referimo-nos aqui à formação de profissionais Assistentes Sociais, o que implica necessariamente uma explícita interpretação do significado sócio-histórico da profissão na sociedade, que norteie a proposta de ensino teórico-prático na sua globalidade.

Pensar a profissão não exige apenas detectar as determinações de sua inserção na sociedade. Implica, ainda, identificar as raízes teóricas de que é caudatária, que vem informando certas óticas de leitura da sociedade e do exercício profissional. Implica, pois, recuperar algumas características da herança cultural e intelectual que vem plasmando o discurso profissional e a compreensão da prática do Serviço Social. E essa herança carrega, como ingredientes básicos, tanto o conservadorismo europeu como as vertentes empiristas e pragmáticas das Ciências Sociais norte-americanas, além dos componentes doutrinários presentes nas origens confessionais da profissão. Tais elementos têm um rebatimento significativo nas perspectivas de análise de prática social e profissional, fortemente impregnadas pela visão moralizadora das questões sociais, pela priorização de traços descritivos e classificatórios na leitura dos fenômenos sociais, pela recusa da abstração como recurso heurístico fundamental no processo de construção teórica; pelo pragmatismo e formalismo no trato de teoria, a que se alia a-historicismo, a recusa da história. Esses traços, entre muitos outros, vêm incidindo na compreensão do ensino da prática, que tende a ser reduzido ao "como fazer", numa visão tecnicista e instrumental do exercício da profissão. A esses, une-se frequentemente uma apreciação idealizada do real, no nível do *dever ser*, reduzido a mera petição de princípios. A consequência é clara: a incapacidade de desvendamento das relações sociais que presidem a sociedade capitalista e a prática profissional nela inscrita. Como as relações que tecem essa sociedade não são diretas e transparentes, não se revelando de imediato — são relações cada vez mais sociais, mas não diretamente sociais, porque intermediadas pelo mercado —, isso impõe necessariamente a exigência de ultrapassar as aparências mistificadoras da realidade para descobrir os processos sociais que se movem por detrás daquelas aparências e lhes atribuem historicidade. Contra essas exigências, conspira a herança referida, que se torna um óbice efetivo se não é submetida a uma crítica teórico-metodológica e histórica rigorosa.

Os anos 1960-70 representam para o Serviço Social latino-americano uma intensa aproximação das "Ciências Sociais", que passavam por um momento denso de autoquestionamento crítico, no sentido de resgatar as particularidades históricas continentais como exigência para a formulação de respostas ao cenário de crise da América Latina, em decorrência das profundas mudanças políticas e culturais que aí têm lugar.

Esta aproximação representa uma ampliação dos horizontes históricos e profissionais, fruto de intimidade com a fértil produção intelectual que dinamiza o debate na época. A isso se alia a militância político-partidária no amplo espectro da "esquerda", que vai representar uma via privilegiada de aproximação aos "marxismos", desencadeando uma busca de ruptura teórica com a herança conservadora que presidia a trajetória intelectual do Serviço Social até então.

No entanto, um traço *eclético* marca essa aproximação das Ciências Sociais e da tradição marxista, traço que vai se desdobrar na alimentação de preocupações nitidamente cientificistas e metodologistas no campo da análise profissional. Isso se traduz no desejo de alguns intelectuais de atribuir ao Serviço Social o *status* de ciência social particular: um campo específico do saber, capaz de erigir uma teoria própria, dispondo de um método próprio e de um objeto particular de conhecimento. Apresentava-se esse caminho como necessário para que o Serviço Social pudesse delinear mais claramente seu papel na sociedade e adquirir maior respeitabilidade intelectual no mundo acadêmico, ao se tornar parceiro no concerto das ciências.

Essa aspiração, que marca parte significativa do debate nas décadas citadas, revelou-se *ilusória* ao passar por cima do papel histórico e social atribuído ao Serviço Social na divisão social do trabalho, como se a alteração deste pudesse ser produto de mera vontade e empenho de alguns intelectuais do ramo.

À carência do acervo de conhecimentos acumulados pelo Serviço Social, ajunta-se um novo álibi: "a prática como fonte de teoria", que submete a relação teoria e prática a uma análise empiricista, com claros traços de cunho positivista, porém envernizada por um discurso dito "dialético", com forte inspiração maoísta.

O resultado é o reforço e a atualização — apesar dos propósitos políticos e acadêmicos em contrário — daquela herança conservadora, ainda que por atalhos novos.

A contrapartida dessa posição hoje é clara para alguns, ainda que polêmica: não se trata de diluir as particularidades do Serviço Social no estrito campo da produção de conhecimentos e, menos ainda, de proceder à reificação da dimensão "prática" (leia-se praticista) do Serviço Social.

A contrapartida afirma-se na exigência de formação de profissionais capazes de responder a um duplo e indissociável desafio: decifrar a dinâmica da sociedade e do Estado e suas determinações no âmbito profissional; ao mesmo tempo, fazer uso do acervo de conhecimentos para iluminar possibilidades reais de ação profissional naquela realidade, respondendo às demandas imediatas feitas à profissão, recriando-as e ampliando o espaço ocupacional, de forma inventiva, crítica e eficaz.

Responder a esses quesitos supõe uma consistente *formação teórico-metodológica*, um acompanhamento *pertinaz e perspicaz da dinâmica histórico-conjuntural*, que permita ler em situações singulares as particularidades e as leis do movimento social, decifrando, em toda a sua complexidade, as manifestações cotidianas da vida social. Mas supõe, ainda, uma *competência técnico-política* que contribua para a formulação de respostas precisas ao *que fazer, como* e *por quê fazer*.

Essas observações não se confundem com a defesa do tecnicismo, já que afirmam, ao contrário, que a eficácia das alternativas de ação subordina-se à clarificação de sua pertinência ante a própria realidade: à problemática econômica que enfrenta, às relações de poder e às forças políticas em disputa no cenário institucional, à elucidação de estratégias e táticas condizentes com esse diagnóstico e com os propósitos profissionais, que desemboquem no zelo pela qualidade dos serviços prestados e na ampliação do campo democrático no nível das decisões e relações entre os atores sociais.

Reconhecendo as determinações sócio-históricas do Serviço Social no mercado de trabalho, a meta é potenciar suas possibilidades, seja de ação na sociedade, seja de pesquisa sobre as problemáticas que circunscrevem o contexto de sua prática, reconciliando ação e explicação do real.

2. Dilemas e falsos dilemas no ensino da prática profissional

A partir dos parâmetros anteriormente explicitados, emergem indagações na esfera acadêmico-pedagógica: como proceder ao ensino da prática profissional? que direção atribuir-lhe?

Comecemos por uma dupla negativa: *o ensino da prática profissional não pode reduzir-se à mera reiteração do perfil profissional consolidado, como também não pode conduzir à diluição das particularidades da profissão na militância política.*

Explicitando: o perfil profissional médio predominante é ainda presidido por forte burocratismo, que redunda em ações ritualistas e vinculadas ao discurso e aos propósitos dos centros de poder institucional que os legitimam. Essa legitimação é muitas vezes encoberta pelo tom humanitário beneficente que impregna as representações sobre o Serviço Social de muitos profissionais, que acabam por reduzir-se a agentes tarefeiros, "quebra-galhos" ancorados nos chamados "limites institucionais", como salvaguarda de suas precariedades teóricas e técnicas, assim como da ausência de vontade política para modificar o quadro instituído. A institucionalização das ações profissionais e as entidades empregadoras passam a ser vistas invertidamente como "obstáculos" para o exercício profissional ao invés de pressupostos e condições de trabalho, instigantes da prática criadora.

Nessa perspectiva, não raras vezes a autorrepresentação do Assistente Social assemelha-se à de "Alice no País das Maravilhas": se vivêssemos num país maravilhoso, sem tensões, crises e conflitos de classe, numa sociedade utopicamente desejável, se as instituições não fossem cristalizações de poder, se a população fosse combativa, consciente, organizada etc., aí, sim, poderíamos realizar o "verdadeiro Serviço Social", a profissão idealizada e sonhada. Como o sonho corre paralelo à realidade, que incontestavelmente é outra, esta é rejeitada e transformada em óbice, em impedimento para a realização da profissão. De costas para a história, o profissional flutua na malha imaginária de sonhos, tornando-se incapaz de decifrar e responder às exigências mais elementares que lhe são apresentadas, prisioneiro de uma visão irreal do Serviço Social. O processo histórico passa a ser erigido como "limite", "obstáculo" e não como fonte inspiradora e solo do fazer profissional.

Em oposição a esse mito, o enfrentamento real dessa situação exige a oxigenação do exercício profissional no âmbito do mercado de trabalho, recriando e redimensionando as demandas aí estabelecidas com propostas de trabalho que incorporem e ultrapassem tais demandas, indo além da simples reprodução da normatização institucional, optando-se pela abertura de novas frentes de trabalho, alargando as funções profissionais diante das problemáticas sociais específicas, descortinando novas possibilidades para fazer frente às demandas emergentes inscritas na dinâmica das contradições de expansão monopolista.

O que se recusa é o profissional espelho da instituição, que assume o trabalho como mero emprego, tendo por muleta o discurso reiterativo sobre o caráter fluido, opaco do Serviço Social, o que esconde a indefinição do próprio profissional diante da dificuldade de elucidar a inserção sócio-histórica objetiva do Serviço Social na sociedade. A indicação é nítida: se há indefinição, ela é do Assistente Social e não das funções da profissão na divisão sociotécnica do trabalho.

O segundo equívoco aventado é a diluição das particularidades profissionais na militância política, levando ao esvaziamento de ambos: do Serviço Social e da prática político-partidária. Sob certo aspecto, esse equívoco vincula-se à mesma questão antes apontada: diante das dificuldades para definir a profissão — já que o significado *social* do Serviço Social não se mostra de imediato, de forma transparente —, aquela dificuldade é escamoteada e substituída pelo chamamento à militância, ficando na obscuridade o desafio propriamente profissional.

Tal observação não implica estabelecer um dique entre profissão e política, mas, ao contrário, reafirma o caráter político fundante do Serviço Social enquanto polarizado por relações e estruturas sociais de poder, nos meandros das quais se reproduz, além de contribuir para reproduzi-las, contraditoriamente, e das quais não pode historicamente esquivar-se na sociedade capitalista. Isso não autoriza, no entanto, confundir exercício profissional com militância política: a necessidade de distinguir os papéis, ainda que esses sejam relacionados, é pré-requisito para que os atores profissionais possam articulá-los nas suas vidas como cidadãos.

Outra distinção necessária, ao se proceder ao ensino de prática do Serviço Social, é a que se estabelece entre a *formação discente para a prática profissional* e o *exercício profissional propriamente dito*. Encontrando-se o aluno em *processo* de aprendizagem, o espaço de sala de aula e do estágio não pode ser estreitado pelos limites da pura execução, o que suportaria fixar a identidade do aluno como mão de obra de baixo custo para os organismos executivos das políticas sociais, subalternizando o ensino às imposições do mercado de trabalho. Dessa forma, não cabendo cobrar do aluno, prioritariamente, produtividade e eficiência no seu desempenho no contexto das ações institucionais — o que pode ser exigido do Assistente Social —, o ensino da prática profissional afigura-se como momento privilegiado para a releitura crítica das ações profissionais, elucidando-as nos seus multifacéticos ângulos, abrindo os caminhos necessários para preservar a qualidade dos serviços prestados, construindo respostas profissionais que melhor atendam ao público-usuário.

Isso exige que o aluno seja capaz de perceber o contexto da ação profissional direcionado e filtrado para preocupações investigativas; supõe indagações teóricas que norteiam a elucidação dos processos sociais que embasam a prática profissional, definindo suas particularidades nas respostas que fornecem às demandas instituídas e instituintes.

Uma outra tendência constatada nas "escolas de ponta", nas últimas décadas, foi a abertura de "campos próprios de estágios", com o propósito de propiciar uma formação de melhor qualidade, fugindo das mazelas do mercado de trabalho, aproximando-se de uma "prática de laboratório": relativamente controlados pela Universidade, voltam-se geralmente para a assessoria aos movimentos sociais urbanos, privilegiando as atividades de pesquisa.

Já que o desenvolvimento da pesquisa no terreno profissional só merece aprovação e estímulo, assim como o empenho no conhecimento dos movimentos sociais, pode-se apenas questionar a ênfase unilateral e exclusiva nos "campos próprios de estágio", que tendem a afastar o aluno do enfrentamento cotidiano do mercado de trabalho, para onde se dirige a maioria dos universitários que se iniciam na vida profissional. O que se busca sugerir é a necessidade de ampliar as atividades de pesquisa — como componente essencial do ensino prático — para englobar também os organismos de implementação das políticas sociais, públicas e privadas, pondo-as a serviço do aprimoramento do exercício e da formação profissionais, de modo a possibilitar ao aluno a oportunidade de avaliar sua "vocação" para as atividades investigativas, de produção científica e/ou executivas.

Como os pontos de estrangulamento da formação profissional se manifestam, de maneira incisiva, nas atividades pedagógicas referentes à análise e implementação de ações profissionais, o seu encaminhamento tem sido atropelado por várias incompreensões que distorcem o seu potencial formativo. Assim é que esse espaço pedagógico tem sido, por vezes, preenchido como "espaço terapêutico" das angústias e ansiedades dos alunos, desencadeadas nas sucessivas aproximações à dinâmica efetiva da prática do Serviço Social, que derivam das pressões no campo institucional, dos limites do Serviço Social para erradicar as sequelas das desigualdades de classe, do contato estreito e direto com a extrema pauperização, da impotência diante da defasagem entre a demanda dos serviços e os recursos liberados para o seu atendimento etc. Isso leva à ruptura de sonhos idealizados no imaginário do aluno, e acaba por levar ao desencanto com a profissão.

Em outros momentos, o espaço curricular do ensino da prática torna-se prisioneiro do *mito da técnica*, que incide sobre professores e alunos, imputando-se unilateralmente as debilidades sentidas no encaminhamento da ação profissional às fragilidades no ensino e na apropriação de recursos e procedimentos operativo-instrumentais. Acaba-se por limitar aquele espaço pedagógico à oficina ou aprendizado e vivência de técnicas.

Verifica-se, também, que — no anseio de preencher lacunas teórico-analíticas do curso — o ensino de prática pode adquirir a função de uma disciplina informativa a mais, perseguindo temas emergenciais os mais diversos, inclusive transformando-se às vezes numa subespecialização das políticas sociais setoriais.

Um outro desvio de rota no encaminhamento da atividade pedagógica é centralizado no trato dos casuísmos rotineiros emergentes nos campos de estágio, restringindo essa atividade ao acompanhamento pontual de questões residuais de cotidiano profissional.

Elementos de cada um desses "perfis" podem marcar presença na efetivação do processo de aprendizagem, não sendo, entretanto, suficientes para — isolada e parcialmente — responderem aos dilemas do ensino da prática profissional.

As indicações para novas rotas no direcionamento do ensino da prática implicam recuperar três dimensões estreitamente imbricadas desse processo — a pesquisa, o treinamento para a prática e o ensino teórico —, porque o suposto é de que a qualificação para o exercício profissional implica a problematização das ações e propostas profissionais vigentes, o que supõe, por sua vez, a delimitação de questões-chave a partir das quais se perscruta a realidade, desencadeando um processo sistemático de desvendamento crítico das aparências que encobrem os movimentos mais profundos do real. É a partir daí que se vão construindo propostas de ação, estratégias e táticas para o seu redirecionamento, de acordo com os propósitos e objetivos profissionais.

Um eixo comum, articulador dos diferentes campos problemáticos com que se defronta o Assistente Social, é o debate sobre o papel profissional: a que venho, para que, com que função? Subjacente a essas, há uma velha, mas sempre atual indagação: O que é o Serviço Social?

3. Indicações para o ensino da prática no espaço curricular

Situar o ensino da prática no currículo — enquanto âmbito de ensino que tem por *objeto central a análise da prática profissional do Serviço Social* — implica explicitar o entendimento de três questões-chave, que contribuem para traçar os seus contornos:

a) o significado da qualificação discente para a prática profissional;

b) as particularidades pedagógicas de um espaço curricular voltado para a análise e efetivação do exercício profissional;

c) o papel dos atores envolvidos no ensino da prática: de um lado, o professor, o supervisor e o assessor de profissionais de Serviço Social; de outro, o papel do aluno e do profissional que o acompanha na instituição.

3.1 A qualificação discente para a prática profissional

Conforme já afirmamos, a qualificação discente para a prática implica uma estreita articulação entre as atividades de *pesquisa* da realidade que é objeto de intervenção, *o ensino teórico* — adensando referências para a análise das condições e da dinâmica da ação profissional — e o *treinamento* para o fazer profissional.

A qualificação para a prática nos termos propostos — recusando a versão empiricista, que a reduz ao aprendizado mimético de ações profissionais ou à exclusiva execução de tarefas atribuídas pelo quadro institucional — implica necessariamente *uma problematização teórica e histórica do contexto conjuntural e socioinstitucional* da prática do Serviço Social, de modo a privilegiar uma *questão-eixo,* cujo encaminhamento teórico-prático seja capaz de *delimitar abstratamente a problemática objeto de intervenção, cujo deciframento progressivo ilumina a descoberta de estratégias políticas, alianças e táticas em ações possíveis no âmbito do espaço profissional.*

Esse procedimento possibilitará uma maior aproximação ao *trabalho interdisciplinar,* à medida que o segmento da realidade sócio-histórica — objeto de análise e intervenção — for sendo submetido a um procedimento analítico totalizador, que, ao invés de diluir, ressalte suas especificidades, permitindo ações profissionais diversas, porém articuladas nas múltiplas dimensões da realidade, de acordo com a competência profissional atribuída por diferentes especialidades.

No nível *específico* de intervenção do Serviço Social, o elemento *unificador,* em qualquer campo da área de política social, é o esclarecimento do que poderíamos denominar de *espaço profissional institucionalmente circunscrito e dos papéis aí desempenhados pelo Assistente Social,* papéis decorrentes das particularidades da inscrição do Serviço Social na divisão social e técnica do trabalho como um dos tipos de especialização do trabalho. Isso requer uma competência teórico-metodológica e técnico-política adequada, seja às ações que lhe são atribuídas, seja às potencialmente conquistáveis na medida em que expressem demandas socioprofissionais emergentes.

Isso supõe, necessariamente, a capacidade de identificação, análise e encaminhamento efetivo das atividades profissionais de planejamento e implementação das políticas sociais específicas e, em especial, da prestação de serviços sociais, zelando pela sua qualidade, abrangência e provimento de recursos. Implica, ainda, o reconhecimento do componente político-pedagógico da ação profissional, na medida em que a prática contém uma dimensão socioeducativa cujos efeitos incidem na esfera ética e político-ideológica, muitas vezes não passíveis de verificação empírica imediata. Tais efeitos, que se expressam no campo cultural e simbólico, embora não imediatamente perceptíveis, rebatem nos sujeitos sobre os quais recai a ação profissional.

Tais elementos têm de ser detectados e submetidos a rigorosa análise intelectual, a partir das situações cotidianas do exercício profissional.

Pretende-se sugerir que, na qualificação discente para a prática, a avaliação deve pautar-se menos pelos resultados imediatos em termos de abrangência e produtividade do trabalho, mas sobretudo pela riqueza reflexiva a que seja submetida a ação profissional, capacitando assim o aluno — teórica e praticamente — a efetuar e antever sua execução sob novos parâmetros de qualidade, capaz de responder a questões como: a que venho? Para quê? Com que função? A serviço de quem?

Enfim, almeja-se capacitar o aluno a tratar as pequenas questões da prática cotidiana como grandes desafios intelectuais e operativos.

Tal perspectiva abre potencialmente os diferentes espaços do mercado de trabalho ao processo formativo, e possibilita ultrapassar a visão estreita e elitista segundo a qual somente as experiências profissionalmente privilegiadas estariam aptas a permitir a formação de estagiários competentes.

3.2 A dimensão pedagógica no ensino da prática

Situar o ensino da prática no currículo passa necessariamente pela consideração da particularidade das estratégias pedagógicas voltadas para a *análise e efetivação da prática profissional*. Não sendo essa uma tarefa nem de mera informação teórica nem de treinamento executivo, o desafio pedagógico central está em *articular* elementos teórico-metodológicos e históricos, transmitidos e aprofundados no decorrer das várias disciplinas do curso, resgatando-os seletivamente, atualizando-os e aprofundando-os em função da explicação e do encaminhamento prático de situações particulares e singulares, capazes de elucidá-las e sugerir criativamente formas de seu enfrentamento no campo profissional.

Tal especificidade pedagógica tem sido frequentemente caracterizada como *espaço privilegiado de articulação entre teoria e prática*. Essa abordagem parece apresentar preocupações essenciais, embora mal esboçadas. A questão de fundo subjacente é a relação *teoria/realidade* que, por sua vez, não é específica do ensino de prática, podendo deslocar-se para esta uma exigência que atinge tanto a formulação estritamente teórica como os níveis de ação no real, tanto disciplinas tidas como "teóricas", como aquelas voltadas para o ensino da prática profissional. Da forma como vem sendo apresentado, o que é *movimento* — o caráter processual da relação teoria/prática social (realidade) — aparece coagulado na dualidade de dois elementos estanques, que só eventualmente podem se encontrar. E ainda mais: o que é *movimento* aparece metamorfoseado em *espaço,* isto é, um "lugar" privilegiado na grade curricular para se estabelecer a relação entre a formulação teórica abstrata do real e o próprio real.

Um outro viés daquela formulação é a redução implícita que se opera quando se identifica prática social e histórica com prática profissional, confundindo-se muitas vezes a relação teoria/prática com a relação entre dois tipos de instituição: a instituição de ensino (Universidade) e aquelas que conformam o mercado de trabalho.

Assim, englobando necessariamente o enfrentamento do processo teoria/realidade, o ensino da prática envolve outros desafios teórico-metodológicos (e pedagógicos) que, embora cruciais, pouco vêm sendo enfatizados: o da relação entre teorias gerais e universais da sociedade, por um lado, e as manifestações particulares e singulares dos fenômenos sociais, por outro. Em outros termos: a passagem de conceitos gerais, de alto nível de abstração, para situações históricas específicas, apreendendo suas determinações particulares, suas expressões singulares, não repetíveis. Assim, a dialética do universal/particular/singular não deve ser descurada no encaminhamento pedagógico do ensino da prática. A isso se alia a necessidade de aprofundar a relação entre o *individual* e o *coletivo*, para poder apreender nos fenômenos individuais as determinações sociais que neles se condensam.

Trabalhar com essas categorias na análise do cotidiano do exercício profissional exige, como pressuposto, o domínio do quadro teórico-metodológico que lhes dá significado (no caso, a tradição marxiana).

Sintetizando, poder-se-ia afirmar que o *desafio pedagógico* presente no ensino da prática consiste em — uma vez eleitas as referências teóricas norteadoras — partir de situações imediatas da prática profissional para detectar sua significação e representatividade, facilitando o movimento de elevação do particular ao geral, do imediato às mediações e múltiplas determinações que dão concretude histórica aos fenômenos selecionados, de modo a permitir vislumbrar e propor estratégias e táticas para a ação profissional diante desses mesmos fenômenos. Em outros termos: partindo da prática profissional, desvendá-la e iluminá-la teoricamente, de modo a tornar possível definir e apontar alternativas viáveis e condizentes com o próprio movimento da realidade e com os propósitos profissionais.

Esse desafio pedagógico, da maior relevância, ultrapassa tanto o mero acompanhamento da dinâmica do exercício profissional como a mera reprodução do pensamento teórico, e envolve o *esforço de reconciliação da teoria com a realidade*.

3.3 Delimitando os papéis: os atores envolvidos no ensino da prática

Considerar os atores envolvidos nas relações que tecem o palco do ensino da prática é da maior importância, porquanto esses atores são sujeitos que estabelecem limites e possibilidades à qualidade do processo formativo. Cabe aí explicar a distinção entre o papel do profissional, o papel do estagiário e ainda as funções do supervisor, do professor e do assessor dos profissionais das organizações dos campos de estágios.

A dificuldade de distinguir entre os *papéis do profissional da instituição e os do aluno-estagiário* tem sido causa de equívocos no processo de ensino. Referimo-nos à tendência de identificar o discente como um profissional a mais, responsável prioritariamente pela prestação de serviços institucionais, como mão de obra especializada barata — porque em processo de formação —, que muitas vezes tende a ser utilizada como alternativa à ampliação do quadro técnico das organizações, justificado pela remuneração do estágio.

Tal perspectiva conduz a uma relação de *identidade* entre o aluno e o profissional, matizada apenas por níveis diferenciados de experiência, em que a responsabilidade do aluno é deslocada de um processo formativo para o compromisso com a política institucional, como se solicita do corpo de funcionários contratados. A derivação deste enfoque no ensino é a subordinação deste às exigências do emprego, a subsunção da Universidade ao mercado de trabalho, esvaziando aquela de suas funções de criação de saber e cultura, de pesquisa e crítica da sociedade, porque ela é subalternizada às exigências econômico-sociais da lógica de reprodução do capital, tal como ocorreu com a política cultural na ditadura recente.

Essa concepção do ensino da prática leva a uma inversão de prioridades na formação de profissionais: esta é deslocada do processo de aprendizagem para a eficácia e produtividade na prestação de serviços, previstos pelos programas institucionais. O rebatimento no ensino é claro: este volta-se para a "resolução" da problemática das instituições, para o encaminhamento rotineiro das tarefas delegadas, ao invés de propiciar ao aluno conhecimentos e experiências que solidifiquem sua capacitação profissional para o enfrentamento imediato e futuro das *problemáticas* presentes no cenário da ação profissional.

Outro aspecto que merece destaque é a distinção entre os papéis *do supervisor, do professor e da assessoria aos quadros técnicos das instituições.* O supervisor, enquanto profissional da instituição, colabora *diretamente* no processo de formação acadêmica do aluno, desempenhando uma função *pedagógica*, além de representar, muitas vezes, a matriz profissional para esse aluno. Tal função, na maioria das vezes, é realizada intuitivamente, visto que a Universidade não vem propiciando capacitação sistemática ao corpo de supervisores, integrando-os ao plano acadêmico do curso, o que é agravado pela diferencialidade existente no interior da categoria profissional quanto à formação teórica, visões e expectativas quanto ao Serviço Social, assim como pelas precárias oportunidades e falta de tradição de reciclagem teórico-prática sistemática por parte dos Assistentes Sociais.

O *supervisor* constitui o elo privilegiado da relação entre instituição/ campo de estágio e o processo de ensino, cabendo-lhe o acompanhamento cotidiano do aluno no âmbito de dinâmica institucional, apoiando-o no exercício das atividades do estágio, subsidiando-o na análise e enfrentamento das estruturas e relações de poder, das políticas institucionais, no reconhecimento do público-usuário, inserindo-o na rede de relações intra e interprofissionais. Em síntese, cabe ao supervisor contribuir com o aluno na particularização da problemática que envolve a ação profissional no tocante às especificidades dos organismos institucionais, o que exige uma aproximação ao projeto acadêmico-pedagógico do curso e, em especial, às orientações adotadas no ensino da prática.

As funções do professor — já explicitadas nos itens anteriores — podem ou não se desdobrar na *assessoria* ao *quadro técnico das instituições*, contribuindo diretamente na sua qualificação e reciclagem, em função das demandas apresentadas pelo grupo de Assistentes Sociais da instituição (não só os supervisores), tendo em vista a melhoria de qualidade da prestação de serviços, a elaboração de propostas inovadoras de trabalho, a clarificação teórica do papel profissional, dentro de uma política de estreitamento de vínculos da Universidade com o meio profissional.

Bibliografia

ABESS. *Valores e serviço social*. Rio de Janeiro: Abess, 1968.

ALAYÓN, N. et al. *Desafio al servicio social*. Buenos Aires: Humanitas, 1975.

ALMEIDA, A. A. O movimento de reconceituação no Brasil: perspectivas e consciência. *Debates Sociais*, Rio de Janeiro, CBCISS, n. 2, p. 43-53, 1975.

AMMAN, S. B. *Avaliação e perspectivas*: serviço social. Brasília: MEC, 1982.

_____. *Ideologia do desenvolvimento de comunidade no Brasil*. São Paulo: Cortez, 1980.

ANDER-EGG, E. *El servicio social en la encrucijada*. México: Umetz, 1971.

BARAN, P. A missão do intelectual. *Ângulos*, Salvador, n. 18, p. 33-40, 1965-1966.

BRANDÃO, C. R. *A prática social e a prática profissional*. Palestra pronunciada no Seminário Regional da Abess, São Paulo, 12 de maio de 1981.

BRAVERMAN, H. *Trabalho e capital monopolista* (A degradação do trabalho no século XX). Rio de Janeiro: Zahar, 1977.

BRUNEAU, T. *O catolicismo brasileiro em época de transição*. São Paulo: Loyola, 1974.

CARDENAL, E. Cultura revolucionária, popular nacional, anti-imperialista. *Nicarauac*, Manágua, Ministério de Cultura da Nicarágua, n. 1, 1980.

CARDOSO, F. H. *O modelo político brasileiro e outros ensaios*. São Paulo: Difel, 1973.

_____. *Autoritarismo e democratização*. 3. ed. Rio de Janeiro: Paz e Terra, 1975.

CARVALHO, R. Modernos agentes da justiça e da caridade. *Serviço Social & Sociedade*, São Paulo, Cortez, ano 1, n. 2, p. 43-71, mar. 1980.

CASTILLO, R. La formación profesional de trabajadores sociales en América Latina. *Acción Crítica*, Lima: Celats/Alaets, n. 8, dez. 1980.

CASTRO, M. M. *De apostelos a agentes de cambio*. Lima: Celats, 1982.

_____. *História do serviço social na América Latina*. São Paulo: Celats/Cortez, 1984.

CELATS. *El trabajo social en América Latina*: balance y perspectivas. Lima: Celats, 1983.

CHAUI, M. *Cultura e democracia* (O discurso competente e outras falas). 3. ed. São Paulo: Moderna, 1972.

_____. *Conformismo e resistência* (Aspectos da cultura popular no Brasil). São Paulo: Brasiliense, 1986.

CONGRESSO BRASILEIRO DE SERVIÇO SOCIAL, 2., *Anais...* Rio de Janeiro: CBCISS, 1961.

COUTINHO, C. N. Cultura e democracia no Brasil. In: _____. *A democracia como valor universal*. 2. ed. Rio de Janeiro: Salamandra, 1984. p. 121-161.

COUTINHO, R. Sobreviver para trabalhar: salário e alimentação do trabalhador brasileiro. *Caderno do Ceas*, Salvador, Centro de Estudos e Ação Social, n. 48, p. 33-40, 1977.

CUT-ZONA SUL. *Contribuição à discussão da conjuntura política e aos novos rumos do nosso movimento*. Campanha Salarial Unificada, São Paulo, 1985. (Mimeo.)

DELLA CAVA, R. Igreja e Estado no Brasil no século XX. In: *Estudos Cebrap*, São Paulo, Cebrap, n. 12, 1975.

DOCUMENTO DE ARAXÁ. *Revista Debates Sociais*, Rio de Janeiro, CBCISS, ano III, n. 4, maio 1967.

DOCUMENTO DE TERESÓPOLIS. Metodologia do serviço social. *Revista Debates Sociais*, 5. ed. Rio de Janeiro, CBCISS, supl., n. 4, set. 1978.

ENGELS, F. *Do socialismo utópico ao socialismo científico*. Lisboa: Estampa, 1971.

_____. Ludwig Feuerbach e o fim da filosofia clássica alemã. In: MARX, K.; ENGELS, F. *Textos*. São Paulo: Edições Sociais, 1975. v. 1, p. 79-117.

ESCOLA DE SERVIÇO SOCIAL DA UNIVERSIDADE CATÓLICA DE MINAS GERAIS. *Análise histórica da orientação metodológica da escola de serviço social da UCMG*. Belo Horizonte, out. 1974. (Mimeo.)

FALEIROS, V. P. *Trabajo Social*: Ideologia y método. Buenos Aires: Ecro, 1972.

_____. Confrontos teóricos do movimento de reconceituação do serviço social na América Latina. *Serviço Social & Sociedade*, São Paulo, Cortez, n. 24, p. 49-69, 1987.

FERNANDES, F. *Apontamentos sobre a Teoria do Autoritarismo*. São Paulo: Hucitec, 1979.

_____. *A revolução burguesa no Brasil* (Ensaios de interpretação sociológica). Rio de Janeiro: Zahar, 1975.

_____. *Capitalismo dependente e classes sociais na América Latina*. 3. ed. Rio de Janeiro: Zahar, 1981.

FOLHA DE S. PAULO, 15-11-1985. *1º Plano Nacional de Desenvolvimento da Nova República*, p. 21.

FOLHA DE S. PAULO, 29-11-1985.

FURTADO, C. *O Brasil pós-milagre*. Rio de Janeiro: Paz e Terra, 1981.

GERMANI, G. *Política y sociedad en una época de transición*. Buenos Aires: Paidós, 1982.

GORZ, A. (Org.). *Crítica da divisão de trabalho*. São Paulo: Martins Fontes, 1980.

_____. Técnica, técnicos e luta de classe. In: GORZ, A. (Org.). *Crítica da divisão do trabalho*. São Paulo: Martins Fontes, 1980.

GRAMSCI, A. Americanismo e fordismo. In: *Obras escolhidas*. Lisboa: Estampa, 1974, p. 135-186.

GRAMSCI, A. *Maquiavel, a política e o estado moderno*. 3. ed. Rio de Janeiro: Civilização Brasileira, 1978.

_____. *Os intelectuais e a organização da cultura*. 3. ed. Rio de Janeiro: Civilização Brasileira, 1979.

GUILHON DE ALBUQUERQUE, J. A. *A metáfora da desordem*. Rio de Janeiro: Paz e Terra, 1977.

HAGEN, E. *On the theory of social change*. Homewood: Dorsey Press, 1962.

IAMAMOTO, M. V. Análise da profissão de serviço social. In: YAZBECK, M. C. (Org.). Projeto de revisão curricular da faculdade de serviço social da PUC-SP. *Serviço Social & Sociedade*, São Paulo: Cortez, ano V, n. 14, p. 45-60, 1984.

_____. *Legitimidade e crise do serviço social (Um ensaio de interpretação sociológica da profissão)*. Dissertação (Mestrado) — Esalq/USP, Piracicaba, 1982. (Mimeo.)

_____. *Proletarização e cultura*. São Paulo: PUC-SP, 1986. (Mimeo.)

_____; CARVALHO, R. *Relações sociais e serviço social no Brasil*. São Paulo: Celats/Cortez, 1982.

_____. *Relaciones sociales y trabajo social*. Lima: Celats, 1983.

_____; MANRIQUE, M. C. Hacia el estudio de la historia del trabajo social en América Latina. *Acción Crítica*, Lima, Celats/Alaets, n. 5, p. 53-73, 1979.

IANNI, O. *A ditadura do grande capital*. Rio de Janeiro: Civilização Brasileira, 1981.

_____. *Ditadura e agricultura*. Rio de Janeiro: Civilização Brasileira, 1979.

_____. *Estado e planejamento econômico no Brasil (1930-1970)*. Rio de Janeiro: Civilização Brasileira, 1979.

_____. *O ciclo da revolução burguesa*. Petrópolis: Vozes, 1984.

IANNI, O. *O colapso do populismo no Brasil*. Rio de Janeiro: Civilização Brasileira, 1968.

_____. Pronunciamento como membro da banca examinadora da Dissertação de Mestrado de Maria Luiza de Souza, São Paulo, PUC-SP, 18 ago. 1978.

_____. *Revolução e cultura*. Rio de Janeiro: Civilização Brasileira, 1983.

JUNQUEIRA, H. J. Quase duas décadas de reconceituação do serviço social. Uma abordagem crítica. *Serviço Social & Sociedade*. São Paulo: Cortez, ano III, n. 4, 1980.

KISNERMAN, N. *Sete estudos sobre serviço social*. São Paulo: Cortez e Moraes, 1978.

KOWARICK, L. Proceso de desarrollo del estado en América Latina y políticas sociales. *Acción Crítica*, Lima, Celats/Alaets, n. 5, p. 6-13, 1979.

KRUSE, H. *Introdución a la teoria científica del servicio social*. Buenos Aires: Ecro. (Série ISI/1, 1972.)

LEFÈBVRE, H. *De lo rural a lo urbano*. Barcelona: Península, 1974.

_____. *Sociologia de Marx*. São Paulo: Forense, 1968.

LÉNIN, V. I. A espontaneidade das massas e a consciência da social democracia. In: *Que Fazer?*, Lisboa, Estampa, 1974.

_____. Las tres fuentes y las tres partes integrantes del marxismo. In: *Obras Escogidas* (12 tomos), Moscou, Progresso, v. V, p. 5-10, 1976.

LERNER, D. *The passing of traditional society*: Modernizing the middle east. Nova York: The Free Press, 1958.

LIMA, A. A. *A fundação das duas primeiras escolas de serviço social no Brasil*. Dissertação (Mestrado) — Escola de Serviço Social da PUC, Rio de Janeiro, 1977. (Mimeo.)

LIMA, B. *Contribuição à metodologia do serviço social*. Belo Horizonte: Interlivros, 1976.

LIMA, L. S. Marchas y contramarchas del trabajo social: Repasando la reconceptualización. *Acción Crítica*. Lima: Celats/Alaets, n. 6, p. 25-31, 1979.

LIMA, L. S. et al. *Prática como fonte de teoria*. Belo Horizonte: Escola de Serviço Social da UCMG, 1971. (Mimeo.)

LIMA, L. S. et al. Proyecto de reestruturación de la escuela de servicio social de la universidade católica de Minas Gerais. (Belo Horizonte). In: *Compendio sobre reestructuración de la carrera de trabajo social*. 2. ed. Buenos Aires: Ecro. (Série ISI/4, 1976.)

_____; RODRIGUES, R. Metodologismo: Estallido de una época. *Acción Crítica*, Lima, Celats/Alaets, n. 2, 1977.

LUKÁCS, G. *História e consciência de classe*. Porto: Publicação Escorpião, 1974.

_____. *Ontologia do ser social* (Os princípios ontológicos fundamentais de Marx). São Paulo: Ciências Humanas, 1979.

LUXEMBURGO, R. *La cuestión nacional y la autonomía*. Cuadernos pasado y presente, México, Siglo XXI, n. 81, 1979.

MACCIOCCHI M. A. *A favor de Gramsci*. 2. ed. Rio de Janeiro: Paz e Terra, 1980.

MAGUIÑA, A. L. *Desarrollo capitalista y trabajo social*: Peru (1989-1979). Lima: Celats, 1979.

_____ et al. *La búsqueda del trabajo social alternativo como fenómeno histórico*, Lima, Celats, jan. 1988. (Mimeo.)

_____. *En la búsqueda del trabajo social alternativo como un fenómeno histórico*, Lima, Celats, ago. 1988. (Mimeo.)

MALLOY, J. Previdência social e distribuição de renda. Notas de Pesquisa. *Estudos CEBRAP*, Petrópolis, Vozes, n. 25, p. 113-134, s/d.

_____. Política de bem-estar social no Brasil: Histórico, conceitos e problemas. *Revista de Administração Pública*, Rio de Janeiro, ano 2, n. 10, p. 5-29, jun. 1976.

_____. A política de previdência social no Brasil: Participação e paternalismo. *Dados*, Rio de Janeiro, IUPERJ, n. 13, p. 93-115, 1976.

MANNHEIM, K. *Ensayos de sociologia y psicología social*. México: Fondo de Cultura Económica, 1963.

MANNHEIM, K. *Ideologia e utopia*. 3. ed. Rio de Janeiro: Zahar, 1976.

MÂNTEGA, G.; MORAES, M. Tendências recentes do capitalismo brasileiro. *Contraponto*. Rio de Janeiro: Centro de Estudos Noel Nutells, ano III, n. 3, p. 59-67, set. 1978.

MARCUSE, H. *Razão e revolução*. 2. ed. Rio de Janeiro, 1978.

MARSHALL, T. H. *Cidadania, classe social e status*. Rio de Janeiro: Zahar, 1967.

MARTINS, J. S. *Capitalismo e tradicionalismo* (Estudos sobre as contradições da sociedade agrária, no Brasil). São Paulo: Pioneira, 1975.

_____. As relações de classe e a produção ideológica da noção de trabalho. *Revista Contexto*, São Paulo, Hucitec, n. 5, p. 37-53, 1978.

_____. Democracia e participação no Brasil: os dilemas dos trabalhadores rurais. In: _____. *Não há Terra para Plantar nesse Verão*. Petrópolis: Vozes, 1986.

_____. *A imigração e crise do Brasil agrário*. São Paulo: Pioneira, 1973.

_____. (Org.) *Introdução crítica à sociologia rural*. São Paulo: Hucitec, 1980.

_____. *Sobre o modo capitalista de pensar*. São Paulo: Hucitec, 1978.

MARX, K. Crítica da filosofia do direito de Hegel: introdução. *Temas de Ciências Humanas*, São Paulo: Grijalbo, n. 2, p. 1-14, 1977.

_____. *El capital*: crítica de la economia política. 2. ed. 5. reimpressão. México: Fondo de Cultura Económica, 1975. (3 tomos.)

_____. *Elementos fundamentales para la crítica de la economia política (Grundrisse)*. 1857-1858. 11. ed. México: Siglo XXI, 1980. (2 tomos.)

_____. *La miseria de la filosofia*. 3. ed. Buenos Aires: Siglo XXI, 1974.

_____. *Los fundamentos de la crítica de la economía política*. Madrid: Comunicación, 1972. (2 tomos.)

_____. Manuscritos económico-filosóficos de 1844. In: _____; ENGELS, F. *Manuscritos económicos vários*. Barcelona: Grijalbo, 1975.

_____. *Para a crítica de economia política [e outros escritos]*. In: _____. São Paulo: Abril Cultural, 1982. p. 3-21. (Col. Os Economistas.)

MARX, K. Teses sobre Feuerbach. In: _____; ENGELS, F. *Textos*, São Paulo, Edições Sociais, v. 1, 1975.

_____; ENGELS, F. *A ideologia alemã* (Feuerbach). São Paulo: Grijalbo, 1977.

MELLO, J. M. C.; BELLUZZO, L. G. M. Reflexões sobre a crise atual. *Escrita Ensaio*, ano 1, n. 2, p. 16-27, 1977.

NETTO, J. P. A crítica conservadora à reconceptualização. *Serviço Social & Sociedade*, São Paulo: Cortez, n. 5, 1981.

_____. *Autocracia burguesa e serviço social*. Tese (Doutorado) — PUC, São Paulo, 1989, 2 v. (Mimeo.)

NISBET, R. *La formación del pensamiento sociológico*, v. 1. Buenos Aires: Amorrortu, 1969.

_____. Conservadorismo e sociologia. In: MARTINS, J. S. *Introdução crítica à sociologia rural*. São Paulo: Hucitec, 1980.

OLIVEIRA, F. Além da transição, aquém da imaginação. *Novos Estudos Cebrap*, São Paulo, Cebrap, n. 12, jun. 1982.

_____. Crise econômica e pacto social. *Novos Estudos Cebrap*, São Paulo, Cebrap, n. 13, p. 3-14, out. 1985.

ORTIZ, R. *A consciência fragmentada* (Ensaios de cultura popular e religião). Rio de Janeiro: Paz e Terra, 1980.

PALMA, D. *La reconceptualización*: una búsqueda en América Latina. Buenos Aires: Ecro (Série Celats, n. 2), 1970.

_____. La enseñanza de post-grado en trabajo social: perspectivas. In: *Acción Crítica*, Lima, Celats/Alaets, n. 11, p. 7-14, ago. 1982.

PIERRE, D. et al. O trabalho social de organização popular em instituições públicas. *Serviço Social & Sociedade*, São Paulo, Cortez, ano III, n. 6, p. 67-98, 1981.

PIGNON, D.; QUERZOLA, J. Ditadura e democracia na produção. In: GORZ, A. (Org.). *Crítica da divisão do trabalho*. São Paulo: Martins Fontes, 1980.

PINHEIRO MACHADO, L. Alcances e limites da teoria da modernização. *Revista Administração de Empresas*, Fundação Getúlio Vargas, v. 10, n. 2, p. 162-192, jul./set. 1970.

PIOTTE, J. M. *El pensamiento politico de Gramsci*. Barcelona: A. Redondo, 1972.

PORTELLI, H. *Gramsci e o bloco histórico*. Rio de Janeiro: Paz e Terra, 1977.

QUIROGA, C. *Uma invasão às ocultas* (Reduções positivistas no ensino do marxismo e suas manifestações no ensino do serviço social). Dissertação (Mestrado) — UFMG, Belo Horizonte, 1989. (Mimeo.)

SILVA, A. et al. Análise da prática nas instituições: campos de estágio. *Cadernos PUC*, São Paulo, Cortez/Educ, n. 10, 1981.

SILVA, M. O. S.; LOPES, J. B. *O desenvolvimento do projeto profissional alternativo do serviço social no Brasil*: debates e perspectivas, São Luís, 1988. (Mimeo.)

_____. *O desenvolvimento do serviço social alternativo no Brasil*: debates e perspectivas, São Luís, set. 1989. (Mimeo.)

SINGER, P. *A crise do milagre* (Interpretação crítica de economia brasileira). 3. ed. Rio de Janeiro: Paz e Terra, 1977.

_____ et al. *São Paulo*: 1975. Crescimento e pobreza. São Paulo: Loyola, 1976.

_____; BRANDT, V. C. *São Paulo*. O povo em movimento. Petrópolis: Vozes/Cebrap, 1980.

SCHWARZ, R. *Ao vencedor as batatas* (Forma literária e processo social nos inícios do romance brasileiro). 2. ed. São Paulo: Livraria Duas Cidades, 1981.

THOMPSON, E. P. *Tradición, revuelta y consciencia de clase*. Barcelona: Ed. Crítica, 1979.

TOBÓN, M. C. Panorama del trabajo social en América Latina. *Acción Crítica*, Lima, Celats/Alaets, n. 11, p. 41-51, ago. 1982.

VAZQUEZ, A. S. *A filosofia da práxis*. Rio de Janeiro: Paz e Terra, 1968.

VERDÈS-LEROUX, J. *Le travail social*. Paris: Les Éditions de Minuit, 1978.

VIANNA, L. W. *Liberalismo e sindicato no Brasil*. Rio de Janeiro: Paz e Terra, 1976.

VILLAÇA, A. C. *O pensamento católico no Brasil*. Rio de Janeiro: Zahar, 1975.

VIOTTI DA COSTA, E. *Da Monarquia à República*: momentos decisivos. São Paulo: Grijalbo, 1977.

VV.AA. O processo de formação profissional do assistente social. *Cadernos ABESS*, São Paulo, Cortez, n. 1, 1986.

_____. A metodologia no serviço social. *Cadernos ABESS*, São Paulo, Cortez, n. 3, 1989.

_____. *O serviço social nas relações sociais*. Movimentos populares e alternativas de políticas sociais. São Paulo: Cortez/Anas, 1987.

WEFFORT, F. et al. A crise política e institucional. In: *Revista de Cultura Contemporânea*, São Paulo, Cedec, ano I, n. 2, p. 47-61, jan. 1979.

YAZBEK, M. C. *Estudo da evolução histórica da escola de serviço social de São Paulo no período 1936-1945*. Dissertação (Mestrado) — PUC, São Paulo, 1977. (Mimeo.)

LEIA TAMBÉM

▶ **SERVIÇO SOCIAL EM TEMPO DE CAPITAL FETICHE:**
capital financeiro, trabalho e questão social

Marilda Villela Iamamoto

7ª edição (2012)

496 páginas

ISBN 978-85-249-1345-7

A mais recente obra de uma das principais autoras do Serviço Social brasileiro, este livro traz uma análise completa da profissão no processo de (re)produção das relações sociais no movimento global do capital. Priorizando os processos econômicos e políticos que redimensionam o trabalho e a sociedade no tempo presente, Iamamoto fornece os subsídios para a elucidação da chamada questão social no tempo do capital fetiche.

LEIA TAMBÉM

▶ TRABALHO E INDIVÍDUO SOCIAL

Marilda Villela Iamamoto

5ª edição (2012)

296 páginas

ISBN 978-85-249-0817-0

Voltando-se à análise de algumas particularidades do processo de constituição da condição operária na agroindústria canavieira, a autora coloca em evidência a centralidade do trabalho na vida dos indivíduos sociais na sociedade capitalista.